U0362317

《南开话语研究》系列丛书

总主编　田海龙　丁建新

"中国梦"的话语建构与传播

苗兴伟　主编

Discursive Construction and Communication of the Chinese Dream

南开大学出版社

天　津

图书在版编目(CIP)数据

"中国梦"的话语建构与传播 / 苗兴伟主编. —天
津：南开大学出版社，2018.3
　《南开话语研究》系列丛书
　ISBN 978-7-310-05551-7

Ⅰ.①中… Ⅱ.①苗… Ⅲ.①中国特色社会主义－社
会主义建设模式－话语语言学－文集 Ⅳ.①D616－53

中国版本图书馆 CIP 数据核字(2018)第 025108 号

南开大学出版社出版发行
出版人:刘运峰
地址:天津市南开区卫津路 94 号　　邮政编码:300071
营销部电话:(022)23508339　23500755
营销部传真:(022)23508542　　邮购部电话:(022)23502200
*
天津午阳印刷有限公司印刷
全国各地新华书店经销
*
2018 年 3 月第 1 版　　2018 年 3 月第 1 次印刷
230×155 毫米　16 开本　17 印张　2 插页　243 千字
定价:51.00 元

如遇图书印装质量问题,请与本社营销部联系调换,电话:(022)23507125

总 序

　　话语在我们的研究中不仅指语言的运用，而且被认为是社会实践的一种形式，与社会事实存在着塑造和被塑造的辩证关系。在当下社会，新媒体不断在人们生活中渗透，并与控制交际内容和方式的权力交织在一起，更使得话语在构建社会事实中的作用凸显。因此，我们认为，话语是社会科学领域中一个不可忽略的研究课题。

　　实际情况也是如此。话语成为社会学家、哲学家以及语言学家的关注所在。诚然，不同领域对话语的关注有所侧重，但是这些侧重也造成一些偏颇。例如，社会学传统的话语研究缺乏对话语进行细致的语言学分析，而语言学传统的话语研究则喜欢对话语的内部结构进行分析，很少将这些分析深入到政治和社会的话语层面。

　　《南开话语研究》系列丛书提倡对话语的跨学科研究，重视语言学的研究方法（如话语分析、社会语言学、系统功能语言学、语料库语言学、认知语言学）与其他社会科学研究方法的结合（如社会学、哲学、历史、经济、法律、管理等等）。丛书旨在探索话语与社会的复杂关系，特别是认识话语在中国社会政治变革中所起的重要作用。

　　《南开话语研究》是一个开放的丛书系列，由南开大学出版社出版用中文或英文撰写的专著和主题文集，也出版有助于进行话语研究的读本。丛书出版获得天津商业大学外国语言学及应用语言学重点学科资助，并得到天津外国语大学语言符号应用传播研究中心的支持，特致谢忱。我们期待着这个系列丛书能够对话语的跨学科研究有所推动，对中国社会科学的繁荣有所贡献。

丛书主编：田海龙　丁建新

二〇一二年五月四日

Series Preface

Discourse is seen as an element of social practice, which is not only socially shaped but also socially shaping. The dialectics of discourse and society make it possible that discourse becomes the replica of reality, and this is all the more salient in the post-modern society where new media works together with power over and control of the ways and sources of communication. Based on this understanding of discourse, we believe that discourse is one of the concerns of social sciences.

And indeed this was the case. Discourse has attracted the attention of sociologists, philosophers, as well as linguists. While it is necessary to note that they have different shades of emphasis, it is important to see the side-effects of these emphases. For example, the sociological tradition of discourse studies lacks detailed linguistic analysis of discourse, and the linguistic tradition often limits the analysis of discourse within the intra-structure of the discourse, rarely relating this linguistic analysis to the discourse facet of politics and society.

Nankai Discourse Studies Series (NDSS) favours an interdisciplinary approach to discourse, that is, it highlights the integration of the linguistic research methodology (e.g. discourse analysis, sociolinguistics, systemic functional linguistics, corpus linguistics, cognitive linguistics) with the research methodology of social sciences such as sociology, philosophy, history, economics, law and management. The book series aims to explore the complexity of discourse in relation to society, in particular, to the socio-political transformations in contemporary China.

Nankai Discourse Studies Series (NDSS) is an open book series by Nankai University Press. It publishes both Chinese and English monographs and themed edited volumes. It also publishes introductory textbooks that prepare students for the research on discourse studies. We thank TUC and TJFSU for funding and supporting this publication and expect this series to facilitate the interdisciplinary approaches to discourse and to contribute to the prosperity of social sciences.

Series editors: Tian Hailong and Ding Jianxin

《南开话语研究》系列丛书

总主编　　　田海龙（天津外国语大学）
　　　　　　丁建新（中山大学）

　　《南开话语研究》系列丛书视话语为社会实践，倡导对话语的跨学科研究。出版的专著和主题文集探索话语与社会的复杂关系，致力于认识话语在当代中国社会政治变革中所起的作用。丛书也出版有助于进行话语研究的读本。

《南开话语研究》顾问委员会

Nankai Discourse Studies Series

General Editors:

Tian Hailong (Tianjin Foreign Studies University)

Ding Jianxin (Sun Yat-sen University)

Nankai Discourse Studies Series (NDSS) views discourse as social practice, and promotes interdisciplinary approaches to discourse. It publishes monographs and themed volumes that explore the complexity of discourse in relation to society, particularly to the socio-political transformations in contemporary China. It also publishes introductory textbooks that prepare students for research on discourse studies.

Advisory board (in alphabetic order)

目　录

"中国梦"话语研究的翻译学视角

2

序　言

2012 年 11 月 29 日，中国共产党第十八次全国代表大会闭幕后的第十五天，在新一届中央领导集体参观《复兴之路》展览时，习近平总书记首次阐述了"中国梦"的内涵。他说："每个人都有理想和追求，都有自己的梦想。现在，大家都在讨论中国梦，我以为，实现中华民族伟大复兴，就是中华民族近代以来最伟大的梦想。"2013 年 3 月 17 日，刚刚当选国家主席的习近平在十二届全国人大一次会议闭幕会的讲话中，具体、深入、全面地阐释了"中国梦"的内涵和实现路径。习近平在讲话中指出："实现全面建成小康社会、建成富强民主文明和谐的社会主义现代化国家的奋斗目标，实现中华民族伟大复兴的中国梦，就是要实现国家富强、民族振兴、人民幸福。"习近平总书记在以后的历次讲话中完善了"中国梦"的思想体系和话语体系，使"中国梦"成为当下中国的核心政治话语。"中国梦"深深地扎根于中华民族5000 多年连绵不断的文明历史，扎根于我们共同培育的民族精神和我们先人们不懈追求进步的光荣传统，是百年民族理想的延续、提炼与完善（黄敏 2014：41）。"中国梦"的提出顺应了"浩浩荡荡的时代潮流"，是时代的必然要求，同时也体现了"人民群众过上更好生活的殷切期待"。作为一个具有时代气息的话语符号，"中国梦"已引起学者的广泛关注，对"中国梦"的研究也在不同学科展开，包括从语言学、传播学和翻译学视角出发的"中国梦"话语研究。本文集收入了"中国梦"话语研究的论文 16 篇，目的在于反映当前"中国梦"话语研究的热点问题。这 16 篇文章主要涉及"中国梦"的话语建构和话语传播，按主题分为"中国梦"的话语建构、"中国梦"的话语传播和"中国梦"话语研究的翻译学视角三个部分。

　　"'中国梦'的话语建构"部分收入了 7 篇文章，分别从不同的语言学视角阐释了"中国梦"的话语建构问题。《未来话语——"中国梦"的话语建构》一文以话语建构观为指导，在系统功能语言学的元功能框架内，分析了"中国梦"的话语建构及其建构效应。《英美主流报刊关于"中国梦"的话语建构研究》运用批评话语分析的视角和语料库语言学的方法，揭示了西方媒体对"中国梦"的话语表征，以及这些表征所反映的意识形态特征。《西方媒体视野里的"中国梦"》一文运用批评话语分析的视角和语料库语言学的方法，探索了西方媒体对"中国梦"的解读、评价和话语建构。《"中国梦"话语的国家身份建构功能》在对"中国梦"话语的语言分析基础上，阐释了"中国梦"话语是如何建构"热爱和平、关注发展、造福人民和世界的国家身份"的。《微博话语中的"中国梦"——系统功能语言学视角》一文以系统功能语言学的联合概念为基础，阐述了"中国梦"微博话语的主要功能，探讨了"中国梦"微博话语中的群体构建与身份协商。《"中国梦"及物性建构研究》在系统功能语言学的理论框架内对中国梦在经验意义层面的建构进行了研究，分析了"中国梦"的理论建构和现实建构所体现出的及物性特征。《新闻语篇中的"中国梦"——评价理论态度视域下的话语分析》以系统功能语言学的评价理论为分析框架，研究了"中国梦"新闻语篇中显性和隐性态度资源所传递的话语意义，阐释了"中国梦"在集体主义关照下"富强、文明、和谐、美丽"的话语内涵。这7篇文章运用功能语言学的理论和话语分析的研究方法，从不同的视角和维度对"中国梦"话语进行了研究，既有宏观层面上的理论探讨，也有微观层面上的语言分析。研究内容围绕"中国梦"的话语建构展开，涉及"中国梦"的话语实践、国家身份建构、群体身份构建与身份协商等问题。

"'中国梦'的话语传播"部分收入了6篇文章，这些文章从不同的视角探讨了"中国梦"话语通过不同的媒介在国内外的传播。《基于语料库的新浪微博"中国梦"话语分析》一文以新浪微博为平台，借用语料库研究方法，从民众的层面探讨了"中国梦"话语体系的特征以及"中国梦"话语传播的启示。《"中国梦"的话语体系构建和全民传播——兼论宏大叙事与平民叙事的契合与背反》一文，探讨了"中国梦"话语体系建构过程中宏大叙事和平民叙事的契合与背反，特别是在全民传播过程中如何处理好宏大叙事与平民叙事的话语转换和链接等问题，对"中国梦"的话语体系建构和话语传播具有启示意义。《"中国梦"与话语权的建构——一项基于语料库的新华社对外报道"中国梦"话语研究》一文，运用语料库语言学的方法对新华社对外报道"中国梦"的话语策略及对外传播中的话语权提升进行了研究。《"中国梦"话语的模因论阐释》从语言模因论的视角阐释了"中国梦"概念在汉语中产生的丰富话语表征及其社会语用效应。《"中国梦"的国际话语体系构建与对外传播》一文探讨了"中国梦"话语对外传播过程中的话语体系建构，特别是中国国际话语权建构与对外传播能力的提升。作者指出，在对外传播中，"中国梦"既要适应国际话语语境，也要保持中国话语的特色与"硬度"。《"中国梦"话语的国内外传播分析》一文探讨了"中国梦"话语在国内外传播的条件和所面临的问题。作者认为，"中国梦"凝练的话语表达形式及其语义内涵为"中国梦"话语的国内传播创造了条件，"中国梦"平实的表述方式、追逐世界和平发展和互享、互惠的本质精神，为"中国梦"话语的国际传播创造了条件。本部分的6篇文章从不同的维度和视角探讨了"中国梦"话语的传播方式、传播策略和传播效果以及话语权建设等问题，对提升"中国梦"话语的传播能力具有理论意义和实践价值。

"'中国梦'话语研究的翻译学视角"收入了3篇文章，对"中国梦"的翻译问题和相关的英语表达进行了细致入微的分析。《"中国梦"是 China Dream 还是 Chinese Dream？——对 China 和 Chinese 做名词修饰语的研究》一文对作为名词修饰语的 China 和 Chinese 在当代英语中的使用情况进行了考察。研究发现，China 主要表示"中国的；来自中国的；中国本土的"或"与中国有关的"；Chinese 除了可以表示"中国的；与中国有关的；有中国特点的"外，还表示"中国人的；与中国人有关的；有中国人特点的"或"中文的；与中文有关的；有中文特点的"。China dream 通常指"外国人的中国梦"，而 Chinese dream 才是"中国人的梦"。《"中国梦"英译辨析》一文通过比较 China's Dream,China Dream 和 Chinese Dream 这三种常见的英语译文指出：人们越来越倾向于使用 Chinese Dream 作为"中国梦"的英语译文。Chinese Dream 一是能避免 China Dream 的歧义和可能的负面联想及 China's Dream 之顾此失彼；二是在形式上能与"美国梦""欧洲梦""英国梦"等相对应；最为要者，它能同时涵盖"中国的梦"和"中国人的梦"双重含义。《基于语料库的"中国梦"翻译实证研究》以 LexisNexis 新闻数据库为数据来源，自建英文的"'中国梦'语料库"，对 China's dream、China dream 和 Chinese dream 三种译法进行了实证分析，通过索引行和例句呈现，考察了三种译法在频率、语义和用法上的差异。研究发现，无论是在频率、语义还是用法上，Chinese dream 都更适合作为"中国梦"的英译词。3 篇文章的研究路径虽然不同，但所得出的结论基本上是一致的。总之，"中国梦"的翻译直接关系到国际社会对"中国梦"的理解和接受，是一个不容忽视的重大问题。

习近平总书记在阐述"中国梦"的本质内涵时指出："实现中华民族伟大复兴的中国梦，就是要实现国家富强、民族振兴、人民幸福，既深深体现了今天中国人的理想，也深深反映了我们先人们不懈奋斗追求进步的光荣传统。""中国梦"寄托着中华民族永不褪色的集体记忆和昂扬向上的意志情怀，昭示着中华民族崇高的目标理想和美好的未来（公茂虹 2013: 4）。"中国梦"不仅仅是国家和民族集体意愿的表达，同时也汇聚了当下所有中国人的梦想。可以说，"中国梦"是一个凝心聚力的称谓、一个思接千载的词汇、一个求索百年的叩问、一个引领未来的梦想（汪玉奇等 2013: 1-10）。"中国梦"不仅是推动社会发展的政治话语，也是一个充满时代气息的话语符号，"中国梦"凝练的话语形式所承载的丰富内涵使其深入人心，成为凝聚中华民族团结奋进的精神元素和文化元素。

对于世界来说，"中国梦"意味着什么？如何在对外传播的过程中让世界读懂"中国梦"而又不会引起误解？"中国梦"是与世界分享的和平发展之梦，"中国梦"的实现，不同于西方大国通过殖民扩张和战争掠夺实现的崛起。"中国梦"话语有利于解构来自西方世界甚嚣尘上的"中国威胁论"话语，解构西方世界主导的"武力崛起""强国必霸"的强势话语，解构和化解西方社会把"崛起"和"武力""扩张"

联系在一起的话语模式（汪玉奇等 2013: 262）。"中国梦"是中国面向国际社会和西方主导的强势话语，积极建构的新话语。因此，"中国梦"话语是中国反对西方话语霸权，倡导话语民主，建构国际话语权的话语实践。"中国梦"是发展之梦，更是和平之梦。和平发展是实现"中国梦"的基本方式，这是"中国梦"与包括"美国梦""欧洲梦"在内的世界其他国家和地区的梦想最大的不同。对世界来说，"中国梦"与各国共同追求的持久和平、共同繁荣的世界梦保持高度一致的价值方向。"中国梦"具有引领中国发展和推动世界发展的双重价值，极大地增进了世界对于中华文明的认识和理解，以及对中国价值、中国形象、中国道路、中国精神和中国力量的认识，展示了当代中国的崭新形象（公茂虹 2013:265）。

"中国梦"的提出为当代话语研究开辟了一个广阔的学术空间。"中国梦"本身是一个内涵丰富的话语体系，这一话语体系包括主权国家话语、民族文化话语和社会个体话语三个层面（马文霞 2015: 181），"中国梦"所开辟的新的话语空间，打通了学术话语与政治话语、民间话语与官方话语、中国话语与外国话语之间的隐性阻隔（黄相怀 2013: 62）。所有这些都为话语研究提出了新的课题。我们有理由相信，本文集一定会引起更多语言学研究者对"中国梦"话语研究的兴趣，并推动"中国梦"话语研究向纵深发展。

本文集的编辑和出版，得到了天津外国语大学田海龙教授和南开大学出版社张彤女士的大力支持和帮助。感谢《天津外国语大学学报》编辑部对"中国梦"话语研究的大力支持，该刊在 2016 年第 1 期和第 4 期设立了""'中国梦'话语研究"专栏，为"中国梦"话语研究提供了平台。在文集的编辑过程中，各位作者不吝赐稿，在此向每一位作者表示衷心的感谢。

苗兴伟

注释：

公茂虹. 2013. 解读中国梦——一个中国古老民族的百年梦想[M]. 南宁：广西人民出版社.

黄敏. 2014. 近代现代化强国梦的话语建构[J]. 社会主义研究，4: 41-49.

黄相怀. 2013. 中国梦的理论创新意义[J]. 求是杂志，11: 62.

马文霞. 2015."中国梦"的话语体系建构与对外传播[J]. 江西社会科学，5: 180-184.

汪玉奇等. 2013. 中国梦——昨天·今天·明天[M]. 北京：社会科学文献出版社.

"中国梦"的话语建构

未来话语
——"中国梦"的话语建构

苗兴伟

（北京师范大学外国语言文学学院）

摘　要：本文以话语建构观为指导，在系统功能语言学的框架内对习近平总书记在十二届全国人大一次会议闭幕会的讲话进行了话语分析，目的在于揭示"中国梦"是如何通过话语建构的。在讲话中，习近平总书记阐释了一个包括个人成功和民族复兴的"中国梦"。"中国梦"构筑了一个激励中国人民为实现美好愿景不断奋斗的未来话语。在概念功能、人际功能和语篇功能的层面上分析"中国梦"的话语建构不仅有助于理解"中国梦"的实质，而且对中国话语体系的建设和中国话语权的提升具有启示意义。

关键词：中国梦；话语建构；未来话语；系统功能语言学

一、引言

自 2012 年 11 月 29 日，习近平总书记在参观《复兴之路》展览时首次阐述"中国梦"的内涵以来，"中国梦"已经成为当下中国人对自己未来的期许和追求，成为凝聚中华民族团结奋进的精神元素。"实现中华民族伟大复兴"的"中国梦"不是普通的"梦"，而是一种伟大的理想和目标。"中国梦"就是实现国家富强、民族振兴、人民幸福，它凝聚了几代中国人的夙愿，体现着中国人民对美好未来的追求和憧憬。2013 年 3 月 17 日，刚刚当选国家主席的习近平在十二届全国人大一次会议闭幕会的讲话中，再次对"中国梦"进行了具体、深入、全面的阐释。本文将以本次讲话为语料，以话语建构论为指导，在系统功能语言学的理论框架内对"中国梦"的未来话语特征进行分析，对"中国梦"的话语建构进行研究。

二、理论基础：话语建构论

话语建构论（discursive constructionism）是在社会建构论、批评话语分析和系统功能语言学基础上发展起来的话语分析理论。其核心思想是：作为一种社会实践，话语不是被动地反映现实，而是通过在词汇语法系统中的选择积极地建构现实。

话语建构论与社会建构论（social constructionism）是一脉相承的关系，因为社会建构论强调社会现实的社会建构特性以及话语在社会现实的建构中的重要性（Fairclough 2006: 18）。社会建构论认为，表意和理解是人类活动的核心特征，意义的生产方式在本质上是社会-文化过程的组成部分，现实是社会建构的结果（Lock & Strong 2010: 7）。话语建构论认为，我们总是不可避免地通过语言来理解现实和我们的世界，因为现实总是通过语言来建构或再建构的。正如前人（Jørgensen & Philips 2002: 8-9）所言，人们总是通过语言来获得现实的，语言在表征现实时绝不是仅仅反映了预先存在的现实，而是建构了现实。

随着批评话语分析的发展，越来越多的研究从话语建构论的视角研究各种社会现象和社会问题。福柯（Foucault）认为，话语是对现实的具体方面的语义建构，这些具体的方面是为特定的历史和/或社会语境的利益服务的（转引自 van Leeuwen 2008: vii）。福勒（Fowler 1991: 4）指出，语言不是中立的，而是具有高度建构性的媒介，不存在中立的现实表征。话语不是被动地反映或仅仅描写世界。话语作为语言的使用，是一种行为，不同的话语建构的是不同的世界。世界中的事件并不是孤立于人们用于理解这些事件的表征方式而存在的（Mehan 1996/2001: 360）。语言使用者通过在语言系统中的选择进行话语建构，不同的语言选择所产生的建构效应（constructive effects）是不同的（Fairclough 2006: 12），因为话语建构的方式最终将影响人们的思维和行为。例如，人们可以把一个学生说成是"正常的学生""教育上有缺陷的学生""天才学生""无学习能力的学生"等，所有这些表征方式并非是单纯的描述，而是话语建构，不同的建构方式将影响学校和教师对学生的看法和教育方式的选择（Mehan 1996/2001: 361）。再如，反恐战争语篇通过对"恐怖主义"和"威胁"的话语建构来实现将反恐战争合法化的最终目的。反恐战争语篇的建构效应主要是通过以下的建构策略实现的："创造极度的委屈感和受害者形象，对敌对'他者'的妖魔化和非人性化，制造急需有力行动的灾难性威胁和危险，将先发制人的（或防御性的）反暴力行动合理化和合法化（Jackson 2005: 181; Qian 2010: 27）。"

系统功能语言学把语言使用看作是根据社会文化语境在语言系统中通过意义潜势的选择来实现各种功能的过程。系统功能语言学继承了建构论的思想，认为语法识解经验，并建构由事件和事物构成的世界（Halliday & Matthiessen 1999: 3, 17）。语言具有表征经验的功能，但经验中的各种范畴和关系并不是自然"赋予"的结果，我们的语言并不是被动地反映经验，而是以词汇语法为动力主动地建构各种范畴和关系（Halliday & Matthiessen 1999: xi）。关于语言的建构功能，Halliday（1990/2003: 145）指出，语法是关于人类经验的理论，词汇语法塑造了我们的经验，并将我们的感知转换为意义。经验指的是我们通过语言所识解的现实，而现实并不是现成的东西，等待着我们去表达。也就是说，语言并不是被动地反映现实，而是主动地创造现实。Halliday（1990/2003: 168）用性别角色的识解方式说明了性别偏见是如何通过语言建构的：母亲在回答男孩子和女孩子提出的问题时做出的不同语法选择；在称谓形式和指称形式上做出的不同人际选择；叙事中分派给男性和女性的不同及物性角色。造成性别差异、种族的他者特征以及各种社会不平等现象，并将其持久化的手段就是改变人们在日常语言的语法系统中的选择潜势。总之，语言具有建构现实的功能，话语建构是通过语言使用者在词汇语法系统中的选择实现的。

三、"中国梦"的话语建构

"中国梦"的提出顺应了时代发展的潮流，阐明了中国社会发展的方向，这使得"中国梦"的理念深入人心并在全球迅速传播。无论是作为国家发展战略和施政理念，还是普通民众共同奋斗的目标，"中国梦"的传播和接受与话语建构的过程紧密相连。如果没有话语的建构，"中国梦"就只能停留在词语的层面，不能成为一个具有时代气息的话语符号，也就更谈不上建构效应。对此，我们将在系统功能语言学的框架内通过概念功能、人际功能和语篇功能的分析，揭示"中国梦"是如何通过语言系统中的词汇语法资源建构的。依据系统功能语言学，语言本质上是一个语义系统网络，并通过概念功能、人际功能和语篇功能提供意义潜势（meaning potential）。正如哈利迪和哈桑（Halliday & Hasan 1989: 10）认为的那样，语篇是一个由意义组成的语义单位，它产生于意义潜势网络之中；语篇既是语义选择的结果，同时又是语义功能实现的重要手段。任何一个语篇都是通过表达语言的这三个语义功能将语义系统现实化的：概念功能指的是语言对人们在现实世界中的各种经历的表达；人际功能指的是语言表达讲话者的身份、地位、动机并建立和维持一定的社会关系的功能；语篇功能指的是语言成分组织成为语篇的功能。

我们选取习近平主席在第十二届全国人大一次会议闭幕会的讲话中涉及"中国梦"的部分（该部分由 17 个段落组成，不包括称呼语"各位代表！"的独句段，共计 2600 余字[1]），来说明"中国梦"话语建构的过程。

3.1 概念功能与"中国梦"的话语建构

作为语言对人们在现实世界中的各种经历的表达，概念功能在语法层面上是通过及物性系统体现的。及物性通过动作者—过程—目标等语义功能来表达说话人对客观世界的反映和认识。在习近平主席的讲话中，过程的分布特征如表一所示：

表一　及物性过程分析

过程类型	物质过程	关系过程	心理过程	行为过程	言语过程
出现频率	111	39	7	1	1
百分比	69.81%	24.53%	4.40%	0.63%	0.63%

从表一可以看出，出现频率最高的是物质过程（69.81%），其次是关系过程（24.53%），心理过程、行为过程和言语过程出现的频率较低。大量的物质过程表明，"中国梦"是以行动目标为取向的，涉及实现"中国梦"的行动路线和需要我们付出的各种努力。关系过程一方面用来说明"中国梦"的性质和内涵，另一方面用来说明现在和未来的社会状况。心理过程主要说明人们在实现"中国梦"的过程中应该保持的心态。在及物性系统中，"中国梦"作为参与者角色出现了9次，主要充当物质过程的目标和关系过程的载体，与其搭配的动词出现频率最高的是"实现"。"人民"和"中国人"共出现了35次，作为参与者角色出现10次，2次出现在环境成分中，其余大部用作修饰语，充当所有者角色。这说明，"中国梦"是"人民"的梦，人民既是实现"中国梦"的主体，也是"中国梦"的受益者。

3.2 人际功能与"中国梦"的话语建构

人际功能指的是语言所具有的表达人与人之间的关系的功能，即说话者通过语言维持一定的社会关系，并影响他人的态度或行为。人际功能在语法的层面上主要体现为人称系统、语气系统和情态系统。就人称系统而言，"我们"在习近平主席的讲话中出现了18次，其中15次充当参与者角色，3次为修饰语。泛称的"我们"指的是包括中国共产党在内的全国各族人民，体现了中华民族的团结，使听众倍感亲切，容易产生共鸣。就语气系统而言，习近平主席在讲话中全部使用了陈述语气，目的是在解释"中国梦"的同时阐明中国人民在实现"中国梦"的进程中需要做的事情。情态系统在"中国梦"的话语建构中发挥了重要的作用。习近平主席在讲话中频繁地使用了情态助动词"要"和情态副词"必须"等，并经常通过"不断""始终""坚决"和"一定"等强化修饰语加强了情态意义。情态词的分布情况如表二所示：

表二　情态词分析

情态词	要	必须	能/不能	将
出现频率	19	7	5	2
百分比	57.58%	21.21%	15.15%	6.06%

　　从表二可以看出，表示将来意义的情态助动词"将"出现频率较低，其他出现频率较高的情态助动词"要"和"能/不能"以及情态副词"必须"都是具有未来取向的情态表达。表达必要性和责任性的"要"和"必须"分别出现了 19 次和 7 次，表达可能性的"能/不能"出现了 5 次。特别是高值情态词"要""必须"和强化修饰语的使用，表达了中国人民实现"中国梦"的坚定决心和意志，也体现出中国共产党始终把实现中华民族伟大复兴和中国人民幸福的伟大使命作为自觉的追求。就人际意义而言，陈述语气和情态词的使用一方面彰显了"中国梦"这一宏伟愿景和奋斗目标的确定性和中国人民实现"中国梦"的坚强意志，另一方面又使习近平主席的讲话成为向全国各族人民发出的召唤，必将激励着中国人民为实现中华民族伟大复兴的"中国梦"而努力奋斗。

3.3 语篇功能与"中国梦"的话语建构

　　语篇功能是为实现概念功能和人际功能服务的，因为概念意义和人际意义只有通过语篇才能成为现实的意义。语篇功能是语言成分组织成为语篇的功能，说话者需要根据语篇功能把语言成分组织成为连贯的语篇才能成功地实现语言交际。下面，我们从修辞结构的角度分析"中国梦"的话语建构。修辞结构指的是语篇组成部分之间的修辞功能关系，是语篇组织的重要手段（Mann & Thompson 1988: 243）。习近平主席讲话的修辞结构如图一所示：

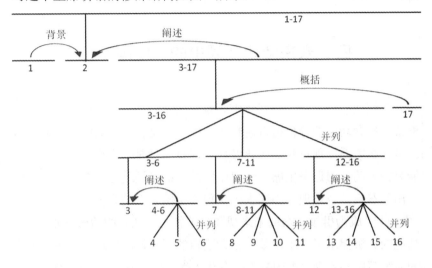

图一　修辞结构分析

从图一可以看出，习近平主席的讲话呈现出工整的修辞结构。图一中的箭头代表的是段落之间的修辞关系，分叉结构表示的是段落之间的并列关系。在 17 个段落中，段落 2 提出了"实现中华民族伟大复兴的中国梦，就是要实现国家富强、民族振兴、人民幸福"的核心命题，段落 1 与段落 2 之间是背景关系，阐明了"中国梦"的历史背景和文化背景。段落 3-17 与段落 2 之间是阐述关系，是对实现"中国梦"的奋斗目标进行的详细说明和系统阐述。段落 3-16 由三个并列的部分组成（3-6，7-11，12-16），阐述了国家、人民和各个阶层在实现"中国梦"的历程中应有的作为。段落 17 对段落 3-16 进行了总结和概括。段落 3-16 的三个并列组成部分（3-6，7-11，12-16）呈现为整齐划一的修辞结构，即每一部分都以主题段（分别为段落 3，7 和 12）为核心，通过并列关系的段落群（分别为 4-6，8-11 和 13-16）对主题段进行了阐述。这种工整的修辞结构一方面阐明了国家、人民和各个阶层的责任担当，另一方面为我们呈现了实现"中国梦"的奋斗历程和宏伟蓝图。修辞结构分析表明"中国梦"的话语建构蕴含着严谨的话语逻辑，"中国梦"不仅具有源远流长的历史根基和博大精深的文化基础，而且具有明晰的奋斗目标和行动路径。

四、未来话语视阈中的"中国梦"

系统功能语言学为阐释"中国梦"的实质和话语建构提供了理论框架。概念功能的分析可以解释"中国梦"是什么性质的梦，它与过去是什么关系，现在我们应该做什么，将来又是什么样子的。人际功能分析表明，习近平主席关于"中国梦"的讲话既是向全国各族人民发出的召唤，也体现了中国人民实现"中国梦"的坚强意志，这就使"中国梦"成为引领公众的未来观和当下行为与认知的话语符号。语篇功能的分析揭示了"中国梦"话语逻辑的严谨性，展现了"中国梦"的清晰蓝图和实现"中国梦"的奋斗历程。综上所述，"中国梦"话语的建构效应体现为"中国梦"构筑了一个激励全国各族人民为实现共同的美好愿景不断奋斗的未来话语（discourse of the future）。

无论是个人还是国家，都有自己的梦想。作为一种期待和目标，梦想反映的是一种理想和追求，体现的是一种信念和抱负。德国马克思主义思想家恩斯特·布洛赫（Ernst Bloch）通过对人类永存的未来性的思考，创立了一种关于梦的哲学——希望哲学。他指出："期待、希望、向往，走向尚未实现的可能性的意向，这不仅是人的意识的根本标志，当它们被正确地理解和把握时，也是整个客观实在内部的一个决定性因素。"（转引自金元浦 2013: 49）"中国梦"确立并彰显了民族复兴和人民福祉的伟大目标。既然是一个梦想，那么它必然是关乎人们尚未实现但又在努力争取实现的事情，并由此催生强烈的奋斗动机和动力（伟达 2013: 1）。从这个意义上讲，"中国梦"是一种未来话语，但同时又具有历史性和时代性。习近平主席在讲话中提到，中华民族具有 5000 多年连绵不断的文明历史，创造了博大精深的中华文化，为人类文明进步做出了不可磨灭的贡献。经过几千年的沧桑岁月，把我国 56 个民族、13 亿多人紧紧凝聚在一起的，是我们共同经历的非凡奋斗，是我们共同创造的美好家园，是我们共同培育的民族精神，而贯穿其中的、更重要的是我们共同坚守的理想信念。

　　实现全面建成小康社会、建成富强民主文明和谐的社会主义现代化国家的奋斗目标，实现中华民族伟大复兴的中国梦，就是要实现国家富强、民族振兴、人民幸福，既深深体现了今天中国人的理想，也深深反映了我们先人们不懈追求进步的光荣传统。

　　"中国梦"话语体系的历史性体现在"中国梦"深远的历史渊源和深厚的文化根基。从互文性的角度看，"中国梦"的话语体系与中华民族追求文明进步的历史话语和我们共同坚守的理想信念是一脉相承的。"中国梦"并不是无源之水，它深深地扎根于中华民族 5000 多年连绵不断的文明历史，扎根于我们共同培育的民族精神和我们的先人们不懈追求进步的光荣传统。可以说，"中国梦"是百年民族理想的延续、提炼与完善（黄敏 2014: 41）。"中国梦"话语体系的时代性在于"中国梦"与当下"全面建成小康社会、建成富强民主文明和谐的社会主义现代化国家"和"实现国家富强、民族振兴、人民幸福"的奋斗目标相契合。习近平主席在讲话中指出，"中国梦是民族的梦，也是每个中国人的梦"，"中国梦"要让"生活在我们伟大祖国和伟大时代的中国人民，共同享有人生出彩的机会，共同享有梦想成真的机会，共同享有同祖国和时代一起成长与进步的机会"。因此，作为一个充满时代气息的话语符号，"中国梦"既是国家富强、民族复兴的美好愿景，同时也是全民行动、共同奋斗的行为目标（周忠元、赵光怀 2014: 237）。"中国梦"的提出顺应了"浩浩荡荡的时代潮流"，是时代的必然要求，同时也体现了"人民群众过上更好生活的殷切期待"。

　　作为全国各族人民共同愿望和宏伟愿景的集中体现，"中国梦"为开创未来指明了前进的方向，具有鲜明的未来取向。"中国梦"着眼未来，从未来话语的视角解读"中国梦"可以揭示"中国梦"的实质内涵。早在古希腊时期，亚里士多德（Aristotle 1954: 13586,10）就已经指出了"未来"在政治修辞中的重要性：政治演讲要求我们做或者不做什么，这关乎未来，关乎今后要做的事情。政治修辞聚焦我们力所能及的未来行为、过程和事件，并致力于确定未来拟采取的行动的利弊。无论把未来看作是期待还是奋斗目标，都会影响一个国家和民族的行为和认知。毫无疑问，"中国梦"的提出有助于形成一种新的意识形态和新的价值认同，并极大地激发中国人民实现民族复兴的渴望和热情。正如邓迈尔（Dunmire 2005: 482-483）所言，政治修辞中的未来话语制约着人们想象、表达和实现未来的方式；引领公众的未来观是影响当下行为的强有力手段，唤起民众对未来的期待是为了影响社会的观念、认知和行为。"中国梦"的未来取向不仅体现在"中国梦"话语体系所展现的未来愿景，而且体现为全国人民的行动目标。习近平主席的讲话中有大量表达行动目标的未来话语，例如：

> 必须再接再厉、一往无前，继续把中国特色社会主义事业推向前进，继续为实现中华民族伟大复兴的中国梦而努力奋斗。
> 不断增强团结一心的精神纽带、自强不息的精神动力，永远朝气蓬勃迈向未来。
> 有梦想，有机会，有奋斗，一切美好的东西都能够创造出来。
> 在经济社会不断发展的基础上，朝着共同富裕方向稳步前进。
> 共同开创中华民族新的前程。

除了这些显性的未来话语之外，讲话中还出现了表达行为延续的动词短语和副词短语，如"继续"出现5次，"坚持"7次，"不断"8次，"始终"7次，"坚决"5次。同时，讲话中大量使用了具有未来取向的情态助动词和情态副词，如"要"出现19次，"必须"出现7次。这些情态手段不仅表达必要性和责任性的情态意义，而且在语义上具有较强的未来取向。所有这些语言资源的运用，从不同的侧面表达了中国人民实现"中国梦"的行动目标和矢志不渝的奋斗决心。

五、结语

　　"中国梦"扎根于中国数千年的文明历史和 170 多年中华民族发展历程中对民族复兴的追求和探索。在某种程度上，"中国梦"是自强不息的文化精神和勇往直前的民族精神在现实话语中的再语境化（recontextualization）。在这一点上，"中国梦"与源于拓荒精神并强调个人奋斗的"美国梦"有着本质的区别。作为中国发展目标、民族共识和中国道路的新规划蓝图（金元浦 2013: 48），"中国梦"这一高度凝练的象征性理念已经成为一个具有时代气息的话语符号。"实现中华民族伟大复兴"的"中国梦"构筑了一个激励和引领中国人民为实现"国家富强、民族振兴、人民幸福"不断奋斗的未来话语。这一点也体现了"中国梦"的建构效应。作为一个话语符号，"中国梦"本身是一个蕴含丰富的话语体系，对"中国梦"的话语建构也不仅仅限于语言本身。本文对习近平主席在十二届全国人大一次会议闭幕会的讲话进行的语言分析只是揭示了"中国梦"的冰山一角。对"中国梦"话语体系的全面分析还需要涉及对中国政治、中国哲学、中国文化和中国社会的研究。关于"中国梦"话语建构的研究，对中国话语体系的建设和中国话语权的提升具有理论意义和现实意义。

　　（本文原载于《天津外国语大学学报》2016 年第 1 期，24-28 页。收录于本文集时略有改动。）

注释：

　　1. 习近平在十二届全国人大一次会议闭幕会上的重要讲话，新华网，2013年 3 月 17 日（http://news.xinhuanet.com/2013lh/2013-03/17/c_115052635.htm）。见《习近平谈治国理政》（外文出版社，2014），第 38-43 页。本文所做的分析从第 3 9 页第 3 段开始至讲话结束。

参考文献

Aristotle. 1954. *The Rhetoric and Poetics of Aristotle* [trans. W. Rhys Roberts] [M]. New York: Modern Library.

Dunmire, P. L. 2005. Preempting the future: Rhetoric and ideology of the future in political discourse [J]. *Discourse and Society* 19 (4): 481-513.

Fairclough, N. 2006. *Language and Globalization* [M]. London: Routledge.

Fowler, R. 1991. *Language in the News: Discourse and ideology in the press* [M]. London: Routledge.

Halliday, M. A. K. 1990/2003. New ways of meaning: The challenge to applied linguistics [J]. *Journal of Applied Linguistics* 6: 7-36. Reprinted in Halliday, M. A. K. 2003. *On Language and Linguistics* [C]. London: Continuum. 139-174.

Halliday, M. A. K. & Hasan, R. 1989. *Language, Context, and Text: Aspects of language in a social-semiotic perspective* [M]. Oxford: Oxford University Press.

Halliday, M. A. K. & Matthiessen, C. M. I. M. 1999. *Construing Experiences through Meaning: A language-based approach to cognition* [M]. London: Continuum.

Jackson, R. 2005. *Writing the War on Terrorism: Language, politics and counter-terrorism* [M]. Manchester: Manchester University Press.

Jørgensen, M. & Phillips, L. 2002. *Discourse Analysis as Theory and Method* [M]. London: Sage Publications.

Lock, A. & Strong, T. 2010. *Social Constructionism: Sources and stirrings in theory and practice* [M]. Cambridge: Cambridge University Press.

Mann, W. C. & Thompson, S. A. 1988. Rhetorical structure theory: Towards a functional theory of text organization [J]. *Text* 8(3): 243-281.

Mehan, H. 1996/2001. The construction of an LD student: A case study in the politics of representation [A]. In Silverstein, M. & Urban, G. (eds.). *Natural Histories of Discourses* [C]. Chicago: University of Chicago Press. Reprinted in Wetherell, M., Taylor, S. & Yates, S. J. (eds.). *Discourse Theory and Practice: A reader* [C].

14

London: Sage Publications. 345-363.

Qian, Y. 2010. *Discursive Constructions around Terrorism in The People's Daily (China) and The Sun (UK) before and after 9.11: A corpus-based contrastive critical discourse analysis* [M]. Oxford: Peter Lang.

van Leeuwen, T. 2008. *Discourse and Practice: New tools for critical discourse analysis* [M]. Oxford: Oxford University Press.

黄敏. 2014. 近代现代化强国梦的话语建构[J]. 社会主义研究，4: 41-49.

金元浦. 2013. "中国梦"的文化源流与时代内涵[J]. 人民论坛·学术前沿，7: 48-57.

伟达. 2013. "中国梦"的动力源[EB/OL]. 新华网，2013 年 2 月 1 日（http: //news.xinhuanet.com/2013-02/01/c_114575837.htm）.

周忠元、赵光怀. 2004. "中国梦"的话语体系构建和全民传播[J]. 江西社会科学，3: 235-239.

英美主流报刊
关于"中国梦"的话语建构研究

钱毓芳　黄晓琴

（浙江传媒学院话语与传播研究中心）

摘　要：长期以来，西方话语体系掌握了塑造中国形象的霸权，使中国始终处于"沉默的他者"的状态中。西方话语框架已成为世界理解中国的障碍和阻力。本研究运用语料库和批判话语分析相结合的方法，对文本进行主题词、搭配以及检索行分析，观察英美主流报刊围绕"中国梦"的报道的话语轨迹，通过社会情境分析辨别、解读与阐释这些话语，以揭示西方媒体围绕"中国梦"的报道的话语表征，以及这些表征所反映的意识形态特征。从而为"中国梦"的话语体系建构策略提出建议。

关键词：中国梦；英美主流报刊；话语建构；语料库；批判话语分析

一、引言

自从十八大以来，"中国梦"成为新一届中央领导集体执政理念的集中表达，也是习李新政"新话语"体系中的一个重要话语创新。如何构建对外传播话语体系和创新叙事方式，在国际舞台上得到认同，使国际社会理解"中国梦"，分享"中国梦"？如何建设对外话语体系，打造融通中外的中国话语，有效传播"中国声音"，讲好"中国故事"？成为舆论界和学术界讨论的热点。人们从"中国梦"的内涵阐释、理论建构、历史演进、当代价值、实现路径、宣传教育、国际比较、海外传播等方面进行了探讨（黄敏、钱毓芳 2014），近两年来也出现一些话语视角的"中国梦"研究（黄敏 2014；郭文平、吴丽英 2014；邵斌、回志明 2014；钱毓芳、黄晓琴、李茂 2015；苗兴伟 2016；于洋 2016；刘立华 2016；张蕾，2016 等）。本研究将聚焦十八大以来英美两国的主流报刊围绕"中国梦"的报道，揭示其话语特征以及这些话语所反映的社会现实，反思如何解构西方话语霸权，改变缺乏"自我"言说而被西方任意阐释的处境。

二、数据

本研究选取英美各两份有代表性的报纸，即：《纽约时报》《华盛顿邮报》《泰晤士报》《金融时报》，通过 LexisNexis[①] 数据库收集 2012 年 11 月至 2015 年 12 月期间这些报刊含有"Chinese dream"或者"China Dream"的报道，共计 35.3 万字。本研究所运用的语料库分析软件为 WordSmith Tools 6（Scott 2014）。

三、语料分析

3.1 主题词

语料库语言学中的主题词（keywords）指那些具有特殊词频的词，它的统计区别于简单的词频统计，是通过比较目标语料库与参考语料

---

① LexisNexis 数据库［OB］：https://115.236.69.21/web/1/http/0/origin-www.lexisnexis.com/ap/academic/?lang =cn (accessed on January 10, 2016).

库的词频而获得的，这些词反映了内容的主题，帮助我们辨析话语的主题特征（钱毓芳 2010a: 200, 2010b: 101）。我们将语料库 English Gigaword Corpus 中美联社的语料作为参考语料库，共计 620 万字。运用 WordSmith Tools 6 统计得出了以下 20 个高频主题词：

表一　20 个高频主题词

Chinese/中国的，dream/梦，Xi's/习的，said/说，party/党，communist/共产主义，corruption/腐败，officials/官员，propaganda/宣传，censorship/监督，media/媒体，people's/人民的，rejuvenation/复兴，crackdown/打击，military/军事，political/政治的，world/世界的，economy/经济，cultural/文化的，global/全球的

高频词主题词显示，英美主流报刊在报道"中国梦"的主题时，主要围绕着反腐败（corruption/腐败，officials/官员、crackdown/打击）、政治宣传（propaganda/宣传）、新闻审查（censorship/审查制度、media/媒体）、民族复兴（rejuvenation/复兴）、全球影响力（global, world, economy）等话题。这些报刊对中国在实现"中国梦"的过程中所遇到的问题持有各种不同的态度，比如：对于中国的反腐问题，《泰晤士报》在 2013 年刊登题为"War on corruption opens with misfire rather than broadside"（中国反腐之战开局熄火而未能全面展开）的文章，文中引用中国问题观察家的观点，认为官方不可能发起真正的反腐之战，因为它将很快暴露腐败充斥中国官场的弊端。一些案件调查的终止证实了这些观察家的推理，另外还有一些消极的评论，甚至持怀疑态度。例如：

（1）Mr Xi has listed fighting corruption and improving the lot of the common man as important goals of his tenure, changes that analysts say will be difficult to achieve without extensive legal reform. (The Financial Times, March 9, 2013)

译文：习先生已经将一系列事情提到议事日程，如：反腐、改善民生。分析家认为这些计划如果没有立法改革的话难以实施。

（2）"I think in the end it will be difficult for them to avoid issues of political reform because otherwise it will be impossible to eradicate corruption," Mr. Li said. "Relying on personal authority and party indoctrination and traditions won't solve the problems they face." (The New York Times, March 15, 2013)

译文："我认为到最后要避开这些政治改革的问题将有难度，否则消除腐败不可能"，李先生说："仅仅依靠个人权威和党的教育和传统很难解决他们面临着的问题。"

（3）I left Beijing with some doubts about Mr Xi's programme. It is hard to see how an anti-corruption drive can truly succeed without a free press, rival political parties or truly independent institutions to act as a check on party officials. (The Financial Times, May 11, 2013)

译文：我带着对习先生的一些怀疑态度离开北京。如果没有新闻自由、政治党派的竞争或者真正独立的监察机构，要取得反腐的真正的成功真是很难。

但是，随着反腐运动的不断深入，中国的反腐成绩向世界展示了中国政府的坚定的决心。西方媒体的态度也发生了一些变化。根据我们收集的语料统计，直到 2015 年 12 月 31 日止，4 家报纸提及反腐的文章共有 57 篇，其中抱消极态度的 37 篇，中立（转述他人谈及反腐）的 12 篇，积极的 8 篇（集中在 2014 年到 2015 年间）。虽然大多数文章还是持消极怀疑态度，但 2014 年以来出现了一些积极的评论，习近平也被认为是继邓小平以后最强有力的中国领导人。如：

（4）The "princeling" son of a famous revolutionary and a fan of the movie "The Godfather," Xi has used all the levers of power in this one-party society. He has launched an **anti-corruption campaign** that targeted top officials of Beijing's state security bureau, the national oil company and other previously untouchable power centers. He has sought to impose top-down discipline on local party leaders who had grown rich and arrogant during China's boom years. (*The Washington Post*, March 2, 2014)

译文：习近平，红二代、《教父》电影的粉丝，在一党社会里已经使尽其权力。他发起了**反腐运动**，直指北京国家安全局的高官、国企石油公司的高管以及其他至高无上权力机构的头目。他试图对那些中国发展时期成为富而骄的地方官员实施严明的纪律。

（5）His harsh yet selective **crackdown on corruption** and dissent, and his emphasis on enforcing Communist Party discipline, have left him looking like the most powerful leader in Chinese politics since Deng Xiaoping, who launched market-orientated reforms in the country in the early 1980s. (*The Financial Times*, January 22, 2014)

译文：他**严厉地整治腐败，严明党的纪律**，让他看起来像是自20世纪80年代以来推出市场化改革的中国政治中**最强有力的领导者**邓小平。

考察前二十个高频主题词中的"propaganda"（宣传）一词，我们发现与之搭配的词汇有：Chinese（中国的）、communist（共产主义）、ideology（意识形态）、party's（党的）、powerful（有力量的）、state（国家的）、machine（机器），这些词汇和"中国梦"联系在一起构建了"中国梦"是执政党为了笼络人心在新时期、新常态下的一种政治宣传、意识形态的教育话语。为了强化这一话语，这些报刊经常引用政要讲话以示其权威性，例如：

（6）In a fortnight's time, when 200 million Chinese children return to school for the new academic year, they will find their textbooks tweaked to reflect the ideology, on the orders of Liu Yunshan, the party's propaganda chief, who said that "**Chinese Dream propaganda education** must enter the classroom, and enter students' minds"（*The Times*, August 17, 2013）

译文：在一个星期的时间内，当 2 亿个中国孩子开学返校，他们会发现他们的教材发生了反映意识形态的变动，中央党校校长刘云山指示说："**中国梦宣传教育要走进课堂、走进学生的心灵。**"

（7）If China has a spin-doctor, it is Wang. Head of the Communist party's policy research office, he has written speeches for China's past three presidents. Wang, who studied in the US and speaks French, is president Xi Jinping's top foreign policy adviser. He also cooked up the "China Dream", Xi's **overarching propaganda catchphrase**. (*The Financial Times*, September 21, 2013)

译文：如果中国也有"舆论顾问"的角色，那便是王沪宁，他是中共政策研究室主任，曾为 3 届领导人写过发言稿。他受过美国教育，能说法语，是习近平的高级外交政策顾问。他也认为"中国梦"是习近平的总体宣传标语。

在谈及中国实现国家复兴的"中国梦"时，英美报刊总将它与军事、超级大国、全球影响力等概念相联系，把中国政府的新政与邻国领土争端中的立场联系在一起。"强军梦"被构建成中国政府对外的一种威胁，例如：

（8）But Mr. Xi has also provoked some unease, especially among China's neighbors, with his emphasis on bolstering the military and by promoting "a great national revival" that some have interpreted as code for a more muscular foreign policy. (*The New York Times*, March 18, 2013)

译文：但习近平也引起了一些不安，尤其是在中国的邻国中，有些邻国把习近平推动军事和促进"伟大的民族复兴"解释为更强硬的外交政策的信号。

从考察高频主题词的检索行，我们还可以看出西方媒体在解读"中国梦"时以他们自身的价值观来理解中国的人权问题、民主问题和法制问题，认为"中国梦"难以捉摸（elusive）、存在诸多问题而难以实现，是效仿美国在 1929 年经济危机爆发后为鼓舞民族精神而提出的"美国梦"，以致富为唯一目标，是需要依法才能实现的复兴等。例如：

（9）Does Xi mean a "Chinese dream" of prosperity, **as the "American dream"** is often interpreted – a promise to continue the historic progress of the past three decades in moving people from poverty into the middle class? Does he have in mind a campaign against the widespread corruption and growing inequality of wealth that rankles many Chinese? Or is he focused on raising China's influence and profile beyond its borders? He has hinted at all three possibilities… （*The Washington Post*, June 3, 2013）

译文：习的"中国梦"的前景是**和"美国梦"一样**，承诺在过去的 30 年中历史性进步的基础上继续带领人民脱贫致富吗？他是否已下决心打一场反对四处蔓延的腐败及消除贫富不均之战役？或者他重心放在提升中国的国际影响力？他已经提示了存在这 3 种情况的可能性。

（10）Many prominent scholars, the *Economist* magazine recently reported, signed a petition urging China to rejuvenate **based on the rule of law** - placing the constitution higher than arbitrary one-party rule. (*The Washington Post*, June 3, 2013)

译文：据《经济学人》最近报道，许多著名学者签了请愿书敦促中国的复兴应该**基于法律**，将宪法置于武断的一党执政之上。

从以上主题词分析中我们可以看出，英美主流报刊对中国实现"中国梦"存在许多怀疑声音，并且对中国的反腐也存在种种疑虑，对实现"中国梦"过程中存在的问题提出了质疑，如立法、言论自由等。为了进一步考察围绕"中国梦"的话语建构，以下我们将利用

WordSmith Tools 6 的检索行功能，解读其多维的话语建构。

3.2 *Chinese Dream* 的检索行分析

检索行能够让我们观察到围绕"中国梦"的更多的语境信息，据此我们可以进一步观察围绕"中国梦"的话语韵，以帮助我们认清话语的本质。图一中我们可以看到与"中国梦"共现的一些消极意义的词汇，如：slogan（口号；第 3，10 行）、feel-good sloganeering（感觉良好的口号，第 1 行）、grandiose（堂皇的，第 4 行）、vaguely（模糊的，第 5 行）、vaunted（自夸的，第 9 行）、confusing（令人困惑的，第 7 行）inchoate（刚开始的，第 16 行）。

1 feel-good sloganeering like the "Chinese Dream," his pitch for a rejuvenated,

2 7, 2013 Tuesday USA Edition 1 The Chinese dream is smothered by toxic smog BYLIN

3 that echoed this. Playing on the "Chinese Dream" slogan touted by Xi Jinping, th

4 the grandiose discourse of the "Chinese Dream" in newspaper editorials and po

5 ken expansively but vaguely of a "Chinese dream" of completing the leap from a p

6 ll resonate, and "ZhongguoMeng" (Chinese Dream) has rippled through the country

7 ion Leaders invoke hope with the 'Chinese dream' BYLINE: Leo Lewis SECTION: NEWS

8 r louder public discussion of the Chinese Dream, a still confusing rhetorical ta

9 d unrest and achieve his vaunted "Chinese dream," he cannot permit the slightest

10s billboards proclaiming Mr Xi's "Chinese Dream" slogan - or the "great rejuvena

11quake. Both women were living the Chinese Dream. And both could spell big troubl

12oed this message. Playing on the "Chinese Dream" slogan touted by Xi Jinping, th

13ing for release. By thrusting the Chinese Dream into the public sphere, he has e

14the phrase "ZhongguoMeng" - "the Chinese Dream" - he probably thought that it w

15ent Xi, who promised to create a "Chinese dream" to rival the American dream, th

16i Jinping's inchoate slogan of "a Chinese dream" refers to getting your kids int

图一　四份报纸 *Chinese Dream*（不区分大小写）的检索行

尽管习总书记在访问美国的时候详细地阐述了"中国梦"的内涵，指出"中国梦"是以实现国家富强、民族复兴、人民幸福为目标，是和平、发展、合作、共赢的梦，与包括"美国梦"在内的世界各国人民的美好梦想相通。但是，从图一检索行中，我们可以看到"中国梦"被英美主流报刊建构成口号（slogan）。他们认为"中国梦"是中国新一代领导人强化政治纲领、实行意识形态宣传的口号。从搭配词中可以看到一些修饰词，比如 vaguely defined/含糊地定义，把"中国梦"描述成是一种模糊、空洞的政治劝导。

从中可以表明，西方媒体无法理解或者拒绝理解"中国梦"是承托着中国民众的个人福祉和追求的新远景，它是和每一个公民的个人梦紧密联系在一起，把人生理想、家庭幸福融入国家富强、民族复兴之中的伟大事业。因此，当代表着稳定、统一、独立、和平，体现了中国新一代领导人的执政理念和奋斗目标的"中国梦"成为新一届政府一种自信的话语表达的时候，西方媒体却有一些消极的解读，例如：

（11）Mr. Xi has spoken **expansively but vaguely** of a "Chinese dream" of completing the leap from **a poor and isolated nation** to a global economic superpower. In the past, **rogue** behavior such as **cybertheft** may have provided a shortcut to greatness. But no longer. If China fails to evolve toward more responsible behavior both abroad and at home, a backlash that is already forming in the United States and among its neighbors will swell. A fundamental change at the top is needed, and Mr. Obama should urge Mr. Xi to provide it. (*The Washington Post*, June 6, 2013)

译文：习先生已经宽泛且含糊地说过"中国梦"是完成从一个**贫穷且封闭的国家**向世界经济超级大国的飞跃。过去，网络盗窃等不良行为也许是实现这样伟大飞跃的一个捷径。但是如今这种现象将不复存在。如果中国不能在国内外采取更负责任的行为，美国和它的邻国的强烈不满将升级。高层领导间需要交换意见，奥巴马先生应该敦促习先生将之提到议事日程。

这段表述无疑又暴露了西方媒体傲慢的态度和对中国的无理指责。在这里，西方媒体不仅将"中国梦"表述为"宽泛含糊"的抽象概念，还暗指中国作为一个经济大国没有担当，认为美国在遏制中国方面应该有更大的作为。例如：

（12）In common with his predecessors, Mr Xi has come to power with **a big slogan** – an attempt to help China to grow and stay unified. When he selected the phrase "Zhongguo Meng" – "the Chinese Dream" – he probably thought that it was pretty clever. **Superficially** the phrase shares **a sweet rhetorical vagueness** with Deng Xiaoping's "seeking truth from facts", Jiang Zemin's "three represents" and Hu Jintao's "scientific development". **It says everything and nothing.** (*The Times*, April 24, 2013).

译文：和他的前任一样，习先生以一个试图帮助中国发展和团结的大口号登台，当他选择"中国梦"这个词，他也许认为自己很聪明。从表面看，这个词有一个讨人喜欢的含糊修辞，和邓小平的"实事求是"、江泽民的"三个代表"、胡锦涛的"科学发展观"一样。看似包罗万象，实则言之无物。

"superficially"（表面上）、"a sweet rhetorical vagueness"（可爱的修辞模糊）以及"everything and nothing"（看似包罗万象，实则不知所云）表明"中国梦"这个内涵丰富、外延深远的宏伟目标和发展理念，在外媒眼中是一个浮于表面的、玩弄文字修辞的、既模糊又空洞的口号而已。

同样在观察"伟大复兴"（great rejuvenate）一词的检索行时（见图二），我们不难发现与之共现的 defines broadly/宽泛（第 1 行）、weaponry and long promised（第 5 行）、relentless（第 7 行）、rallying cry（第 8 行）、military might（第 9 行）、guessing（第 11 行）、Mr. Xi's signature slogan（15 行）等词，表明这些报刊对"伟大复兴"的解读与宽泛的定义、口号、军事力量、中国的崛起等相连。

1 he defines broadly as the "great rejuvenation of the Chinese nation". To other

2 a "Chinese dream" and the "great rejuvenation of the Chinese nation" has been r

3 resident has used to refer to the rejuvenation of the country's society and mili

4 ive for the strengthening and the rejuvenation of the Chinese nation, but in Chi

5 ped weaponry and the long promised rejuvenation of China, Mr Zweig said. America

6 e the "Chinese dream" of a "great rejuvenation". His harsh yet selective crackdo

7 e relentless in promoting China's rejuvenation onto the global stage. Mr. Xi did

8 ecome a rallying cry for national rejuvenation. Its practical impact, however, h

9 y of military might and "national rejuvenation" a success, he has left the econo

10 e coined by Mr. Xi to signify the rejuvenation of the Chinese nation. Earlier th

11 lysts guessing about what sort of rejuvenation - also translated as "revival" or

12 towering ideal of national unity, rejuvenation and the collective ability to sta

13 public around themes of national rejuvenation, and some professors have complai

14 sion for what he calls the "great rejuvenation" of the Chinese nation, one where

15 ure slogan—a call for national rejuvenation led by the Communist Party – wit

图二　四份报纸 *great rejuvenation* 的检索行

（13）Xi's speech to the National People's Congress won plaudits from the press. "His crisp yet rich voice and frank yet resolute gaze revealed a power to invigorate the people," the China *People's Daily* reported.

But the speech left analysts **guessing about** what sort of rejuvenation – also translated as "revival" or "renaissance" – the new leader has in mind. Presumably President Obama will be looking for clues when he meets with Xi later this week in California.（*The Washington Post*, June 3, 2013）

译文：习主席在全国人民代表大会的讲话赢得媒体的喝彩。"清朗而浑厚的声音，坦诚而刚毅的目光，透出激奋人心的力量。"中国《人民日报》如是报道。

但这一演讲留给分析人士许多**猜测**：新一届领导人心里的"复兴"（亦被翻译成"复苏"或"恢复"）是什么？想必奥巴马总统将在本周晚些时候在加利福尼亚会见时寻找线索。

（14）In the west, the phrase, in combination with Mr Xi's rhetoric about a "Chinese dream" and the "great rejuvenation of the Chinese nation" has been read as a sign that China is becoming more overt in its **pursuit of global power**. "We are now looking at a Beijing which positions itself as an equal to the US and superior to a lot of smaller nations," said a western diplomat. (*Financial Times*, June 7, 2013)

译文：在西方，"中国梦"和"中华民族伟大复兴"两个词汇已经被解读为中国追求**全球影响力**的标志。我们现在看到的是，北京方面正将自己定位于同美国平起平坐，而比众多较小的国家更有优越感，一名西方外交官说。

（15）In Xi Jinping it has a leader whose articulation of a China Dream – "the great rejuvenation of the Chinese nation" – is explicitly aimed at recapturing national greatness. The time for **false modesty**, it seems, is over. (*Financial Times*, December 12, 2013)

译文：提出"中国梦"即"中华民族的伟大复兴"的领导人习近平显然就是要再创中华民族的辉煌。看来这个**故作谦虚**的时代一去不复返了。

（16）Some interpreted the phrase "great renaissance" as a call for an accelerated rise in living standards. Defence analysts read it as a signal to the People's Liberation Army that Beijing would continue to expand its military. (*The Times*, March 18, 2013)

译文：一些人将"伟大复兴"解释为一个"加速提高生活标准的要求"。国防分析人士认为这是对人民解放军的一个信号，北京将继续扩大其军事。

（17）Chinese naval forces are modernizing more quickly than the rest of the military, and certain aspects of that progression –

particularly a newly operational aircraft carrier that is China's first – have become **potent symbols of the nation's rise**. (*The New York Times*, December 15, 2012)

译文：中国海军力量正在以比其他军种更快的速度进行着现代化，特别是新业务航空母舰方面的进展堪称中国第一，已成为国家崛起的有力象征。

以上检索行显示了更多的语境，字里行间透露出英美主流报刊对中国实现伟大复兴心存的疑虑（例 13）与复杂的心态（例 14），同时也流露出不安的心情，一种对中国经济军事强大后威胁自身经济利益的不安（例 16，17），以及批评中国谦虚传统（例 14，15）时所表露出的酸味十足的文字。

四、西方媒体关于"中国梦"话语的建构

通过 WordSmith Tools 6 考察高频主题词以及 Chinese Dream、rejuvenation 等检索行更加丰富的语境信息，我们发现寓于英美主流报刊围绕"中国梦"报道中的话语主体特征。英美主流报刊对"中国梦"的内涵和外延进行全方位、多维度的表征。他们将"中国梦"构建成习近平新一届新政府的一种"政治宣传"，既含糊不清又无新意（Xi's overarching propaganda, catchphrase, expansively but vaguely, inchoate slogan），他们以傲慢与尖酸的话语将实现"中国梦"构建成一个"贫穷与世隔绝的国家一夜暴富"话语（a poor and isolated nation rogue behavior, cybertheft, a shortcut to greatness）等等。

在谈及"中国梦"时，英美主流媒体经常将焦点放在中国的反腐、中国的新闻审查、中国的体制（China's single-party, authoritarian rule）、中国的强军梦等话题上。在对待中国问题上，他们着力构建中国"崛起"的政治形象，把中国正在上升的经济力量构建成"全球经济超级大国"（a global economic superpower）。此外，英美主流报刊又以将崛

起的军事强国来诠释"中国梦",并伴随诸多消极话语韵,如军事扩张(military expansion)、军事紧张局势(military tension)等,为渲染"中国威胁论"埋下伏笔,从而渲染西方公众对中国国力快速发展所产生的不安气氛。另外,赶超(catch up)、自吹自擂(vaunt)、玩弄(play on)这些动词和"中国梦"共现,充分说明了西方主流媒体惯有的态度,恶意针砭,刻意诋毁,以消极姿态构建"中国梦"话语。

西方媒体关于"中国梦"的相关报道中,虽然也出现"中国梦"是中华民族的伟大复兴(great rejuvenation)的字句,但大多数情况下都是直接引用中国领导人的讲话。但是,他们一旦解读"中国梦"的诉求的时候,往往用"rise"(崛起)一词来表达,他们更加愿意构建中国崛起话语,而非中华复兴话语。西方媒体反复强调中国的崛起,表明他们认为现阶段中国经济、军事的快速发展是国家的崛起,而不是一个伟大民族全面的复兴,也不是一个新型的社会价值和道德体系的重塑。

总之,英美主流报刊所构建的"中国梦"是一个动态而无明确目标的政治概念,内容空洞且表达模糊,是毫无新意的政治口号,充满猜测和怀疑。英美主流报刊有意识地把"中国梦"的内涵和外延置于西方的价值观和社会价值的框架下来阐释,套用其现有的话语体系来构建"中国梦",无法摆脱其固有的偏见与误解。那么,这些话语所反映的社会现实能够给予我们怎样的启示?我们又要如何应对呢?

五、启示和建议

反思西方媒体对"中国梦"话语的负面建构,我们清醒地认识到,在国际话语的舞台上中国始终处于"沉默的他者"地位,缺乏"自我"言说。如何解构西方话语霸权,构建中国话语体系,有理、有利、有节地向世界讲好中国故事,传递中国的声音,改变被西方任意阐释的处境,使得双方在理解的基础上达成共识,成为我们研究的关键所在。为了让世界更好地理解中国,正确地解读"中国梦",我们必须主动出击做到以下几点：

5.1 赋予"中国梦"清晰的定义

"中国梦"是实现中华民族的伟大复兴，是中华民族近代以来最伟大的梦想，但英美主流媒体将它的内涵解读为一个短时期的"政治口号"和"空洞宣传"，甚至出现"期待下一个口号"等评论，之所以如此，除了西方惯有的意识形态思维作祟之外，也说明我国当前有关"中国梦"的话语表述不够明晰，还不太为人所接受和理解，相关传播也不到位。针对这一现象，我们应该赋予"中国梦"一个清晰的定义，构建社会理想、主体诉求、核心价值观的三维模式，使得"中国梦"话语体系建构和传播策略形成一个可以依循的模式架构。

5.2 凸显核心价值

在国际秩序乱象纷呈的今天，世界需要梦想撑起希望的风帆。"中国梦"呼应了世界的期盼、顺应了历史的潮流，"中国梦"与"世界梦"是共通的，"中国梦"的所有外延特征，都依存于世界可持续发展的客观需要，"中国梦"必将与"世界梦"共同成长。但是，在这多样化的世界里，每个民族都拥有其独特的文化，民族的才是世界的。中国文化历史悠久、博大精深，具有优良的传统和鲜明的民族特征，为人类的进步做出了伟大的贡献。因此，我们应赋予"中国梦"鲜明的民族特性，继承、吸收和创造优秀传统文化和道德风尚的价值评价标准，赋予"中国梦"符合民族特性和时代风格的话语特征，凸显"中国梦"的核心价值，用文明和道德的力量来赢得世界的尊重。

5.3 设置国际话语议程

英美主流媒体在报道"中国梦"时经常牵扯到中国的反腐、新闻审查、法律等问题，并用西方"标准"来评论中国现实，误导西方世界对"中国梦"的理解。这种现象的存在一方面和西方长期以来的冷战思维有关，他们视中国为"威胁"，但也和我们选择的话语议程相关。国内关于"中国梦"的构建往往聚焦民族复兴，而关于中国作为大国的国际责任的塑造还不足（吴琼 2014：112）。当今的全球经济、政治和文化等各层面呈现出多元化的状态，我们应该主动出击，打破"中国梦"和其他国家梦想之间的隔阂，并寻求这些梦想之间的共性话语，将之成为中国寻求国家间良性关系、积极主动地重塑中国形象的重要战略手段。我们要制定既扎根本国历史与文化传统，又具有一定的历史继承性，体现我国社会优良价值观的话语议程，同时也要参考世界主要社会理想的建构与传播，借鉴它们的成功经验，使得"中国梦"话语具有国际说服力和号召力。

5.4 搭建话语研究平台

建构一套融通中外的"中国梦"的话语体系是摆在我们面前的重要课题，当下我们应该以"中国梦"话语研究为纽带，形成"中国梦"跨学科研究项目群，融合传播学、心理学、社会学、文化学、历史学、翻译学等多学科的智慧，从方法交叉、理论借鉴、问题拉动、文化交融等层次围绕着"中国梦"主题，提出"中国梦"话语体系建构框架以及传播策略。利用网络舆情监测与分析研究平台，借助现代信息技术、工具软件，采用大数据挖掘和分析方法，进行大规模的语料分析研究，建立海量语料库，以提升"中国梦"话语研究的层次与质量，增强"中国梦"话语研究服务于社会、推动社会进步的功能。

（本文原载于《天津外国语大学学报》2016 年第 4 期，15-21 页。收录于本文集时略有改动。）

参考文献

Scott, M. 2014. *WordSmith Tools Help Manual Version 6* [S]. Oxford: Oxford University Press.

黄敏. 2014. 世界、国家和我:《东方杂志》"新年的梦想"相关文本分析[J]. 浙江传媒学院学报，4：9-18.

黄敏、钱毓芳. 2015."中国梦"研究述评及展望[J]. 浙江传媒学院学报，4: 2-7.

刘立华. 2016. 中国梦与话语权的建构[J]. 天津外国语大学学报，1: 29-34.

苗兴伟. 2016. 未来话语——中国梦的话语建构[J]. 天津外国语大学学报，1: 24-28.

钱毓芳. 2010a. 语料库与批判话语分析[J]. 外语教学与研究，3: 198-202.

钱毓芳. 2010b. 英国《太阳报》关于恐怖主义话语的主题词分析[J]. 浙江传媒学院学报，4: 98-103.

钱毓芳、黄晓琴、李茂. 2015. 新浪微博中的"中国梦"话语分析及启示[J]. 对外传播，1: 59-61.

邵斌、回志明. 2014. 西方媒体视野里的"中国梦"——一项基于语料库的批评话语分析[J]. 外语研究，6: 28-33.

于洋. 2016. 微博话语中的中国梦——系统功能语言学视角[J]. 天津外国语大学学报，1: 40-44.

张蕾. 2016. 中国梦话语的国家身份建构功能[J]. 天津外国语大学学报，1: 35-39.

吴琼. 2014. 中国梦传播的话语策略探析[J]. 北京交通大学学报，2: 111-115.

西方媒体视野里的"中国梦"
——一项基于语料库的批评话语分析

邵斌　回志明

（浙江财经大学外国语学院）

摘　要：自 2012 年习近平总书记提出"中国梦"以来，"中国梦"一直是国内外媒体关注的焦点。然而，西方新闻媒体视野中的"中国梦"到底是何形象？迄今为止，学界尚未对之展开实证研究。本文从"LexisNexis 新闻数据库"中提取西方媒体对"中国梦"的英文报道，自建"中国梦"语料库，通过索引行、搭配网络等语料库分析手段，从实证角度探索西方媒体对"中国梦"的解读、评价和话语建构。本文发现，西方媒体对"中国梦"多持肯定态度，将其与"民族复兴"和"世界和平"相关联，但也不乏媒体对其持有否定和偏见，将其与"军事扩张"等相关联。本文还发现，西方媒体常将"中国梦"与"美国梦""欧洲梦"和"非洲梦"等对举并进行比较，从而展现"中国梦"与其他地区人民梦想的联系。

关键词：中国梦；批评话语分析；语料库；媒体话语

一、引言

"中国梦"，是中国共产党召开第十八次全国代表大会以来，习近平总书记所提出的重要指导思想和重要执政理念。2012 年 11 月 29 日，习总书记在参观"复兴之路"展览时首次阐释了"中国梦"的概念。之后，他再次强调，"实现全面建成小康社会、建成富强民主文明和谐的社会主义现代化国家的奋斗目标，实现中华民族伟大复兴的中国梦，就是要实现国家富强、民族振兴、人民幸福"（习近平 2013: 4）。

自"中国梦"提出以来，国内外媒体争相报道并热烈探讨其内涵。然而，西方新闻媒体视野中的"中国梦"到底是何形象？中西方媒体对"中国梦"的阐释有何异同？迄今为止，学界尚未有研究对之展开实证分析。本文拟以"Chinese dream"和"China dream"[1] 作为检索词，通过大型数据库 LexisNexis 收集西方新闻媒体中在过去两年里对"中国梦"的报道，自建语料库，从批评话语分析的视角对"中国梦"话语进行研究。在研究方法上，本文拟通过索引行、搭配网络等语料库手段，分析西方媒体对"中国梦"的报道文本，以此揭示西方媒体在对"中国梦"的报道中所表现出的态度倾向，并分析这种态度立场背后所隐含的深层次意识形态和社会原因。

二、文献概述及研究方法介绍

费尔克劳（Fairclough 1995: 1）认为"批评话语分析"（Critical Discourse Analysis，简称 CDA）是"一种致力于语言、权力与意识形态之间关系的研究框架"，它揭示话语实践是如何被社会现实所塑就，同时又对社会现实产生怎样的影响。田海龙（2009: 65）也指出，批评话语分析作为话语分析的一种重要分析方法，重视语境在话语产生、传播中的作用，着力分析话语中的权力结构与意识形态。然而，批评话语分析虽因其跨学科的开阔视野而备受关注，但也因其批判社会时所表现出的主观性而饱受争议。譬如，福勒（Fowler 1996: 3-11）认为批评话语分析文本数量过小，缺乏代表性，对话语的解释缺少客观性和系统性。因此，为了加强批评话语分析的科学性和实证性，语言学家试图将语料库语言学方法引入批评话语分析，从而产生了"基于语料库的批评话语分析"。当语料库应用于批评话语时，语料库分析软件不仅能展示话语中无法一目了然的现象，还能揭示出乎研究者预料之外的文本隐含内容。因此，斯塔布斯（Stubbs 1996: 20-21）认为，将语料库的定量和定性分析纳入批评话语分析是积极可行的，两者之间的互补性和兼容性使得从宏观和微观两个方面再现话语全貌成为可能。可以说，基于语料库的批评话语分析突破了传统研究文本数量小以及主观性太强的局限，所以成为当前话语分析的新动向。

近20年来，越来越多的国外学者将语料库技术运用于批评话语分析。这些研究主要通过对文本中的词频、索引行、主题词、搭配以及词丛的考察，对词汇形式和语法结构的观察来探索话语的内在意义。

英国兰卡斯特大学的贝克和麦克瑞恩（Baker & McEnery 2005，2006，2008）课题组运用语料库索引行、主题词等分析方法考察英国媒体对难民的话语建构，发现一般新闻媒体和官方新闻媒体在对待难民的态度和情感倾向上有所不同。运用同样的方法，他们（Baker *et al.* 2013）对英国媒体中的穆斯林形象也进行实证研究，发现自9·11之后，英国媒体对待穆斯林的态度较为消极，反穆斯林情结日益严重。麦克瑞恩等（McEnery *et al.* 2013: 1-53）则广泛收集对伦敦奥运会的中英文报道，通过搭配和主题词分析了举办奥运会是否对英国国家声誉带来正面或负面的影响。

英国诺丁汉大学内希尔（Nerlich）课题组长期关注环境、生态和语言之间的关系，并利用语料库手段对低碳话语、气候话语等进行了细致分析。内希尔等（Nerlich *et al.* 2012: 44-63）通过自建语料库，对英国和美国新闻中的气候报道这一话语做了细致研究，探索其报道的相似与差异。她们发现，美国媒体仍将气候变化视为一个存在的问题，而英国媒体则更关注如何找到解决办法。内希尔和贾斯帕尔（Nerlich & Jaspal 2013: 35-53）探索了媒体对极端天气进行报道的话语建构特点，发现报道中的极端天气形象往往附带着同情、害怕、无助、勇敢等人类的情感特点。

基于语料库的战争话语以及政治话语分析也是学界研究的热点。卢安和隆巴多（Louann & Lombardo 2009）基于语料库来分析美国、英国和意大利 3 国针对 2003 年伊拉克战争的电视报道话语，阐释各家媒体对战争的评价和立场。在政治话语分析方面，希尔顿等（Chilton *et al.* 1998）对 1989 年至 1991 年间转型中的欧洲政治话语进行了研究，发现苏联解体对冷战过后欧洲政治话语和日常交谈的影响很大。帕廷顿（Partington 2003）对美国前总统克林顿执政早期白宫幕僚和狼群记者团的话语进行研究，深入分析政客与新闻媒体间的依存关系。奥哈罗伦（O'Halloran 2009: 21-51）以英国《太阳报》为语料来源对英国媒体中的欧盟东扩话题进行了分析，阐明了文化再生产对东欧移民的影响。金径惠（Kim 2014: 221-244）从美国主流媒体，如 *CNN*、《新闻周刊》和《纽约时报》中提取文本建成语料库，通过搭配、索引行以及短语形式等，分析了美国媒体对朝鲜形象的话语构建。

相较而言，国内学者在该领域的研究才刚刚起步。钱毓芳（2010）收集了《太阳报》和《人民日报》在 9·11 前后涉及恐怖主义话语的语料，通过词丛、索引行、搭配等手段来研究中英两大报纸对恐怖主义话语的建构。唐丽萍（2011）从理论角度阐释了语料库语言学在批评话语分析中的作为空间。其作为空间主要体现为：在上下文和互文语境中对话语成品进行分析，对大量的已经实现了的意义表达方式进行批量处理，以及在低级阶进行词汇语法分析。张卫东（Zhang 2012: 1-23）通过《人民日报》的社论和评论对北京 2008 年奥运会话语进行分析，进而观察中国是如何看待自身崛起的。郑梁慧莲和林蕙盈（Cheng & Lam 2013: 173-190）通过分析对比 2013 年和 1997 年西方对香港的报道，解读西方媒体眼中的新香港形象并分析其变化的原因。

总体来看，基于语料库的批评话语分析虽然方兴未艾，但上述研究还存在一些不足之处：一是关注中国话题的国外研究相对较少；二是国内研究在语料库的使用上，还存在较大局限性。语料来源基本仅限于一两种报纸，而未能覆盖数以千计的全球新闻媒体。这一局限性在大数据时代尤显突出；三是有关中西方在某一共同话语的对比研究较为罕见。

由此可见，国内外学者从批评话语角度对"中国梦"的阐释尚未展开。而本文拟从数据库中提取语料，运用语料库研究方法挖掘数据，以批评话语分析为理论视角对西方媒体中的"中国梦"的话语进行全方位的描述和阐释。

本文的语料为2012年1月至2013年12月的"LexisNexis新闻数据库"中有关"中国梦"的英文媒体报道。本文以"Chinese dream"和"China dream"作为主题检索词，自建"中国梦"西方媒体报道专题语料库，并基于此进行实证研究。LexisNexis新闻数据库是较为理想的新闻数据库，它全文收录全球各地2500余种报纸（如 *The Times*、*The Washington Post* 等）、1000多种期刊（如 *Newsweek*、*Library Journal* 等）、300多个网络和博客新闻网站以及各种电视稿和广播稿、新闻专线文本等，该数据库做到即日更新，内容涵盖近25年的新闻。本文建成的语料库共含2261篇英语文本，总形符数（token）为4,114,232词，语料库中"Chinese dream"和"China dream"的形符数分别为6693和1547。

三、基于语料库的"中国梦"的批评话语分析

语料库语言学关注语言使用。弗斯（Firth）在研究词语的搭配现象时非常强调语境的重要性，认为词语的意义是语境（搭配词）选择的结果。他（Firth 1957: 11）曾做出著名论断："由词之结伴可知其义。"换言之，词语与其共现词之间存在相互期待和相互预见的关系。这正如帕特里奇（Partridge 1961: 31）所说，"没有哪个词是一座孤岛。"换言之，西方媒体对"中国梦"的评价和态度即体现在其周围词语的评价意义上，因此，要分析西方媒体对"中国梦"的评价，可观察其周围词语的评价意义。而语料库的索引行工具给观察"中国梦"的周围词语提供了方便。下表一即为以AntConc 3.3.5w软件制作的、从语料库中提取的有关"中国梦"报道的索引行。

表一 有关"Chinese/China dream"报道的索引行

1	**conductive** to China's pursuit of	Chinese dream	and **renaissance** to help build
2	that he is **confident** that	Chinese dream	will have a **positive impact**
3	the creation of a **sustainable**	Chinese dream	that breaks the historic link
4	the realization of the ultimate	Chinese dream	a **possibility** now. The success
5	start businesses and have a	Chinese dream	of **rejuvenating the nation**
6	implications for the world. First	Chinese dream	is **a dream of peace**.
7	**cooperation** among parties to realize	Chinese dream	Shinzo Abe, leader of the Liberal
8	**welfare and economic growth**. The	Chinese dream	also means other countries will
9	a more open era... The	Chinese dream	will **promote** the building of
10	the mainland. Now, that's a	China dream	Man's **best friend** .We all
11	**world peace, stability and prosperity**	China dream	is a phrase coined by
12	model. We see in your	China dream	a **splendid opportunity** to become
13	the people," pursuing a **shared**	China dream	of national **strength** and **prosperity**.
14	on the **great** journey of	China dream	a dream for **peace, openness,**
15	are **bound to realize** their	China dream	with the **great rejuvenation** of

由表一可以看出，西方媒体对"中国梦"的提出多持肯定态度。譬如，他们认为，"中国梦"的内涵是"民族复兴"（rejuvenating、great rejuvenation），意味着社会福祉和经济发展（welfare and economic growth），能促进社会建设（promote the building of society），且具有可持续发展性（sustainable）。"中国梦"是世界各国的朋友（best friend），有利于促进世界的和平、稳定和繁荣（world peace、stability、prosperity），将对世界产生积极作用（positive impact）。进一步观察语料库中主题词的频数可以发现，与"中国梦"密切相关的积极词语频率较高，如 realiz(s)e（实现，2544）[2]、realization（实现，414）、prosperity（繁荣，1472）、prosperous（繁荣的，882）、promote（促进，3068）、progress（进步，1608）、rejuvenation（复兴，1284）、peace（和平，2585）、peaceful（和平的，1581）等。由此可见，西方媒体对"中国梦"持有较为积极的评价。在他们眼中，"中国梦"指的是中华民族实现国家富强、民族振兴、人民幸福的伟大复兴。成就"中国梦"对于世界而言是重大利好，也将为国际社会实现互利共赢、和平发展提供一种和平新范式。

然而，国强必霸的思维定式使得一些西方国家和媒体在面对"中国梦"时心态复杂，甚至不乏误解、嫉妒和恐惧。故部分西方媒体偏信"中国威胁论"，鼓吹"中国霸权"，误将"中国梦"视作中国企图实现世界霸权的体现。检索本语料库也可发现西方对"中国梦"的负面报道，其索引行如下表二所示：

表二　有关"Chinese/China dream"的负面报道索引行

1	Meanwhile the new **Beijing-pushed**	Chinese dream	has **less appeal**. You don't
2	USA Edition 1　The	Chinese dream	is smothered by **toxic smog**
3	**graft** must come before the	Chinese dream	(April 12) is highly informative
4	echoed this message.　Playing on the	Chinese dream	slogan **touted by Xi Jinping,**
5	things then talking about a	China dream	is just **a joke."**　For
6	leader Xi Jinping about the	Chinese dream	of renaissance **will not matter.**
7	dream　IS PRESIDENT Xi Jinping's	Chinese dream	just **a pipe dream'**　Yes,
8	LENGTH: 901 words　Mr Xi's	China dream	also has a **military dimension**
9	To the man in the street	China dream	**sounds too remote.**　"Cure the
10	The new leaders' rhetoric of	China dream	and a **strong military** does

　　由表二可知，有些西方媒体歪曲报道了"中国梦"。譬如，他们认为"中国梦"缺乏吸引力（less appeal），中国存在着严重的环境问题（toxic smog）和腐败问题（graft），因此"中国梦"只是一个"白日梦"（pipe dream），或是笑话而已（just a joke）。有媒体认为，"中国梦"是在政府推动下（Beijing-pushed）编造出来的，仅仅是一个被吹捧的口号（a slogan）。还有媒体认为，"中国梦"对民族复兴而言无关紧要（will not matter），对普通老百姓来说遥不可及（sounds too remote），而且含有强烈的军事色彩（strong military、military dimension）。进一步研究发现，英国的《金融时报》（*Financial Times*）和美国的《纽约时报》（*The New York Times*）等报纸对"中国梦"所持的负面报道较为突出，如下例［1］和例［2］所示（粗体显示为本文所加）：

　　（1）So while it's all well and good to talk about the "Chinese dream" - Chinese cyberspace has its own **cynical** view of the current state of national nirvana: "In Beijing, you open the windows and get free cigarettes; in Shanghai you open the taps and get free pork soup". For it is not just the west that is obsessed by Beijing's **air pollution** and Shanghai's **pig flotilla**.

(Financial Times, 20 March 2013)

虽然大谈"中国梦"看似不是什么坏事，但中国网络上对国家复兴的当前宣传持冷嘲热讽的态度："在北京，一开窗户就能免费吸到烟；在上海，一开水龙头就喝到排骨汤。"不仅仅只是西方人对北京的空气污染、上海黄浦江的死猪漂流怨声载道。

(《金融时报》，2013 年 3 月 20 日)

（2）But Mr. Xi has also provoked some **unease**, especially among China's neighbors, with his emphasis on bolstering the **military** and by promoting "a great national revival" that some have interpreted as code for a **more muscular foreign policy**.

(The New York Times, 18 March 2013)

但是习强调发展军事，促进"中华民族伟大复兴"，这被解读为一种更为强势的外交政策，从而引起别国，特别是邻国的不安。

(《纽约时报》，2013 年 3 月 18 日)

例（1）报道的是中国网民在网络上对中国环境现状的讽刺。北京的雾霾天气和上海黄浦江上的死猪漂流事件引起了国内外媒体对中国环境和生态问题的广泛关注。环境污染问题诚然是"中国梦"生态文明实现进程中的巨大阻碍，然而，某些外媒在报道时并不是从解决问题或提供有效建议的善意出发，相反，他们的笔调中充满了嘲弄和讽刺，甚至不无幸灾乐祸之意，不难从中体会到该报纸对"中国梦"的一种敌意。例（2）报道则将中国对军事及国防事业的支持解读为更加强势的铁腕外交手段，强调"强军梦"引起邻国的不安情绪。事实上，习总书记所指的"强军梦"是建设与中国国际地位相称、与国家安全和发展利益相适应的巩固国防和强大军队。"强军梦"不仅是"中国梦"的内在要求，也是其坚强的支撑，对"中国梦"的实现具有根本性战略意义。然而这些合理的国防建设却被某些外媒解读为另一种具有霸权含义的"强军梦"。

为了进一步观察西方媒体眼中的"中国梦"形象，除了索引行，本文还制作了本语料库中高频词的搭配网络（Collocational Network），用以观察"中国梦"的主题词及其相互之间的关系。搭配网络依据统计手段确定词语间的搭配关系链，它在话语分析中具有重要意义。贝克（Baker 2005: 53）认为，搭配网络展示了语篇中搭配词间的多重连接，通过搭配网络可探索话语中关键词之间的相互关系。麦克瑞恩（McEnery 2006: 18-19）认为，中心节点词（nuclear node）是搭配网络的中心，搭配网络可用以研究与节点词相关的意义是如何被建构的。根据威廉姆斯（Williams 1998: 157）的观点，搭配网络的构建涉及以下步骤：首先选取一个高频词作为搭配网络的中心节点词，然后通过统计频数或互信息值等方法确定该词的显著搭配词（significant collocates），再将这些搭配词作为新的节点词重复上述步骤。如此扩展，这些不断增加的搭配链使得搭配网络像滚雪球一样逐渐扩大，直到再也找不到显著搭配词或某个搭配词在网络中已出现过为止。

搭配网络可以更加准确地分析西方媒体视野里的"中国梦"形象，更好地揭示"中国梦"的内容、特征以及西方人对其所持的态度。本语料库中高频词所构成的搭配网络如图一所示。

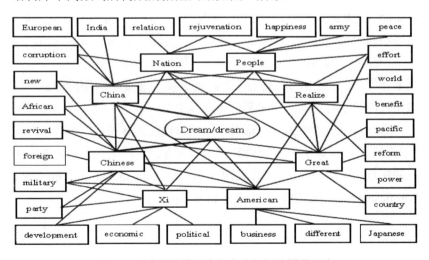

图一 "中国梦语料库"中高频词的搭配网络

图一以 Dream/dream 为中心节点词，通过统计其与搭配词的频数得出 8 个一级搭配词。再以这 8 个一级搭配词为新节点词，得出与其共现频数较多的二级搭配词，从而形成了 Dream/dream 的搭配网络。由图可知，China 和 Chinese 作为 Dream/dream 的显著一级搭配词，体现了本语料库的"中国梦"主题，与其他一级搭配词 Xi（习）、nation（国家）、people（人民）、American（美国的）、realize（实现）、great（伟大的）也存在明显的连通关系。就"中国梦"的内容而言，new（新的）、revival（振兴）、rejuvenation（复兴）三词表明了西方媒体认为"中国梦"事关民族复兴，但 corruption（腐败）表明实现"中国梦"的障碍之一是腐败问题。Xi 表明"中国梦"提出者的身份，即习总书记，与其相连的 economic（经济的）、political（政治的）、development（发展）和 party（党）等关键词，则表明"中国梦"强调经济的发展、政治体制的完善以及党的建设。然而，与之连接的还有 military（军事的）一词，表明西方媒体将中国的大国崛起误读为一种"军事威胁"。此外，nation 和 people 等关键词表明"中国梦"是"民族梦""人民梦"，是关系人民福祉（happiness）的梦，是维护世界和平（world、peace）的梦。就国际关系而言，"中国梦"的实现有益于环太平洋地区（Pacific），"中国梦"与美国（American）关系最为密切，与欧洲（Europe）、非洲（Africa）、印度（India）等地区和国家也有密切关联。值得注意的是，在"中国梦"语料库中，美国常与 Japanese、different 和 business 等词共现，这表明，中美之间的经济贸易得以凸显，但美国某些媒体对"中国梦"持有"不同观点"，可能是因其不同的意识形态所致，且常有日本的国家利益掺杂其中。

进一步分析"中国梦"语料库里所体现的国际关系，可以发现，"中国梦"与美国、欧洲和非洲这三个国家和地区的关联是西方媒体关注的焦点。在本语料库中可以发现，Chinese/China dream 与 American、European 和 African 也频繁共现，如表三所示。

表三　**Chinese/China dream** 与 **American**、**European** 和 **African** 等词共现的索引行

1	**American dream** and also a	Chinese dream.	They all have similar things:
2	has popularized the idea of a	Chinese dream,	an foil to **American dream**.
3	**American dream** as individualistic and	Chinese dream	as collectivistic. That may be
4	Friday, HOYLINE: Cameron appeals to	Chinese dream	to promote his **old European**
5	in **Europe**, said that the	Chinese dream	is a common goal and desire
6	We are willing to share the	China dream	with **Europe and the world**.
7	vision for Africa in which	Chinese dream	is to complement **African dream**
8	and supporter for Africa.　Fulfilling	Chinese dream	will help **African countries** to
9	a conference under the theme	China dream	-**Africa**: Achieving Common Development

　　由上图可知，西方媒体常将"中国梦"与"美国梦""欧洲梦"和"非洲梦"相联系。部分西方媒体认为，"美国梦"象征着平等、自由和民主，"中国梦"与"美国梦"存在不少相似之处，"中国梦"是"美国梦"的翻版。也有媒体认为，中国和美国处于不同的文化背景和历史条件之下，"中国梦"和"美国梦"存在差别："中国梦"更加强调集体性（collectivistic），而"美国梦"则更加强调个体性（individualistic）。对于"欧洲梦"而言，西方媒体认为，"欧洲梦"强调生活质量、可持续性、安定与和谐，关注自我修养以及对人类的同情。"中国梦"能更大程度地促进欧洲的发展（promote the old Europe），能扩大中欧应对全球挑战的合作，因此，"中国梦"是中国和欧洲的共同梦想（common goal and desire）。对于"非洲梦"而言，2013年3月习近平总书记在坦桑尼亚发表的演讲中指出，"中国的发展离不开世界、离不开非洲，世界和非洲的繁荣稳定也需要中国"。在新的历史时期，实现"中国梦"和"非洲梦"，不仅可以帮助非洲国家摆脱贫困（help African countries），而且有利于中非双方共同发展（common development）。中华民族实现民族复兴的"中国梦"与非洲人民实现减贫和发展的"非洲梦"可以相互对接和互助实现（to complement African dream）。

四、结语

　　媒体话语中所隐含的评价意义微妙地影响着人们的思想和观念，但由于其潜隐性，故传统的研究方法较难对其进行大规模的实证研究。而语料库方法与批评话语分析的结合，弥补了传统媒体话语分析文本数量少、缺乏客观性的缺点，使得研究更具说服力，从而可以有效分析和阐释复杂的社会现象。

　　本文以"中国梦"的西方媒体报道为研究对象，自建"中国梦语料库"，并从批评话语的角度对其做出较为科学和深入的探索。语料库索引行分析和搭配网络分析揭示了西方媒体近两年来围绕"中国梦"所进行的话语建构。语料库分析表明西方媒体对"中国梦"多数持肯定态度，将其与"民族复兴"和"世界和平"相关联，"中国梦"是强调经济社会的发展、政治体制的完善、关系人民福祉、维护世界和平的梦。但也不乏西方媒体对其持有否定和偏见，将其与"军事扩张"等相关联，故意强调中国的"腐败问题"与"环境问题"，从而扭曲"中国梦"的形象。在语料库中，"中国梦"与"美国梦""欧洲梦""非洲梦"频繁共现，说明西方媒体认为"中国梦"与这三者关系密切。总之，"中国梦"作为新一届政府的重要指导思想和重要执政理念，其内涵还在进一步深化和拓展。本课题组也将继续通过语料库手段来追踪西方媒体对"中国梦"阐释的变化与动态，这也是中国语言工作者在当代政治生活中所应当承担的一项刻不容缓亟须展开的工作，更是一份义不容辞的责任和义务。

　　（本文原载于《外语研究》2014 年第 6 期，28-33 页。收录于本文集时略有改动。）

注释：

1. 本文为浙江省社科规划之江青年课题"基于语料库的中国文化关键词的译介及文化影响力研究"（16ZJQN028YB）的阶段性成果。目前，"中国梦"多被译为 Chinese dream 或 China dream。有学者对两种译法的合适性进行了讨论，如金其斌（2013）、杨全红（2013）。从语料库的数据来看，Chinese dream 和 China dream 都用于表达"中国梦"，但前者的使用频率高得多。语料库具体数据及详细论证请见本书邵斌和陈晶晶的"基于语料库的'中国梦'翻译实证研究"一文。

2. 括号内的数字为词形还原之后的该词目形符数，如 realize 词目（lemma）中包含了 realize、realizes、realized、realizing 等不同词形。

参考文献

Baker, P. 2005. *Public Discourses of Gay Men*[M]. London: Routledge.

Baker, P. 2006. *Using Corpora in Discourse Analysis* [M]. London: Continuum.

Baker, P., Gabrielatos, C. & McEnery, T. 2013. *Discourse Analysis and Media Attitudes: The representation of Islam in the British press* [M]. Cambridge: Cambridge University Press.

Baker, P. & McEnery, T. 2005. A corpus-based approach to discourses of refugees and asylum seekers in UN and newspaper texts [J]. *Language and Politics*, 2: 197-226.

Baker, P. & McEnery, T. 2008. A useful methodological synergy? Combining critical discourse analysis and corpus linguistics to examine discourses of refugees and asylum seekers in the UK press [J]. *Discourse and Society*, 3: 273-306.

Cheng, W. & Lam, P. W. Y. 2013. Western perceptions of Hong Kong ten years on: A corpus-driven critical discourse study [J]. *Applied Linguistics*, 2: 173-190.

Chilton, P., Ilyin, V. & Mey, J. 1998. *Political Discourse in Transition in Europe,*

1989-1991[M]. Amsterdam: John Benjamins.

Fairclough, N. 1995. *Critical Discourse Analysis: The critical study of language* [M]. London: Longman.

Firth, J. R. 1957. A synopsis of linguistic theory 1930-1955[A]. In Firth, J. R. (ed.). *Studies in Linguistic Analysis* [C]. Oxford: Philological Society. 1-32.

Fowler, N. 1996. On critical linguistics [C]. In Caldas-Coulthard, C. R. & Coulthard, M. (eds.). *Texts and Practices: Readings in critical discourse analysis*. London: Routledge. 3-14.

Kim, K. H. 2014. Examining US news media discourses about North Korea: A corpus-based critical discourse analysis. *Discourse and Society*, 2: 221-244.

Louann, H. & Lombardo, L. 2009. *Evaluation and Stance in War News: A linguistic analysis of American, British and Italian television news reporting of the 2003 Iraqi War* [M]. London: Continuum.

McEnery, T. 2006. *Swearing in English*[M]. London: Routledge.

McEnery, T., Potts, A. & Xiao, R. 2013. London 2012 Games Media Impact Study [EB/OL]. [2014-07-23]. https://www.gov.uk/government/ publications/london-2012-media-impact- study.

Nerlich, B., Forsyth, R. & Clarke, D. 2012. Climate in the news: How differences in Media discourse between the US and UK reflect national priorities [J]. *Environmental Communication: A Journal of Nature and Culture*, 1: 44-63.

Nerlich, B. & Jaspal, R. 2013. UK media representations of carbon capture and storage: Actors, frames and metaphors [J]. *Metaphor and the Social World*, 3: 35-53.

O'Halloran, K. 2009. Inferencing and cultural reproduction: A corpus-based critical discourse analysis [J]. *Text and Talk*, 1: 21-51.

Partington, A. 2003. *The Linguistics of Political Argument: The spin-doctor and the wolf-pack at the White House* [M]. London: Routledge.

Partridge, E. 1961. *Adventuring Among Words* [M]. Oxford: Oxford University Press.

Stubbs, M. 1996. *Text and Corpus Analysis* [M]. Oxford: Blackwell.

Williams, G. 1998. Collocational networks: Interlocking patterns of lexis in a corpus of plant biology research articles[J]. *International Journal of Corpus Linguistics*, 1:

151-171.

Zhang, Weidong. 2012. New assertiveness and new confidence? How does China perceive its own rise? A critical discourse analysis of the People's Daily editorials and commentaries on the 2008 Beijing Olympics [J]. *International Journal of China Studies*, 1: 1-23.

金其斌. 2013. 中国梦: China dream 还是 Chinese dream?——基于中西文化交流史的考察[J]. 英语世界，3: 103-105.

钱毓芳. 2010. 语料库与批判话语分析[J]. 外语教学与研究，3: 198-202.

唐丽萍. 2011. 语料库语言学在批评话语分析中的作为空间[J]. 外国语，4: 43-49.

田海龙. 2009. 语篇研究：范畴、视角、方法[M]. 上海：上海外语教育出版社.

习近平. 2013. 实现中国梦必须走中国道路[J]. 党建，4: 4-5.

杨全红. 2013. "中国梦" 英译辨析[J]. 中国翻译，5: 89-93.

"中国梦"话语的国家身份建构功能

张蕾

（天津外国语大学英语学院/外国语言文学文化研究中心）

摘　要：国家身份通过话语被构建、复制、改造和破坏。作为中国最高领导人，习近平的"中国梦"话语成为重要语境下构建中国国家身份的权威。话语涵盖了"中国梦"的本质与内涵、"中国梦"的实现以及它与世界发展的关系，凸显了对共同政治现状与未来目标这一主题的语言构建。异化语篇策略和同化语篇策略共同建筑出了中国正面的国家形象。前置限定修饰成分、识别、属性关系小句、物质过程小句、祈使句、归一性、情态副词、排比句式、因应语境变化的指称表达一方面突出了"中国梦"的特色，一方面又强调了中国与他国奋斗目标的相似点，强调了中国特有的政治价值观和外交原则以及她与国际社会的统一性，否定了对中国的负面认知，清晰地塑造出热爱和平、关注发展、造福人民和世界的国家身份。

关键词：中国梦；身份建构；国家身份；关系小句；祈使句

一、引言

国家身份（national identity）是一个国家在自我认知基础上，与国际社会其他国家互动过程中形成的国家形象和特征，具有主体间的构建性。对国家身份的研究始于 20 世纪 70 年代冷战时期民族主义的兴起，主要为巩固国家在国际事务中的地位服务。随着全球化趋势不断加强，国家身份研究在加强各国合作与交流中的功能日益加强。受构建主义的影响，考尼森玛（Kaunismaa 1995）首次指出话语实践在国家身份构建过程中的重要作用。沃达克等（Wodak et al. 2009）在历史—语篇分析框架下，基于多种语料分析总结出的语言策略在国家身份研究的话语转向领域得到了广泛应用，尤其适合研究在宏观的历史、社会、政治背景下历史性、机构性的政治语篇如何构建国家身份（如 Blackledge 2002；Ricento 2003；Shenhav 2004）。国内对国家身份的研究始于 20 世纪 90 年代，研究成果多集中在国际关系、传播学、社会学、跨文化交际等领域，从话语分析视角开展的研究所占比例相对小，主要涉及新闻语篇（如杨雪燕等 2006；尤泽顺 2011）和政府文件（如窦卫霖等 2011），关注西方媒体对中国形象的负面塑造。本文尝试从话语策略、语言各层次表达等视角，探讨"中国梦"话语通过凸显何种国家形象与特征来正面地构建中国的国家身份。

二、国家身份的话语构建

社会构建论指出身份并不是固定不变，而是个人或群体构建的结果，并且会在一定社会语境下的互动协商中产生变化（De Fina et al. 2006: 25-26），而话语作为一种社会实践活动成为身份互动协商的重要途径。正是通过话语表达和话语传播，身份才得以被构建、再塑造和改变。

国家身份属于群体身份，是社会认同的一种具体表现形式，它可以通过语言和其他符号系统被构建、复制、改造和破坏。在一定社会历史时期，政治家、知识分子、媒体人等社会群体通过教育系统、大众传播等社会机构不断推出具体化、形象化的话语，构建国家形象与特征（De Cillia et al. 1999: 153）。此类话语的主题主要涉及以下领域：对国家历史的叙述与构建，包括民族发展和国家发展故事、历史人物、政治成就与失败、历史繁荣时期与危机；对民族共享文化的语言构建，涉及语言、宗教、艺术等话题以及体育、饮食、服饰等日常文化；对共同政治现状与未来的描述，例如目前与将来面临的政治问题、未来的政治目标与价值观等（Wodak et al. 2009: 31）。这些话语构建出特定人群主体间共享的"想象中的政治共同体"（Anderson 1988: 15），蕴含了他们共同的想法、概念和看法以及共享的情感态度和类似的行为倾向，并存在于他们的思想和记忆中。

宏观上，话语生产者往往采取异化语篇策略（discursive strategies of dissimilation）和同化语篇策略（discursive strategies of assimilation）完成国家身份的话语构建。前者强调不同国家之间的差异，展现国家的独特性；后者则强调国家内部的一致性，从而实现建筑、延续、改变、废除某种国家身份的社会功能。建筑功能可以通过凸显认同、统一、团结或者强调差异的话语来实现；延续某种国家身份需要维持与再现出现危机的国家形象，如回顾具有争议的事件与行为时采用的辩护策略（strategies of justification）可以通过强调相关事件的合法性达到维护和支持现有国家身份的目的。改变功能旨在将一个比较完善的国家身份及其组成部分转换成新的概念化的国家身份，而废除功能仅仅贬低现有的民族认同的部分构造，但通常不提供任何新的模型代替旧的。

这些社会功能在话语实践中通过具体的语言手段得以实现，包括词汇、句法产生的语篇意义，以及各种修辞手段的文体效果。本文将通过分析官方"中国梦"话语的语言使用，揭示中国政府在构建当前国家身份中选择使用的话语策略和具体的语言实现手段。

三、"中国梦"话语

习近平总书记 2012 年 11 月在北京参观"复兴之路"展览时第一次提出了"中国梦"的概念，阐释了"中国梦"的内涵。随后在出席国际会议、会见国内代表、接受国内外媒体采访等不同语境下，他又多次提到"中国梦"。"中国梦"理念经过多次阐述,逐渐上升为新一届中央领导集体的重大战略思想,反映了执政党的治国理念,成为中国当今主流的政治话语(杜刚、刘福州 2013),同时也成为媒体报道的焦点和公众讨论的话题。官方话语对"中国梦"概念的阐释以及媒体话语对它的一系列报道影响着受众对于"中国梦"的理解与认知。这些官方话语、媒体话语、民间话语反映了"中国梦"话语的产出、消费、再生产的过程,体现了背后主流思想体系的形成、传播、被争论和认同的过程。

在阐释和再现"中国梦"的过程中,话语生产者通过追溯历史,评价当代中国的发展,陈述中国社会的核心价值观和根本理念,论述中国在国际社会扮演的角色,参与构建中国国家身份的社会实践活动,再现与构建有关的社会事实、社会事务、社会关系以及社会活动者的特征。

为了从话语分析角度揭示"中国梦"话语如何构建中国国家身份,我们挑选了中国国家主席习近平(以下统称习)自 2012 年 11 月 29 日参观《复兴之路》展览到 2013 年 6 月 11 日参观神舟十号发射等多个场合对"中国梦"进行阐释产生的 15 篇讲话(见附录),包括演讲、新闻报道、记者问答等体裁,语境涉及国内外重大会议的开幕和闭幕,如第十二届全国人民代表大会和博鳌论坛;重要节假日,如五四青年节;重大事件纪念日或其他历史纪念日,如中央党校建校 80 周年庆祝大会;重大外交活动,如出访美国、墨西哥、俄罗斯等国。话语的受众包括国内大众及特殊群体、各国领导人和国内外媒体。我们从这些讲话中挑选出论述"中国梦"的语段,共计 5546 个汉字进行定性分析,揭示习近平如何利用词汇、句法等语言手段实现中国国家身份的建筑与延续。

四、"中国梦"话语对中国国家身份的构建

习近平的"中国梦"话语主要涉及了 3 个主题:"中国梦"的本质

与内涵，即什么是"中国梦"；"中国梦"的实现，包括实现的途径和采取的行动；"中国梦"与世界发展的关系，即"中国梦"的实现需要的国际环境和梦想的实现对国际发展的关系。他综合运用了异化语篇策略和同化语篇策略，既强调了"中国梦"的独特性，又突出了国内对它的一致认同，在凸显"中国梦"蕴含的有别于他国的价值观的同时，分享了与国际成员国共同奋斗的目标。下面我们对每个话语主题的语言实现进行详细分析。

4.1 "中国梦"的本质和内涵

在多种语境下，习近平使用大量判断句阐明"中国梦"这一概念。这些判断句都由系词"是"引导的述谓结构组成，表达对某个事物的肯定或否定。在语义上，这种句式属于表征外部事物和内心世界的关系过程，表明两个参与者的识别和归属关系。识别关系表征被识别者与识别者的对等关系，它们可以互换位置；归属关系中两个参与者"载体"和"属性"不能互换位置。"属性"代表的品质与特征被归附至"载体"上（龙日金、彭宣维 2012: 14-15）。

习近平使用识别关系的关系过程小句明确定义"中国梦"这一概念。如例子（1）中，"中国梦"成为识别者的核心成分。根据上下文语境，由代词"这"实现的被识别者与上句物质过程"我们已经确定了今后的奋斗目标"中的目标指向同一事物，即"今后的奋斗目标"。因此这句话明确传达了"我们今后的奋斗目标是实现'中国梦'"这一核心语义，点明了中国今后的政治目标。

（1）这（奋斗目标）就是到中国共产党成立100年时全面建成小康社会，到新中国成立100年时建成富强民主文明和谐的社会主义现代化国家，努力实现中华民族伟大复兴的中国梦。（2013年4月28日）

类似的语言结构还出现在面对国际社会和媒体产生的话语中，如例子（2）和（3）彰显了"'中国梦'是中国人民的梦想"以及"'中国梦’是中华民族的夙愿”的含义。

　　（2）实现中华民族伟大复兴，是近代以来中国人民最伟大的梦想。（2013年3月23日）
　　（3）实现中华民族伟大复兴的中国梦，是近代以来中华民族的夙愿。（2013年3月19日）

　　这些话语有力地传达出"我们今后的奋斗目标是实现人民的愿望"这一信息。根据讲话者作为中国最高领导人的身份，我们可以推断出泛指代词"我们"意指中国政府，代表国家。因此，习近平在讲话中构建出"国家的奋斗目标是实现人民的愿望"，蕴含着国家未来的政治目标与其人民的愿望相一致。
　　习近平多次使用表示识别关系的判断句详细解释"中国梦"内涵。反复出现的前置修饰成分"中华民族伟大复兴"提供的预设信息赋予了"中国梦"某些特征，大量的判断句更加准确地阐释了"什么是‘中国梦’"。如例（4）中前两个关系过程小句，由系词"是"连接的前后两部分意指同一事物，非常直观地解释了"中国梦"的内容：它不仅指民族的复兴，还涉及人民的愿望和幸福生活。副词短语"归根到底"和"就"作为情态词语气绝对，增强了信息的确定性。

　　（4）中国梦归根到底是人民的梦……实现全面建成小康社会、建成富强民主文明和谐的社会主义现代化国家的奋斗目标，实现中华民族伟大复兴的中国梦，就是要实现国家富强、民族振兴、人民幸福。（2013年3月17日）

　　"中国梦"在"属性"关系小句中被赋予某些特征，凸显了它的中国特色。在例（5）的各个小句中，归附于载体"中国梦"的特征，涉及时间上的延续性，"历史的""现实的"和"未来的"，让受众联想到"中国梦是中华民族的夙愿"这一表述，同时也凸显了"中国梦"不仅是集体的梦想，还是个人的追求，是老一辈和青年一代共同奋斗的目标。相同的结构"……是……，也（更）是……"在相邻的3个小句中重复出现，具有气势，增强了信息的力度，易激发受众的感情。

> （5）中国梦是历史的、现实的，也是未来的。
> 　　中国梦是国家的、民族的，也是每一个中国人的。
> 　　中国梦是我们的，更是你们青年一代的。
> 　　　　　　　　　　　　　　　　　　　　（2013年5月4日）

因此，对"中国梦"本质和内涵的阐述建构了中国的未来政治目标，在强调这一目标独特性的同时，突出了集体与个人对"中国梦"概念的普遍认同，强调了国内的高度统一性。

4.2 "中国梦"的实现

除了阐释"中国梦"的本质和内涵，习近平还阐述了实现"中国梦"的途径。祈使句，如"实现中国梦必须弘扬中国精神""实现中国梦必须凝聚中国力量""必须紧紧依靠人民来实现，必须不断为人民造福"有别于对他人提出要求、希望和命令的"排我"祈使句，而是"含我"的祈使句，包含着隐藏的"我们"。根据语境可以推断出"我们"既包括讲话人与他所代表的中国政府，也指向中国大众。"含我"的祈使句不但帮助讲话者作为一国领导人起到号召功能，还与受众分享了预定的目标和行为，既有力度又增强了亲切感。在明确提出实现"中国梦"的几条重要途径后，习近平运用关系过程对其一一进行解释。如在下面的这一语段中，他就解释了什么是中国精神。

> （6）实现中国梦必须弘扬中国精神。这就是以爱国主义为核心的民族精神，以改革创新为核心的时代精神。这种精神是凝心聚力的兴国之魂、强国之魂。爱国主义始终是把中华民族坚强团结在一起的精神力量，改革创新始终是鞭策我们在改革开放中与时俱进的精神力量。（2013年3月17日）

开篇小句中的主位"实现中国梦"点明了本语段的主题：如何实现"中国梦"。后面两个关系小句对它的述位——"中国精神"进行了识别。"这"与"这种精神"重复着相同的被识别者，而识别者指出了其内涵，即民族精神和时代精神、兴国之魄和强国之魄。前置的介词短语"以爱国主义为核心""以改革创新为核心"和形容词"凝心聚力"蕴含着预设信息"民族精神的核心是爱国主义""时代精神的核心是改革创新""兴国和强国之魄是凝心聚力的"。最后两个属性关系小句强调了"爱国主义"和"改革创新"对中国发展起到的推动作用。高频率副词"始终"表明了这种推动力的持续性。这段话语层层推进，系统地阐述了实现"中国梦"的途径之一——弘扬中国精神，同时凸显了中国一贯提倡的一些基本价值观，包括"民族团结""改革创新""与时俱进"。

作为一国领导人，习近平在谈到实现"中国梦"时多次对受众提出希望。表示义务的情态动词"要"在这些语段中反复出现，相当于"应该""必须""不得不"，使谓语动词表示的行为成为必要（郭昭军、尹美子 2008: 38-39）。如在以下两个语段中，弘扬民族精神和时代精神，坚持走中国道路成为权威政治人物要求行为人（全国各族人民和我国工人阶级）必须实施的行为。"要"由表示确定性语气的情态副词"一定"修饰，突出了讲话者强大的自我意志，表明习近平对中国民众和工人阶级的坚决号召。

（7）全国各族人民一定要弘扬伟大的民族精神和时代精神，不断增强团结一心的精神纽带、自强不息的精神动力，永远朝气蓬勃迈向未来。

（8）我国工人阶级一定要在坚持中国道路、弘扬中国精神、凝聚中国力量上发挥模范带头作用，万众一心、众志成城，为实现中华民族伟大复兴的中国梦而不懈奋斗。

在论述实现"中国梦"的途径时，习近平不忘回顾历史，如下面有关中国道路的语段：

（9）实现中国梦必须走中国道路。这就是中国特色社会主义道路。这条道路来之不易，它是在改革开放 30 多年的伟大实践中走出来的，是在中华人民共和国成立 60 多年的持续探索中走出来的，是在对近代以来 170 多年中华民族发展历程的深刻总结中走出来的，是在对中华民族 5000 多年悠久文明的传承中走出来的，具有深厚的历史渊源和广泛的现实基础。（2013 年 3 月 17 日）

它由 8 个小句构成。首先是凸显本语段主题的"含我"祈使句，随后是连续 6 个表"内包"和 1 个表"所有"的关系小句，针对主题提供更具体的信息。识别者"中国特色社会主义道路"点明了中国道路的独特性。相同的结构和成分"（中国特色社会主义道路）+系词'是'+在……走出来"连续在 4 个小句重复出现。其中，"在"引导的介词短语详细解释了中国道路的历史渊源和现实基础：30 多年的改革开放，60 多年的中华人民共和国的建设，170 多年的中华民族的发展历程，5000 多年的民族文化传承。这些数字蕴含着中华民族不懈的努力。形容词"伟大""持续""深刻""悠久""深厚"和"广泛"对历史和基础做出了正面、积极的评价。"走""道路""走出来"这些表达不断触发经典的"旅程"概念隐喻。它通常映射为完成某种目标而付出的努力，表征取得的进展和成果（张蕾 2011: 108-128）。不断重复的"旅程"隐喻再现了中国在探索发展道路上取得的成就。习近平借此对中国道路做出正面评价，受众可以体会到他的自信心和自豪感。

因此，对"中国梦"实现的阐述强调了实现途径的中国特色，回顾了它们的历史渊源，将中国提倡的价值观前景化，塑造出国家坚持发展、团结奋斗的形象。

4.3 "中国梦"与世界

在对国内受众阐释实现"中国梦"的途径，号召他们采取必要行动的同时，习近平在面对国际受众时使用了更加客观的语气。例（10）摘自习与金砖国家领导人会晤时的讲话。副词"将"在汉语中是将来时态的标识，表示所在的物质过程小句中的谓语动词表征的情况不久就会发生，从宏观上预示着行为人"中国"和"我们"要实施的行为。根据语境判断"我们"属于"排他"性的指称代词，只包括讲话者和他代表的团体，因此与例（11）具有相同的行为人"中国"。"坚定不移走和平道路""致力促进发展""呼吁和平""推进发展""坚持以人为本"等行为表明中国发展的趋势，含有必然性。有些词汇反复出现，包括副词"继续"以及名词"和平""发展"和"建设"。它们不仅强调了中国未来的趋势，同时点明这种趋势延续了中国一贯的做法。另外，前置修饰成分"开放的""合作的""共赢的"表明了中国作为国际社会的一员对待他国的态度，让受众联想到中国奉行的互利共赢的外交政策。

（10）中国将坚定不移走和平发展道路，致力于促进开放的发展、合作的发展、共赢的发展，同时呼吁各国共同走和平发展道路。（2013年3月3日）

（11）我们将继续把发展作为第一要务，把经济建设作为中心任务，继续推动国家经济社会发展。我们将坚持以人为本，全面推进经济建设、政治建设、文化建设、社会建设、生态文明建设，促进现代化建设各个方面、各个环节相协调，建设美丽中国。（2013年3月27日）

出访非洲国家坦桑尼亚的演讲（见例（12））指明了"中国梦"对世界的贡献。相同的语言结构将"中国梦"与"非洲梦"相提并论，突出了中国人民和非洲人面的共同点。面对国际受众，习近平采用了再范畴化策略（recategorization）（Chan 2012: 371），国际社会成为更高层次的范畴，各个国家成为次范畴，指称"中国人民"和"中非人民"不再强调中国与其他国家的对立和差异，而是强调同非洲一起成为更宽泛范畴"国际社会"中的平等一员，而各自的梦想成为"世界梦"的组成部分。"加强团结合作""加强相互支持和帮助"这些物质过程小句中的行为和受事成分再次表达了中国对外交往的原则。

（12）13 亿多中国人民正致力于实现中华民族伟大复兴的中国梦，10 亿多非洲人民正致力于实现联合自强、发展振兴的非洲梦。中非人民要加强团结合作、加强相互支持和帮助，努力实现我们各自的梦想。我们还要同国际社会一道，推动实现持久和平、共同繁荣的世界梦，为人类和平与发展的崇高事业做出新的更大的贡献！（2013 年 3 月 25 日）

语段中连续出现的"要＋V"结构包含着讲话者主观意志成分，表示意欲要做的事情，强调了中国与各国合作，推进世界和平和发展的愿望，突出了"中国梦"的实现对世界发展的贡献。同样的含义习近平在不同场合都有所提及，包括出访俄罗斯和墨西哥时的演讲：

（13）我们要实现的中国梦，不仅造福中国人民，而且造福各国人民。（2013 年 3 月 23 日）

（14）中国始终奉行防御性的国防政策，不搞军备竞赛，不对任何国家构成军事威胁。中国发展壮大，带给世界的是更多机遇而不是什么威胁。我们要实现的中国梦，不仅造福中国人民，而且造福各国人民。（2013 年 6 月 5 日）

语段（14）出现了习近平的"中国梦"话语中唯一的否定句。否定结构蕴含着预设信息，是对已有人们认为真实的背景信息的否定（苗兴伟 2011: 222）。此处被凸显的背景信息"对任何国家构成军事威胁"让受众联想到近几年某些国家鼓吹的"中国威胁论"。副词"不"引导的显性否定结构对这种说法给予的直接有力的否定，传达着"中国的发展不会威胁别国的发展"的信息。随后的复合小句更加明确地修正了"中国威胁论"。因此，习近平在阐释"中国梦"对世界发展格局的贡献时驳斥了"中国威胁论"，纠正了国际社会对中国错误的认知，树立了中国提倡和平与合作，促进世界发展的积极形象。

五、结论

作为中国国家主席和中国共产党总书记，习近平是中国集体的最高代表，即国家代言人，成为重要语境下宣扬核心价值观，推动和谐、化解冲突，树立国家形象的权威。因此，其话语实践成为揭示中国国家身份构建的主要途径。他的"中国梦"话语涵盖了"中国梦"的本质与内涵、"中国梦"的实现以及它与世界发展的关系，凸显了对共同政治现状与未来目标这一主题的语言构建。前置限定修饰成分和识别、属性关系小句、物质过程小句、归一性间接或直接表征了中国取得的政治成就、将来的政治目标和行为、倡导的政治价值观和外交原则，强调了国内对它们的高度认同以及作为国际成员与他国的统一性，否定了对中国的负面认知，塑造出热爱和平、关注发展、造福人民和世界的国家形象；语气坚定的情态副词、结构相似的排比句式增强了话语的气势，使情感饱满，传达的语义信息明确，透露出国家代言人自信心的同时也让国家身份更加清晰化；因应语境下变化的指称表达一方面突出了中国实现途径的特色，显示了中国的独特性，一方面又强调了中国与他国奋斗目标的相似点，揭示了它们的统一性。因此，官方"中国梦"话语使用异化语篇策略和同化语篇策略建筑、持续了中国正面的国家形象。

（本文原载于《天津外国语大学学报》2016 年第 1 期，35-39 页。）

引述文献：

1.《承前启后 继往开来 继续朝着中华民族伟大复兴目标奋勇前进——在参观"复兴之路"展览时的讲话》（2012 年 11 月 29 日）。

2.《在中央党校建校 80 周年庆祝大会暨 2013 年春季学期开学典礼上的讲话（摘录）》（2013 年 3 月 1 日）。

3.《在第十二届全国人民代表大会第一次会议上的讲话（摘录）》（2013 年 3 月 17 日）。

4.《接受金砖国家媒体联合采访（摘录）》（2013 年 3 月 19 日）。

5.《携手合作 共同发展——在金砖国家领导人第五次会晤时的主旨讲话（摘录）》（2013 年 3 月 27 日）。

6.《共同创造亚洲和世界的美好未来——在博鳌亚洲论坛 2013 年年会上的主旨演讲（摘录）》（2013 年 4 月 7 日）。

7.《在同全国劳动模范代表座谈时的讲话（摘录）》（2013 年 4 月 28 日）。

8.《在同各界优秀青年代表座谈时的讲话（摘录）》（2013 年 5 月 4 日）。

9.《勇做走在时代前面的奋进者开拓者奉献者——给北京大学学生的回信（摘录）》（2013 年 5 月 5 日）。

10.《接受拉美三国媒体联合书面采访（摘录）》（2013 年 5 月 31 日）。

11.《顺应时代前进潮流促进世界和平发展——在莫斯科国际关系学院的演讲（摘录）》（2013 年 3 月 23 日）。

12.《永远做可靠朋友和真诚伙伴——在坦桑尼亚尼雷尔国际会议中心的演讲（摘录）》（2013 年 3 月 25 日）。

13.《促进共同发展 共创美好未来——在墨西哥参议院的演讲（摘录）》（2013 年 6 月 5 日）。

14.《同奥巴马总统共同会见记者时的讲话（摘录）》（2013 年 6 月 7 日）。

15.《发展航天事业 建设航天强国 为实现航天梦谱写新的壮丽篇章——在酒泉卫星发射中心观看发射和在接见天宫一号与神舟十号载人飞行任务参研参试单位代表的讲话》（2013 年 6 月 11 日）。

参考文献

Blackledge, A. 2002. The discursive construction of national identity in multilingual Britain [J]. *Journal of Language, Identity, and Education*, 1: 67-87.

Chan, Michael. 2012. The discursive reproduction of ideologies and national identities in the Chinese and Japanese English-language press [J]. *Discourse &*

Communication, 6: 361–378.

De Cilla, R., Reisigl, M. & Wodak, R. 1999. The discursive construction of national identities [J]. *Discourse & Society*, 10: 149-173.

De Fina, A., Schiffrin, D. & Bamberg, M. 2006. *Discourse and Identity* [M]. Cambridge: Cambridge University Press.

Kaunismaa, P. (accessed in Sep, 2005). On the analysis of national identity, at http: //www.cc.jyu.fi/~rakahu/kaunismaa,html.

Ricento, T. 2003. The discursive construction of Americanism [J]. *Discourse & Society*, 14: 611-175.

Shenhav, S. 2004. Once upon a time there was a nation: narrative conceptualization analysis. The concept of 'nation in the discourse of Israeli Likud Party Leaders [J]. *Discourse & Society*, 15: 81-104.

Wodak, R., De Cilla, R., Reisigl, M. & Leibhart, K. 2009. *The Discursive Construction of National Identity* (2nd edition) [M]. Edinburgh: Edinburgh University Press.

窦卫霖、杜海紫、苏丹. 2012. 中美政府国防白皮书与国家身份的构建[J]. 华东师范大学学报（哲学社会科学版），3: 83-94.

杜刚、刘福州. 2013. 执政党视阈下的"中国梦"话语研究[J]. 理论月刊, 12: 30-32.

郭昭军、尹美子. 2008. 助动词"要"的模态多义性及其制约因素[J]. 汉语学习，2: 35-40.

龙日金、彭宣维. 2012. 现代汉语及物性研究 [M]. 北京: 北京语言大学出版社.

苗兴伟. 2011. 否定结构的语篇功能[J]. 外语教学与研究，2: 220-230.

申莉. 2010. 表将来的"将""要"语义功能分析[J]. 山东社会科学，6: 101-107.

杨雪燕、张娟. 2003. 美国大报上的中国形象[J]. 外交学院学报，1: 41-48.

尤泽顺. 2011. 话语、身份建构与中国东盟关系:《人民日报》新闻标题分析[J]. 东南学术，5: 240-248.

微博话语中的"中国梦"
——系统功能语言学视角

于洋

（中国地质大学[北京]外国语学院）

摘　要： 以系统功能语言学中的联合概念为理论基础，采用语料库分析与实例分析相结合的方法，研究了微博话语中的"中国梦"，阐述了"中国梦"的国家、家庭、个人 3 个层次的内涵，总结了"中国梦"微博话语的主要功能，探讨了"中国梦"微博话语中的群体构建与身份协商，在一定程度上发展了系统功能语言学联合理论框架，对群体和身份研究提供了一定的借鉴，为"中国梦"和微博研究开拓了一个语言学新视角。

关键词： 系统功能语言学；联合；中国梦；微博；群体；身份

一、引言

"中国梦"是习近平同志于 2012 年 11 月 29 日提出的实现中华民族伟大复兴的梦想，是近年来国民最为关注的热门话题之一。以微博为代表的新兴媒体已经深入了人们的社会生活，在传播"中国梦"理念的过程中发挥了重要作用，在微博互动中展示了微博用户对"中国梦"的理解。系统功能语言学个性化（individuation）层次关系正是以语言使用者为着眼点，可以应用于研究具有互动性与对话性的微博话语。

本文将系统功能语言学理论与社会热点问题紧密结合，以系统功能语言学框架下的联合（affiliation）概念为基础，借助自建的"中国梦"微博语料库，探讨微博话语中所体现的"中国梦"的内涵，以及围绕"中国梦"的相关话题所构建的微博群体和身份。

二、系统功能语言学中的联合概念

联合是系统功能语言学个性化层次关系中的概念，指人们如何使用社会符号资源进行交谈并紧密联系起来，是人们在社会交往中构建群体与协商身份的过程（于洋 2013a: v，2013b: 183）。

系统功能语言学理论由英国著名语言学家韩礼德（Halliday）创立，其中包括 3 种层次关系：实现化（realization）、实例化（instantiation）和个性化。马丁和王振华（2008）回顾指出，在系统功能语言学 50 多年的发展历程中，实现化和实例化研究已经取得了长足的进展，但个性化研究还不够成熟。

个性化层次关系指群体所具备的策略和潜力的总和（resevoir）与特定个体所具备的一套策略和类比潜力（repertoire）之间的关联。韩礼德（Halliday 1964: 75）等指出，系统功能语言学一直密切关注着语言使用者及其对语言的运用。个性化将我们的研究焦点从语言使用转移到语言使用者上。如图一所示，它涉及文化、主身份、亚文化、个体身份 4 个层级，包含两种不同的视角——联合与分配（allocation）。联合是一种自下而上的视角，体现的是语言使用者如何运用自己所掌握的符号资源来进行交际与融合；分配是一种自上而下的视角，表达的是文化中的符号资源如何配置到具体的语言使用者。

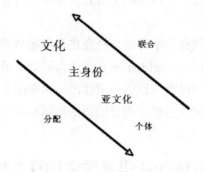

图一　个性化的联合与分配视角（根据 Martin，2009: 565）

联合主要涉及系统功能语言学中的以下理论资源：元功能（metafunctions）、评价理论（appraisal theory）、耦合（coupling）和联结理论（bonding theory）。三大元功能包括概念功能、人际功能和语篇功能（Halliday & Matthiessen 2004: 30）。评价理论是对人际功能的发展，研究人们在语言中表达的对人、事、物等所持的立场或态度（Martin & White 2005: 1；Martin & Rose 2007: 26）。耦合属于实例化的范畴，它是意义在文本中的实例化（Martin 2000: 161）；联结（bond）则是个性化联合视角中的概念（Knight 2010），是我们在社会环境中通过耦合来构建的，例如微博平台。

联合概念探讨话语中实例化的意义潜势（例如发布的微博），主要基于评价理论的"概念＋评价"耦合以及耦合在社会语境中所构建的联结。受马丁（Martin）和梅顿（Maton）等学者（Knight 2010: 284；Martin, Maton & Matruglio 2010: 451；Maton 2013）的启发，本文以星系图的模式来展现联合的过程（见图二）。联结是最小的社会符号单位，人们在交际互动中共享联结，当共享的联结汇集成联结网络（bond network）时，也就构建了群体。联结是语言使用者的社会符号代表，人们在共享联结的协商过程中，一方面确立了作为群体成员的群体身份，另一方面，由于不同语言使用者构建的联结在群体中有不同的影响力，人们协商产生了群体内部领导者和追随者的身份，如同太阳系中的太阳与行星一般。联结网络又与更高层次的意识形态和文化中的联结相互关联，由此构建整个文化系统，以一个连续体的方式呈现。

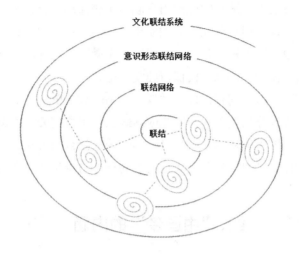

图二　基于联结的联合

联合作为系统功能语言学中一个比较前沿的研究视角，可以应用于微博等具有对话性特征的话语中，通过分析人们之间的交际互动来探究其中蕴含的态度、群体和身份意义。

三、"中国梦"微博语料库

在以往有关"中国梦"的研究中，有学者重点关注习近平同志的讲话，利用系统功能语言学或批评话语分析理论来阐释"中国梦"的话语建构，例如苗兴伟（2013）、侯智德（2014）等。本文所使用的语料来自于新媒体的代表——微博。

鉴于"中国梦"的提出时间为 2012 年 11 月 29 日，本文将微博选取时间段确定为 2012 年 12 月至 2014 年 12 月，共 25 个月，以反映出"中国梦"理念最初提出到发展传播的过程。具体选取方法如下：在新浪微博网站（http://www.weibo.com/）上，通过高级搜索的形式，每个月选择上中下旬三个时间点，以"中国梦"为关键词，剔除"中国梦

之声"等干扰项，随机提取原创微博。"中国梦"微博语料库总计 820
条微博，8 万余字。涉及的微博用户涵盖了普通用户、认证用户及社
团组织用户，这些用户名在下面的实例讨论中将被隐去，以"@用户
1""@用户 2"等编号代替。本文暂不考虑微博中包含的表情图标、
图片、音频、视频等信息，仅保留纯文本格式。

本文使用语料分词和词性标注软件 CorpusWordParser 对"中国梦"
微博语料库进行分词处理，借助 Tagxedo 工具生成词云对语料库进行
视觉化呈现，采用语料库分析与具体实例分析结合的方法，进行有关
"中国梦"内涵、"中国梦"微博话语中的群体与身份等问题的讨论。

四、"中国梦"的内涵

2013 年 3 月 17 日，习近平同志在十二届全国人大一次会议闭幕
会上阐释了"中国梦"的内涵："实现全面建成小康社会、建成富强民
主文明和谐的社会主义现代化国家的奋斗目标，实现中华民族伟大复
兴的"中国梦"，就是要实现国家富强、民族振兴、人民幸福，既深深
体现了今天中国人的理想，也深深反映了我们先人们不懈奋斗追求进
步的光荣传统。"这是对"中国梦"的一个整体介绍，引发了政治理论、
经济、法学、语言学等领域的热议。一些学者将当前的"中国梦"与
流传多年的"美国梦"的内涵进行了对比。石毓智（2013）指出，"中
国梦"强调的是民族振兴、民族光荣、群策群力、群体的和谐幸福，
而"美国梦"则更加关注个人成功、个人荣耀、个性张扬、个人的自
由和快乐。孟睿思和杨一婧（Marquis & Yang 2013）研究发现，"中国
梦"和"美国梦"都包含了集体主义和个人主义的成分。在人们眼中，
"中国梦"到底是什么呢？

4.1 "中国梦"的三个层次

在关于"中国梦"的讨论中，微博在一定程度上比报纸等媒体上
刊载的讲话或评论更能体现人们的真实想法。本文运用 Tagxedo 生成

了"中国梦"微博语料库词云，如图三所示，除了"中国梦""的""是"等词最为突出以外，"我""你""我们""国""中国""家"等也都在语料库中具有较高的出现频率。

图三 "中国梦"微博语料库词云

结合具体的语料分析，本文发现微博用户对于"中国梦"内涵的阐释主要分为国家、家庭、个人这3个层次，这与习近平同志提出的"国家富强、民族振兴、人民幸福"是相呼应的。"中国梦"并不是如石毓智（2013）所阐释的仅仅强调民族与群体；在民众的认识中，个人的健康与事业、家庭的和谐与幸福、国家的富强与民主，三者结合在一起才是"中国梦"。

一些官方微博用户较为关注国家制度、政策等大方向的话题，例如@用户1所谈到的地方国五条细则；个人微博用户更倾向于关注与个人权益、家庭生活密切相关的话题，例如@用户2和@用户3所谈到的个人和家人健康、社会公平等问题。

例1 @用户1：【你好，明天】地方国五条细则陆续出台，有赞有弹。过去十年的现实，让人难言乐观：调控屡出重拳，房价依然节节攀升。"房事"之伤，扭曲了价值，压抑了梦想。作为商品的房子，应服从市场规律，作为基本权益的房子，却需看得见的手有所担当。让房价回归理性，让我们的"中国梦"不再沉重。安。

例2　@用户2：生活在我亲爱的祖国，我的"中国梦"就是家人永远健康不生病，然后我也健康到睡死过去！

例3　@用户3：【什么是"中国梦"】民族振兴只是手段和途径，人民的幸福、安康、社会公平、政治清明、法制健全、人民权利得到充分尊重和保障，才是"中国梦"的终极目的。"中国梦"应该是国家梦、民族梦、人民梦。总而言之，只有生活在这片960万平方公里的土地上的绝大多数人民幸福了，所谓的"中国梦"才有意义。

有关"中国梦"的讨论在2013年度与2014年度的语料中显示出了一定差异（如图四所示）。与2013年度相比，除了一系列共有的高频词，2014年度出现了一个较为重要的词"实现"。在"中国梦"提出初期，人们较多地思考"什么是'中国梦'"；随着"中国梦"理念的传播，人们坚定了"'中国梦'一定可以实现"的信念，在思考"什么是'中国梦'"的同时也会讨论"怎么实现'中国梦'"。

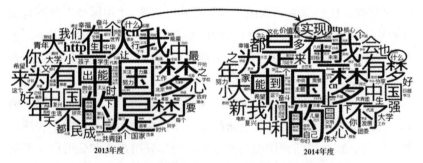

图四　2013年度和2014年度"中国梦"微博语料词云对比

4.2 "中国梦"微博话语的功能分类

通过分析"中国梦"微博语料库，本文除总结出"中国梦"内涵的 3 个层次外，还发现了"中国梦"微博话语在功能方面的一些特点。微博用户使用"中国梦"这个关键词，为了实现其教育宣传、历史反思、幽默调侃、商家广告和用户取名等目的，如表一所示。

表一　"中国梦"微博的功能分类

功能	示例
教育宣传	@用户 4：为纪念老舍先生诞辰 115 周年，1 月 23 日上午 10 点至 12 点，老舍纪念馆将与东华门街道办事处联合在灯市口世纪大厦门前举办"'中国梦'老舍情 迎新春"文化活动。此次活动面向东华门街道下属社区居民及游客，推出舞狮、空竹等非物质文化遗产项目，民俗表演及拓福字、写春联、剪窗花、编中国结等互动体验项目。
历史反思	@用户 5：#中国梦# "中国梦"，一个勇敢的梦。作为中国人、炎黄子孙，怎敢忘记 180 多年前的中国，鸦片侵蚀着国人的肉体，清政府的懦弱，各国列强的瓜分，这些无疑不在摧残着国人的精神。那时的人们，不敢有梦；他们不敢梦想着有一天的中国能站起来，能强大富足起来。
幽默调侃	@用户 6：不长痘～我的"中国梦"……
商家广告	@用户 7：【中国梦·投资】2013 跌宕起伏，2014 开年之战，布局年前红包行情！今日关注：模块化启动移动设备积木化时代。电子垃圾爆炸，并不是全面报废。模块化打破原有的技术困局。个性化体验和更高的用户黏性。手机短信发送 AD＋红包到 10660122677，获取节目概念布局。
用户取名	@用户 8：#好久不见# @中国梦-富民众 好久不见，你还好吗？

五、"中国梦"微博话语中的群体与身份

"中国梦"的内涵包括国家、家庭、个人 3 个层次，涉及人们在经济、政治等各方面问题中的诉求。人们在"中国梦"相关话题的讨论中，表达了各自的态度，构建了不同的群体与身份。群体的构建与身份的协商是联合概念里互补的两个方面。

5.1 "中国梦"微博话语中的"概念＋评价"耦合

正如对联合概念的介绍中所描述的，在系统功能语言学框架下，群体的构建和身份的协商是以联结为基础的。联结则是由基于评价理论的"概念＋评价"耦合所构建的。在微博平台上，评价者是微博用户；评价对象是某个概念，即人们所关注的人或事物。和"中国梦"密切相关的话题主要包括经济、政治、教育、环保等，如表二所示。

表二 "中国梦"微博话语中的"概念＋评价"耦合示例

评价者	评价对象	示例
@用户9	经济政策	@用户9：#陈述#冬天到了春天还会远吗！对自然气候来说一定是这样，但对于社会来说，我们希望发展的春天常在、改革的春天常在、科学的春天常在。中国在小平同志开辟的改革开放路上演绎了30多年精彩的春天故事，今天实现民族复兴"中国梦"，更需要改革春天的再延续，十八届三中全会决定就是执政党吹响的春天号角吧。 ——对改革开放的正面评价
@用户10	政治工作	@用户10：为实现"中国梦"而努力打虎拍苍蝇，百姓支持！//【外媒：中国政府再"打虎"彰显反腐无禁区】http://t.cn/RZvtdUM（分享自@今日头条） ——对反腐工作的正面评价
@用户11	教育制度	@用户11：中国的学校教育和社会实践情况基本是脱轨的。事实证明中国的教育制度存在着比较大的问题。而中国教育的根本问题就在于应试教育。而应试教育的关键就是中考与高考。九年义务教育现在根本满足不了中国现有及未来经济的人才需求。应该取消中考，渐进取消高考，实行终身义务教育制度。"中国梦"就可美梦成真。 ——对教育制度的负面评价
@用户12	环境保护	@用户12：公元2014年11月18、19、20日三天，北京雾霾自APEC会议以后极度严重，"中国梦"我不要了，我要碧水、蓝天、无毒的食物、干净的水，我宁愿穷一点，不要工厂，不要燃煤，不要这么多钢铁垃圾汽车，我要一个基本的生存环境。 ——对雾霾问题的负面评价

5.2 "中国梦"微博话语中的联合

人们对"中国梦"相关话题发表自己的看法,构建了"概念＋评价"耦合。微博发布的时候,"概念＋评价"耦合便进入了社会语境中,构建了与耦合相对应的联结。联结是最小的社会符号单位。在联合的过程中,人们构建的联结是他们身份的代表,并在交际互动中共享联结时汇集成联结网络,即群体。本文以一个具体的例子来分析联合的过程。

> 例4 @用户13:黄渤的"中国梦",也是你的"中国梦"吗?食品安全、公平正义、物价稳定、房贷10年能还清……"踮起脚尖就能够到,不是悬在半空中!"

2014年央视马年春晚上,黄渤表演了歌曲《我的要求不算高》,唱出了自己心中的"中国梦"。@用户13正是结合黄渤歌中所描述的"中国梦"发布了该条微博,涉及食品安全、公平正义、物价等问题,构建了"黄渤的'中国梦'"联结,其中包含了对"中国梦"的正面评价。截止到本文成稿时,该微博共获得162次转发、98条评论和281次点赞。

一些用户对此微博进行了评论,例如:

> 例5 @用户14:是啊!这也是我的"中国梦"!
> 例6 @用户15:这是所有人的"中国梦"!

用户14对用户13表示了赞同,是对"黄渤的'中国梦'"的正面评价,并指出这也是@用户14本人的"中国梦",由此构建了"黄渤的'中国梦'也是我的'中国梦'"联结。@用户15也对"黄渤的'中国梦'"做出了正面评价,构建了"黄渤的'中国梦'是所有人的'中国梦'"联结。在这个互动过程中,@用户13、@用户14、@用户15共享了"黄渤的'中国梦'"联结,并与另外两个联结汇集成了联结网络，构建了"中国梦"群体。

还有用户特别关注黄渤以及他的演唱，例如：

例7　@用户 16：这首歌好棒。黄渤也好棒。
例8　@用户 17：黄渤不错哦。

这些微博里包含了"'中国梦'歌曲＋正面评价"和"黄渤＋正面评价"。@用户 16、@用户 17 也与@用户 13 共享了"黄渤的'中国梦'"联结，但他们更加关注黄渤的表现，构建了黄渤歌迷影迷群体。

在"中国梦"群体和黄渤歌迷影迷群体中，"黄渤的'中国梦'"联结都发挥了重要作用，是它触发并吸引了其他联结从而构建了联结网络。该联结在群体中扮演了领导者的角色，@用户 13 也就在群体中拥有了较大的影响力，这一点也可以从该微博的转发、评论以及点赞次数中看出。其他联结确认了自己属于某个群体的身份，同时在群体内部扮演了追随者的角色。每一种身份都是在交际互动中通过协商而构建的，不能存在霸权与斗争，这也是积极话语分析思想（Martin 2004：2）的体现。

具体分析以上联结以及联结网络，本文发现：例 4"黄渤的'中国梦'"联结的微博里，食品安全问题涉及诚信与道德，公平正义涉及社会法治，物价与房贷涉及政治与经济。该联结在构建联结网络的同时，也构建了意识形态网络，例如图五中所标注的政治、法治与道德。所有这些联结汇集在一起构建了我们的中国文化。图五是对"黄渤的中国梦"联结所引发的联合过程的视觉化呈现，展示了"联结→联结网络→意识形态网络→文化联结系统"的连续体。

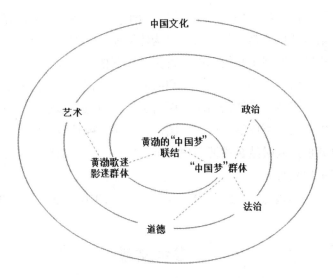

图五 基于"黄渤的'中国梦'"联结的联合

六、结语

韩礼德（Halliday 1990/2001: 191）指出，语言学理论应该和 21 世纪的社会热点问题联系起来，语言学者应该为此贡献自己的一分力量。本文是对此号召的响应，结合语言学中的前沿问题与社会现实中的重大问题，即系统功能语言学联合概念、"中国梦"和作为新媒体的微博，为"中国梦"研究开辟一条语言学新思路。

本文创建了"中国梦"微博语料库，采用语料库分析与实例分析相结合的方法，通过语料库分析论述了"中国梦"的国家、家庭、个人 3 个层次的内涵；通过对比不同年份的语料，发现人们对"中国梦"的关注点随着时间推移发生了一定的变化。本文还总结出了"中国梦"微博话语的主要功能，包括教育宣传、历史反思、幽默调侃、商家广告和用户取名等。由此，我们可以进一步思考如何借助微博平台进行"中国梦"的宣传与讨论工作。通过实例分析，本文探讨了"中国梦"微博话语中"联结→联结网络→意识形态网络→文化联结系统"的联合过程，涉及群体构建与身份协商两个方面，将我们的研究着眼点聚焦于语言使用者是如何使用语言构建群体、意识形态以及文化的，在一定程度上发展了系统功能语言学理论框架，对群体和身份研究提供了一定的借鉴，为"中国梦"和微博研究开拓了一个语言学新视角。鉴于"中国梦"微博语料库只保留了微博的纯文本格式，在下一步的研究中，我们可以借助微博的图片、音频、视频等信息，开展多模态话语分析，同时结合微博用户的个人信息，使意识形态和文化方面的研究更加完善。

（本文原载于《天津外国语大学学报》2016年第1期，40-44页。）

参考文献

Halliday, M. A. K. 1964. The users and uses of language [A]. In M. A. K. Halliday, A. McIntosh & P. Strevens (eds.). *The Linguistic Sciences and Language Teaching* [C]. London: Longmans.

Halliday, M. A. K. 1990/2001. New ways of meaning: The challenge to applied linguistics [A]. In Fill, A. & Mühlhäusler, P. (eds.). *The Ecolinguistics Reader: Language, ecology and environment* [C]. London & New York: Continuum. 139-174.

Halliday, M. A. K. & Matthiessen, C. M. I. M. 2004. *An Introduction to Functional Grammar* (3rd edition) [M]. London: Arnold.

Knight, N. K. 2010. *Laughing Our Bonds off: Conversational humour in relation to affiliation* [D]. The University of Sydney.

Marquis, C. & Yang, Z. 2013. 中国梦？美国梦？——基于新浪微博的分析[J]. 中国经济报告，6: 100-104.

Martin, J. R. 2000. Beyond exchange: Appraisal systems in English [A]. In Hunston, S. & Thompson, G. (eds.). *Evaluation in Text: Authorial stance and the construction of discourse* [C]. Oxford: Oxford University Press. 412-175.

Martin, J. R. 2004. Positive discourse analysis: Power, solidarity and change [J].

Revista Canaria de Estudios Ingleses, 49.

Martin, J. R. 2009. Realisation, instantiation and individuation: Some thoughts on identity in youth justice conferencing [J]. *Documentacao de Estudos em Linguistica Teorica e Aplicada*, 25.

Martin, J. R., Maton, K. & Matruglio, E. 2010. Historical cosmologies: Epistemology and axiology in Australian secondary school history [J]. *Revista Signos*, 74.

Martin, J. R. & Rose, D. 2007. *Working with Discourse: Meaning beyond the clause* (2nd edition) [M]. London & New York: Continuum.

Martin, J. R. & White, P. R. R. 2005. *The Language of Evaluation: Appraisal in English* [M]. London & New York: Palgrave Macmillan.

Maton, K. 2013. *Knowledge and Knowers: Towards a realist sociology of education* [M]. London: Routledge.

侯智德. 2014. "中国梦"话语建构的文化内涵[J]. 社会科学家, 8: 157-160.

马丁, 王振华. 2008. 实现化、实例化和个性化——系统功能语言学的三种层次关系[J]. 上海交通大学学报（哲学社会科学版）, 5: 73-81.

苗兴伟. 2013. Discourse of the future: Discursive construction of the Chinese dream [A]. 第 40 届国际系统功能语言学大会, 广州.

石毓智. 2013. 中国梦区别于美国梦的七大特征[J]. 人民论坛, 15: 46-47.

于洋. 2013a. *A Corpus-based Approach to Affiliation in Environmental Discourse* [D]. Shandong University, Jinan.

于洋. 2013b. 微博中群体的构建——系统功能语言学新视角[J]. 东岳论丛, 1: 187-190.

"中国梦"及物性建构研究

布占廷

（青岛大学外语学院）

摘　要："中国梦"在经验意义层面的建构主要通过及物性系统来体现。本研究以习近平总书记"中国梦"系列讲话为语料，对"中国梦"的及物性建构进行系统分析。研究表明，首先，词组"中国梦"在及物性过程中可以直接作为参与者，也可构成参与者和环境成分。其次，"中国梦"在物质过程中一般作为目标，与"实现"搭配；在关系过程中多作为载体或者构成被识别者，主要与"是"搭配。再次，"中国梦"建构与及物性过程类别之间存在系统关联。其理论建构体现为关系过程，"中国梦"被建构为一个融集体性、个体性、时间性以及本质性等特征的实体。其现实建构体现为物质过程，实现"中国梦"被建构为一个具有创造性、意愿性和抽象性等特点的施为过程。

关键词：中国梦；经验意义；及物性；话语建构

一、引言

十八大以来，习近平总书记发表一系列讲话阐述"中国梦"思想。"中国梦"成为中华民族近代以来最伟大的梦想，也迅疾成为国内外的热门话题。刘云山、刘奇葆等中央领导同志指出，社科界要集聚优势资源，对"中国梦"进行深入研究和阐释。学界也指出，"中国梦"研究为社科界学者提供了广阔空间，也需要进行多学科、多视角的研究（朱宗友、季正矩 2014：196）。

一方面，多个社科学科领域已然展开对"中国梦"的研究。如马克思主义与政治学领域，研究范围非常广泛，成果多，议题也很多，涉及"中国梦"的提出背景、科学内涵、重大意义及实现路径等等（如程美东、张学成 2013；史为磊 2013）。再如新闻学与传播学领域，重点研究"中国梦"传播的机理、策略、路径、进展、认同、效果等等（如马文霞 2015；周忠元、赵光怀 2014）。此外，历史学、经济学等学科的学者也对"中国梦"进行了探讨。在国外，"中国梦"也引发了学者的热议（吴素霞、张远新 2015：83）。但遗憾的是，以上研究很少涉及"中国梦"赖以建构的重要基石——语言。

"中国梦"研究也已经成为语言学领域的前沿热点问题。首先是基于习近平总书记系列讲话的"中国梦"话语研究。苗兴伟（2016）分析了"中国梦"的话语建构及其建构效应；张蕾（2016）阐释了"中国梦"话语如何建构"热爱和平、关注发展、造福人民和世界"的国家身份；侯智德（2014）从批评性话语分析角度阐释了"中国梦"话语建构的文化内涵。其次，基于媒体话语的"中国梦"话语研究，包括国外新闻报道塑造的"中国梦"形象研究（邵斌、田志明 2014；梁茜 2015），国内新媒体话语中的"中国梦"形象研究（钱毓芳等 2015；于洋 2016）和对外传播话语中的"中国梦"及话语权建构研究（刘立华、马俊杰 2016）等。再次，"中国梦"广泛传播的模因论阐释（刘宇松、蔡朝晖 2013）。另外，相关研究还有对"中国梦"英译的讨论（陈国华、程丽霞 2015；杨全红 2013；张顺生、葛陈蓉 2015）以及对"中国梦"的语义分析（陈丽梅 2014）。

以上表明，国内外的"中国梦"研究由起初单一的政治理论视角为主转向多学科综合研究。"中国梦"的话语建构研究还很不足，已有研究只是揭示了"'中国梦'的冰山一角"（苗兴伟 2016：28）。本文以话语建构论为指导，以系统功能语言学中的及物性系统为分析框架，基于习近平总书记"中国梦"系列讲话，深入探讨"中国梦"在经验意义维度上的建构问题。

二、理论基础

话语建构论认为，人们总是通过语言来获得现实的，语言在表征现实时绝不是仅仅反映了预先存在的现实，而是建构了现实（Jørgensen & Philips 2002：8-9）。苗兴伟（2016）论述了话语建构论发展的 3 个理论基础：其一，话语建构论与社会建构论一脉相承；其二，话语建构现实也是批评性话语分析的一条研究主线；其三，话语建构论与继承了建构论思想的系统功能语言学也有共通之处。总之，语言具有高度建构性，话语不是被动地反映或表征世界，而是能够主动建构世界，产生建构效应，影响人们的思维和行为（Fairclough 2006：12），推动实践的实现（田海龙 2009：206）。因此，话语建构论的理论假设适合用来指导研究话语如何建构"中国梦"，一个构想出的共同体和意识建构；而系统功能语言学的及物性系统为探讨"中国梦"的经验性建构提供了理想的分析框架。

语言是一个创造意义的资源，而不是一个生成形式结构类型的清单（Halliday 1994：F7）。语言具有三大元意义或元功能，即概念元意义、人际元意义和语篇元意义，其中概念元意义可细分为经验元意义和逻辑元意义。经验元意义是作为表征的意义，因此是内容性的意义。经验世界的各种事件都在小句语法中得到分类整理。因此，小句是一种反映模式，为不断变化的事态和事件流动赋予秩序，将其识解为一组可以操作的过程类型，构成及物性系统。因此，及物性系统是一个语义系统，通过过程、参与者和环境成分的构型来建构我们的经验世界。人们可以通过及物性系统把人类的经验分成 6 种不同的过程，即物质过程、心理过程、关系过程、行为过程、言语过程和存在过程。这 6 种过程相互接续、部分重叠，表明过程类型具有模糊性。每种过程既有典型例子，也有边缘性、非典型性例子，这是由系统的非确定性原则所决定。不同的过程类型涉及不同的参与者类别，而环境成分独立于及物性过程类别而存在，在跨度、处所、方式等维度上对过程进行延伸（Halliday 1994：106-107；Halliday & Matthiessen 2004：168-178）。

不同过程类型之间的关系是互补性的，对识解经验起到不同作用（Halliday & Matthiessen 2004：173）。因此，不同过程对"中国梦"的建构发挥不同的作用，其中过程、参与者与环境都是语义范畴，与语法背后的词类划分联系在一起。在典型用法中，过程体现为动词词组，参与者体现为名词词组，而环境成分体现为副词词组或介词短语。名词词组"中国梦"可以直接作为参与者，也可与其他词汇组合构成参与者或者环境成分。如：

（1）<u>中国梦</u>**是**民族的梦，也**是**每个中国人的梦。[1]（讲话2）[2]

（2）<u>实现中国梦</u>不仅**造福**中国人民，而且**造福**世界人民。（讲话5）

（3）<u>在实现中国梦的生动实践中</u>**放飞**青春梦想（讲话4）

在例（1）到例（3）中，词组"中国梦"分别直接作为参与者、构成参与者和构成环境成分。在例（2）中，"中国梦"与"实现"搭配构成一个及物性小句，以嵌入式小句[3]形式作为动作者。在例（3）中，嵌入式小句"实现中国梦"做名词词组"生动实践"的前置修饰语，而"生动实践"与介词搭配，在小句"放飞青春梦想"中做环境成分。这3种功能角色类型为"中国梦"的及物性建构分析提供了线索。需要注意的是，例（1）中有两个小句，词组"中国梦"在第一个小句中作参与者，在第二个小句中承前省略。因此，词组"中国梦"在两个小句中分别作为显性参与者和隐性参与者。

参与者、环境成分以及过程本身这3个范畴具有高度的概括性，在不同的及物性过程类别中表现出不同的特征，表示为不同的具体名称。以下分而述之。首先，物质过程是表示"做"的过程，是指某一实体做某事或对其他实体做某事，一般体现为动态动词。动作的发出者称为动作者，而其延伸的对象称为目标，二者一般体现为名称词组或代词。

其次，心理过程是表示感觉、反应、认知和欲求等心理活动的过程，描写内心世界的思想、喜好、欲望和感受等，故可细分为感知过程、认知过程和情感过程。心理过程一般有两个参与者，即感知者和现象。

再次，关系过程是反映实体之间处于何种关系的过程，是有关"是"的过程，但不包括存在意义上的"是"。过程动词"是"本身只是连续两种实体之间的纽带，具有高度概括化、高度语法化的特点。关系过程打开了语言的潜势，能够描述事物特征，识别事物身份。在关系小句中，"是"有两个部分：某物被看作"是"另一物（Halliday 1994：119；Halliday & Matthiessen 2004：214-215）。关系过程分为 3 个类别（type of relations），即包孕类（x 是 a）、环境类（x 在 a 处）和属有类（x 有 a），而每个类别有两种不同的表现形式（mode of relations），即归属式（a 是 x 的属性）和识别式（a 是 x 的识别身份）。二者之间的一个重要差别在于识别式可以倒置，即 a 和 x 可以交换位置。因此，关系过程细分为 6 种过程。实体 x 和 a 体现为名词词组。需要注意的是，在系统功能语言学中，形容词词组视为名词词组的一个子类（Halliday & Matthiessen 2004：52）。我们仅以包孕类简要说明归属式和识别式的区别。在归属式中，一个实体被赋予或归附某种特性。在小句结构上，这种品质称为属性，而特性所赋予的实体称为载体。这种关系可以表示为"x 是类别 a 中的一员"。在识别式中，某实体被指派了一种身份，即一个实体被用来识别另一个实体："x 由 a 来识别"或者"a 用来界定 x 的身份"。其中，有待识别的成分 x 称为被识别者，用来识别的成分 a 称为识别者。但二者并不是简单的同义反复，而是存在形式与功能上的差异，即标记与价值之间的差别。

另外，言语过程是通过讲话交流信息的过程，涉及的参与者主要有说话者、受话者和言说内容。行为过程指的是诸如呼吸、咳嗽、叹息、做梦、苦笑等生理活动过程。存在过程是表示有事物存在的过程，其中必须有一个存在物。

环境成分可以出现在所有过程类型中。它是一个整体概念，在及物性系统中构成语义空间，服务于过程的延伸。因此，环境成分也被视为一种后补性的非完全过程，而介词也可以视为一种微型动词，隶属于主要过程，作为中介引入间接参与者（Halliday & Matthiessen 2004：240）。环境成分可分为 9 个类别：跨度、处所、方式、原因、或然、伴随、角色、内容和角度（Halliday & Matthiessen：262-263）。词组"中国梦"不能直接作为环境成分，但可以与介词搭配，构成环境成分。

三、研究方法

3.1 研究问题

研究问题是习近平总书记在"中国梦"系列讲话中如何运用及物性系统对"中国梦"进行建构。这一问题可以细分如下，其中第一个问题已经在上一节进行了讨论。

（1）在小句语法中，词组"中国梦"承担什么功能角色？

（2）词组"中国梦"出现在哪些及物性过程小句中？在其中承担什么功能角色？相关的及物性过程体现为哪些动词？各自的频次如何？

（3）这些及物性过程建构了一个什么样的"中国梦"形象？

（4）"中国梦"建构与及物性过程类别之间是否存在系统关联？

3.2 研究语料

本研究以《习近平谈治国理政》（习近平，2014）中收录的 7 篇"中国梦"系列讲话（下称"系列讲话"）作为语料对"中国梦"的及物性建构进行描述和阐释。词组"中国梦"共出现 51 次。见表一。

表一　习近平总书记"中国梦"系列讲话

序号	讲话题目	中国梦频次
1	实现中华民族伟大复兴是中华民族近代以来最伟大的梦想（2012 年 11 月 29 日）	1
2	在第十二届全国人民代表大会第一次会议上的讲话（2013 年 3 月 17 日）	9
3	实干才能梦想成真（2013 年 4 月 28 日）	5
4	在实现中国梦的生动实践中放飞青春梦想（2013 年 5 月 4 日）	20
5	实现中国梦不仅造福中国人民，而且造福世界人民（2013 年 5 月）	9
6	创新正当其时，圆梦适得其势（2013 年 10 月 21 日）	2
7	实现中华民族伟大复兴是海内外中华儿女共同的梦（2014 年 6 月 6 日）	5

3.3 研究工具

为提高分析的效率和一致性，我们使用语料库标注软件 Corpus Tool UAM 2.8.14（UAM），应用了该软件的三大功能，即建立标注框架、手工标注以及基于标注语料库进行统计分析。

3.4 研究程序

基本程序是细读、标注、统计和阐释。首先，基于纸质版语料对词组"中国梦"所在及物性小句进行细读式分析，重点分析"中国梦"承担的功能角色以及所在小句的及物性过程类别。其次，在 UAM 中建立及物性系统标注框架，并参照纸质版标注对词组"中国梦"进行标注，并反复检查。需要注意的是，在标注框架（图一）中，显性隐性类型是指某一特定小句中词组"中国梦"是显性地出现还是承前省略。再次，基于标注语料库提取统计信息和实例，并进行深入分析。最后，结合语境进行讨论，阐释及物性建构了什么样的"中国梦"，并探讨"中国梦"建构与及物性系统之间的关系。

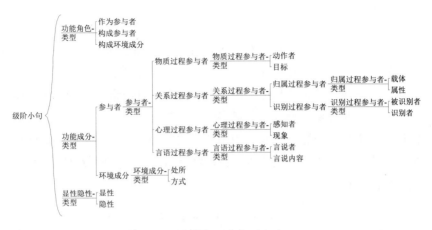

图一　及物性分析标注框架

四、结果与讨论

总体统计结果见表二。首先，词组"中国梦"的主要功能成分类型是参与者。它在 65 个小句中作为或者构成参与者，总占比高达 91.55%，而在其余 6 个小句中构成环境成分。其次，词组"中国梦"主要以显性方式出现，占比高达 71.83%。

表二　"中国梦"功能角色统计结果

特征	数量	百分比
功能角色—类型	N=71	
作为参与者	40	56.34%
构成参与者	25	35.21%
构成环境成分	6	8.45%
功能成分—类型	N=71	
参与者	65	91.55%
环境成分	6	8.45%
隐性显性—类型	N=71	
显性	51	71.83%
隐性	20	28.17%

由表三可知，作为参与者的"中国梦"与构成参与者的"中国梦"之间在物质过程、关系过程和心理过程中存在显著性差异[4]，但二者在显性隐性维度上不存在显著性差异。一个显著特点是关系过程数量最多，这与前人的论断相悖。例如，汤姆森（Thompson 2004: 86）提出物质过程在数量和形式上是最多的一种过程。这一特点反映了系列讲话的一个焦点问题是阐释"中国梦"的内涵。下文以及物性过程类型为主线深入分析不同及物性过程的特点，讨论及物性系统建构的"中国梦"的特征。

表三　"中国梦"作为参与者和构成参与者

特征	作为参与者		构成参与者		差异显著性	
	数量	百分比	数量	百分比	卡方值	显著性
参与者—类型	N=40		N=25			
物质过程参与者	20	50.00%	6	24.00%	4.33	++
关系过程参与者	18	45.00%	17	68.00%	3.27	+
心理过程参与者	0	0.00%	2	8.00%	3.3	+
言语过程参与者	2	5.00%	0	0.00%	1.29	
显性隐性—类型	N=40		N=25			
显性	29	72.50%	17	68.00%	0.15	
隐性	11	27.50%	8	32.00%	0.15	

4.1 物质过程

物质过程是最容易把握的，也是语言学史上人们关注的中心（Halliday 1994：107）。在物质过程中，词组"中国梦"可以直接作为参与者，也可以构成参与者。首先，词组"中国梦"在 20 个物质过程小句中直接作为目标或者动作者，体现形式以显性为主，高达 18 次。检索发现，"中国梦"在 19 个小句中作为目标，这一点很容易理解：我们在经验世界中努力奋斗实现的目标在语法上也往往识解为过程的目标。在其中 18 个小句中，与作为目标相搭配的过程动词是"实现"，它与词组"中国梦"搭配而成的小句可以用来陈述目标，间接发出动员令，如例（4）。其中带有前置修饰语的"中国梦"直接作为参与者。

但在更多的情形下，小句"实现中国梦"在小句复合体中作为目的小句 [5]，帮助陈述实现"中国梦"的条件，如例（5）；或者帮助发出动员令，号召人民努力奋斗，以讲话的形式行做事之举，如例（6）。

（4）我们已经确定了今后的奋斗目标，这就是到中国共产党成立100年时全面建成小康社会，到新中国成立100年时建成富强民主文明和谐的社会主义现代化国家，努力**实现**中华民族伟大复兴的中国梦。（讲话3）

（5）**实现**中国梦必须走中国道路。<<……>>**实现**中国梦必须弘扬中国精神。<<……>>**实现**中国梦必须凝聚中国力量。[6]（讲话2）

（6）我们相信，只要广大留学人员牢记"空谈误国、实干兴邦"，同人民站在一起、同人民奋斗在一起，就一定能为**实现**中华民族伟大复兴的中国梦书写出无愧于时代、无愧于人民、无愧于历史的绚丽篇章！（讲话6）

词组"中国梦"在1个小句中直接作为动作者，即例（7）。其中，词组"中国梦"与"造福"构成"动作者＋过程"结构，而"为人民"是环境成分，将"造福"这一过程延伸到利益方（behalf）（Halliday & Matthiessen 2004: 270）。

（7）中国梦归根到底是人民的梦，必须紧紧依靠人民来实现，必须不断为人民**造福**。（讲话2）

其次，词组"中国梦"也可以构成参与者，间接参与过程。在4个小句中，词组"中国梦"构成目标。在例（8）中，嵌入式小句"实现中国梦"做前置修饰语，整个名词词组做物质过程的目标。在另外两个小句中，嵌入式小句"实现中国梦"做小句的动作者，如例（9）。

（8）只有每个人都为美好梦想而奋斗，才能**汇聚起**实现中国

__梦的磅礴力量__。（讲话 4）

（9）__实现中国梦__不仅__造福__中国人民，而且__造福__世界人民。（讲话 5）

分析发现，词组"中国梦"在 23 个物质过程小句中与动词"实现"搭配，占比高达 88.46%，从而表明二者之间存在强搭配。动词"实现"释义为"使成为事实"（《现代汉语词典》（第五版）2005：1238），具有鲜明的结果导向，而非过程导向。因此，实现"中国梦"即意味着"使中国梦成为事实"。这清晰地反映了物质过程建构的"中国梦"形象：首先，"实现中国梦"是施为过程，而不是发生过程。其次，"实现中国梦"是创造性过程，而不是处置类过程。"中国梦"的实现是一个从无到有的创造性过程。再次，"实现中国梦"是一个意愿性过程，而不是非意愿性过程。"中国梦"是中华民族伟大复兴的梦想，能够造福中国人民，也造福世界人民。最后，"实现中国梦"是一个抽象过程，而非具体过程。"中国梦"本身是抽象的，其实现亦然；不可能一蹴而成，而是需要经过全国人民长期的奋斗才能实现。这一表述与"筑梦"形成鲜明对比，后者具有形象化和具体化等特点。总之，系列讲话反复调用物质过程资源来陈述实现"中国梦"的目标和条件并发出动员，将"中国梦"建构为实现过程延伸的对象和施为的结果，这一过程具有创造性、意愿性和抽象性的特点。

4.2 关系过程

由表四可知，作为参与者和构成参与者的"中国梦"在归属过程参与者、识别过程参与者、载体和属性等 4 个维度上存在显著性差异。具体而言，词组"中国梦"在归属过程中多直接作为载体；在识别过程中倾向于构成被识别者。就归属过程而言，"中国梦"可以直接作为参与者，也可以构成参与者。首先，"中国梦"在 15 个小句中作为载体，相应归属过程动词一般为"是"，用来表明"中国梦"的属性。例（10）到例（15）中的关系过程表明"中国梦"的不同属性，同时将其归属于当下现实社会生活中的不同主体，主要回答了"'中国梦'是谁的梦"。

表四 "中国梦"作为关系过程参与者

特征	作为参与者		构成参与者		差异显著性	
	数量	百分比	数量	百分比	卡方值	显著性
关系过程参与者—类型	N=18		N=17			
归属过程参与者	15	83.33%	7	41.18%	6.66	+++
识别过程参与者	3	16.67%	10	58.82%	6.66	+++
归属过程参与者—类型	N=15		N=7			
载体	15	100.00%	5	71.43%	4.71	++
属性	0	0.00%	2	28.57%	4.71	++
识别过程参与者—类型	N=3		N=10			
被识别者	3	100.00%	8	80.00%	0.71	
识别者	0	0.00%	2	20.00%	0.71	
显性隐性—类型	N=18		N=17			
显性	9	50.00%	10	58.82%	0.27	
隐性	9	50.00%	7	41.18%	0.27	

这些过程使用清晰明了、界限分明的语义范畴来表征"中国梦"的属有者，在二者之间建立关联，能够增强不同社会主体对"中国梦"的认同感，实现凝心聚力、共筑梦想之目的。"中国梦"作为无标记主位，将读者的注意力最大限度地导向后面所强调的信息，建构"中国梦"属性及身份的客观性和不可置疑性。其中，"国家""民族""人民"表明了"中国梦"的集体属性，而"每一个中国人""每个中华儿女"凸显了"中国梦"的个体属性。这表明集体性是基础，而个体性是重点，为动员人民不懈奋斗力争早日实现"中国梦"提供了思想基础。另外，在例（14）中，人称代词"我们"与"你们青年一代"并列出现，构建了清晰的社会关系，凸显了讲话彼时彼地的情景语境。

（10）中国梦是民族的梦，也是每个中国人的梦。（讲话2）

（11）中国梦是国家的、民族的，也是每一个中国人的。（讲话4）

（12）中国梦是国家梦、民族梦，也是每个中华儿女的梦。（讲话7）

（13）<u>中国梦</u>是全国各族人民的共同理想，也是青年一代应该牢固树立的远大理想。（讲话 4）

（14）<u>中国梦</u>是我们的，更是你们青年一代的。（讲话 4）

（15）<u>中国梦</u>归根到底是人民的梦，必须紧紧依靠人民来实现，必须不断为人民造福。（讲话 2）

归属过程也可以表明"中国梦"其他方面的属性。例（16）中的第二个小句表明了"中国梦"与各国人民追求幸福的梦想之间的关系，其中关系过程体现为零动词（彭宣维 2000: 244）。例（17）描述了"中国梦"的时间属性，识解了"中国梦"在时间维度上的属性，同时为之赋予秩序：在时间维度上，"中国梦"这一经验概念是一体化的、连续的，但语言将其分为 3 个区间。值得注意的是，归属过程倾向于并列使用，形成"是……也是"结构。其中，前后两个小句之间是延伸关系，能够巧妙地说明载体的双重属性，既可表明二者之间的平行关系，也能有效突出重点。

（16）<u>中国梦</u>既是中国人民追求幸福的梦，也同各国人民追求幸福的梦想相通。（讲话 7）

（17）<u>中国梦</u>是历史的、现实的，也是未来的。（讲话 4）

其次，词组"中国梦"在 7 个小句中构成参与者。在其中 5 个小句中，"中国梦"与动词"实现"搭配，以嵌入式小句形式作为载体，如例（18）。在另外两个小句中，词组"中国梦"构成属性。在例（19）中，嵌入式小句"实现中国梦"做前置修饰语，整个名词词组在关系过程中作属性。

（18）<u>实现中华民族伟大复兴的中国梦</u>是近代以来中华民族的夙愿。（讲话 5）

（19）广大海外侨胞<<……>>，是<u>实现中国梦</u>的重要力量。（讲话 7）

在识别小句中，关系过程用来描述"中国梦"的特征，识别身份，阐述内涵，即回答"'中国梦'是什么"。首先，词组"中国梦"在 3 个小句中直接作为被识别者。在例（20）中，"中国梦"作为被识别者/标记，通过语法反复赋予、注入意义和价值。其中，过程动词"凝结"接近包含之意，表示[种类/部分]意义；而词汇"承载"和"昭示"接近[反映]之意（Halliday & Matthiessen 2004: 235）。

（20）**中国梦**凝结**着**无数仁人志士的不懈努力，**承载着**全体中华儿女的共同向往，**昭示着**国家富强、民族振兴、人民幸福的美好前景。（讲话 4）

其次，词组"中国梦"在 8 个小句中构成被识别者，而在另外 2 个小句中构成识别者。在例（21）中，嵌入式小句"实现中华民族伟大复兴的中国梦"作为被识别者的一部分。这一表述回答了"实现中国梦是什么"，同时间接回答了"中国梦是什么"："实现 a 就是要实现 x"包含了"a 就是 x"。词汇"就"将这种等价关系变得更加明晰化。在最后两个小句中，动词"体现"与"反映"的意义是[示意]，也属于等价类动词（Halliday & Matthiessen 2004: 235）。环境成分"深深"对这种等价关系起到了强化作用，同时也体现了习近平总书记对二者关系的深刻认识。在例（22）中，"中国梦"作为前置修饰语构成参与者，旨在强调其本质，同样是对"中国梦"内涵的界定。例（23）包含 4 个主位等价句（Halliday & Matthiessen 2004: 235）。嵌入式小句"实现中国梦"构成主位化的被识别者/价值，简明扼要地阐述了实现"中国梦"对世界的影响。

（21）实现全面建成小康社会、建成富强民主文明和谐的社会主义现代化国家的奋斗目标，实现中华民族伟大复兴的中国梦，**就是**要实现国家富强、民族振兴、人民幸福，既深深**体现了**今天中国人的理想，也深深**反映了**我们先人们不懈追求进步的光荣传统。（讲话 2）

（22）在新的历史时期，<u>中国梦的本质是</u>国家富强、民族振兴、人民幸福。（讲话5）

（23）<u>实现中国梦给世界带来的是</u>和平，**不是**动荡；是机遇，**不是**威胁。（讲话5）

词组"中国梦"在两个小句中构成识别者。在例（24）和例（25）中，"中国特色社会主义"作为小句的出发点，分别被识别为实现"中国梦"的"必由之路"和"正确道路"。因此，嵌入式小句"实现中国梦"构成识别者。

（24）必须紧紧依靠工人阶级发展中国特色社会主义。中国特色社会主义是当代中国发展进步的根本方向，**是**<u>实现中国梦的必由之路</u>，也是引领我国工人阶级走向更加光明未来的必由之路。（讲话3）

（25）中国特色社会主义是<u>我们党带领人民历经千辛万苦找到的实现中国梦的正确道路</u>，也是广大青年应该牢固确立的人生信念。（讲话4）

综上，在关系过程中，"中国梦"往往作为论述的出发点和中心。归属过程用来阐述其属性，表明其属有者；识别过程用来阐述内涵。总之，关系过程用来回答"'中国梦'是什么样的梦""'中国梦'是谁的梦""'中国梦'是什么"等问题，将"中国梦"建构为一个融集体性、个体性、时间性和本质性等特征的实体。

4.3 其他过程

在系列讲话中，言语过程和心理过程的频次都很低。首先，言语过程只出现在两个小句中，即例（26）和例（27）。其中，词组"中国梦"都是作为言语内容。词汇"大家"与"都"说明"中国梦"存在的广泛群众基础，为下文引出并界定"中国梦"提供了自然的过渡。

（26）现在，大家都在**讨论**中国梦，我以为，实现中华民族伟大复兴，就是中华民族近代以来最伟大的梦想。（讲话1）

（27）现在，大家都在**谈论**中国梦，都在**思考**中国梦与自己的关系、自己为实现中国梦应尽的责任。（讲话4）

其次，心理过程也只出现在两个小句中。在例（27）中，"中国梦与自己的关系"作为心理过程"思考"的现象。在例（28）中，"中国梦"作为"实现"的前置修饰语，而整个名词词组作为"见证"的现象。

（28）我坚信，在党的领导下，只要全国各族人民紧密团结，脚踏实地、开拓进取，到本世纪中叶，我们必将建成富强民主文明和谐的社会主义现代化国家，我国广大青年必将同全国各族人民一道共同**见证**、共同享有中国梦的实现！（讲话4）

4.4 构成环境成分

由表三可知，词组"中国梦"在6个小句中构成环境成分，体现为介词短语。其中3个环境成分是方式类。在例（29）中，词组"中国梦"与介词"用"组合，对物质过程"打牢""教育和帮助"以及"激发"在方式维度上进行延伸，用以阐述"中国梦"的功能。

（29）要用中国梦**打牢**广大青少年的共同思想基础，**教育和帮助**青少年树立正确的世界观、人生观、价值观，永远热爱我们伟大的祖国，永远热爱我们伟大的人民，永远热爱我们伟大的中华民族，坚定跟着党走中国道路。要用中国梦**激发**广大青少年的历史责任感，发扬"党有号召、团有行动"的光荣传统，在党和国家工作大局中找准自身工作的切入点和结合点，组织动员广大青少年支持改革、促进发展、维护稳定。（讲话4）

另外，词组"中国梦"在 3 个小句中构成处所类环境成分。在例（30）中，"人民实现中国梦"以嵌入式小句的形式作为"壮阔奋斗"的前置修饰语。例（31）和例（32）都选自讲话 4，其中例（31）是这篇讲话的标题。在这两个例子中，"实现中国梦"以嵌入式小句的形式作前置修饰语，这一过程被描绘为"生动实践"。需要注意的是，词汇"壮阔"与"生动"具有显著的评价意义，为实现"中国梦"这一过程赋予鲜明的态度色彩。

（30）广大留学人员要把爱国之情、强国之志、报国之行统一起来，把自己的梦想融入人民实现中国梦的壮阔奋斗之中，把自己的名字写在中华民族伟大复兴的光辉史册之上。（讲话 6）

（31）在实现中国梦的生动实践中放飞青春梦想（讲话 4）

（32）广大青年要勇敢肩负起时代赋予的重任，志存高远，脚踏实地，努力在实现中华民族伟大复兴的中国梦的生动实践中放飞青春梦想。（讲话 4）

综上，"中国梦"构成方式类和处所类环境成分各 3 例，分析表明，"中国梦"被赋予工具性和生动性等特征。

4.5 及物性系统与"中国梦"建构

以上分析表明及物性过程类型与"中国梦"建构之间存在着系统关联（见图二）。系列讲话中关于"中国梦"的表述主要涉及关系过程和物质过程两大类。关系过程主要用来回答回答"'中国梦'是什么""'中国梦'是什么样的梦""'中国梦'是谁的梦"等关乎"中国梦"理论建构的问题。具体而言，在归属过程中，"中国梦"往往直接作为载体，被赋予属性和属有者。在识别过程中，"中国梦"多作为被识别者，通过语法进行定义，阐述内涵，识别身份。这两种过程互相补充，共同揭示了"中国梦"的集体性、个体性、时间性、本质性、依靠力量和实现道路。当然，理论建构是为现实建构服务的。后者是指将"中国梦"变成现实，即实现"中国梦"，在语法上体现为物质过程。在物质过程小句构型中，"中国梦"一般体现为目标，与过程动词"实现"形成强搭配，构成小句"实现中国梦"或者"实现中华民族伟大复兴的中国梦"，在语篇中用来陈述目标，或者阐述实现目标的条件，或者动员全国人民为实现目标而努力奋斗、不懈奋斗。物质过程中的环境成分延伸出实现"中国梦"的利益方（即受益者，见例（7）），激发人民的奋斗精神。

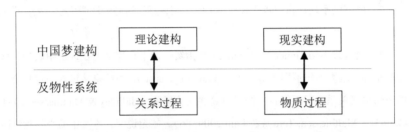

图二　及物性过程类型与"中国梦"建构之间的系统关联

五、结论

在"中国梦"系列讲话中，词组"中国梦"在及物性过程小句中可以直接作为参与者，也可以与其他成分结合共同构成参与者或者环境成分。"中国梦"的经验建构与及物性过程之间存在着系统关联，这种关联清晰地表明了及物性系统在建构"中国梦"的过程中所承载的社会意义：习近平总书记通过选择物质过程，将"中国梦"建构为一个具有创造性、意愿性和抽象性特点的施为过程，同时以言行事，发出动员，号召人民为实现"中国梦"而努力奋斗。通过选择关系过程对"中国梦"的内涵进行解读与阐释，将"中国梦"建构为融集体性、个体性、时间性和本质性等特点的实体，引导舆论和人民对"中国梦"的认知与评价。

（本文原载于《天津外国语大学学报》2016 年第 4 期，22-29 页。收录于本文集时略有改动。）

注释：

1. 例子中只标记与"中国梦"直接相关的参与者、过程和环境。其中，参与者用底划线表示，过程动词用粗体表示，环境成分用波浪线表示。

2. 所有例子均出自习近平（2014）的 7 篇讲话。括号中注明例子出处。详见 3.2。

3. 嵌入式小句（embedded clause）是指级阶向下转移从而在词组中做功能成分的小句。这类小句不同于级阶小句（ranking clause），不能直接进入小句复合体的逻辑语义关系，即不能直接构成更高层次的级阶（Halliday & Matthiessen 2004: 426-432；Matthiessen, Teruya & Lam 2009: 86）。如无说明，本文中的小句指级阶小句。

4. 在表三中，显著性差异表示为不同数量的加号。+表示 90% 的显著性，++表示 95% 的显著性，+++表示 98% 的显著性。显著性水平由 UAM 给出。

5. "中国梦"建构与小句复合体之间的关系，我们另文探讨。

6. 符号<<……>>表示省略了部分文字。

参考文献

Fairclough, N. 2006. *Language and Globalization* [M]. London: Routledge.

Halliday, M. A. K. 1994. *An Introduction to Functional Grammar* (2nd ed.) [M]. London: Arnold.

Halliday, M. A. K., & Matthiessen, C. M. I. M. 2004. *An Introduction to Functional Grammar* (3rd ed.) [M]. London: Arnold.

Jørgensen, M. & L. Phillips. 2002. *Discourse Analysis as Theory and Method* [M]. London: Sage Publications.

Martin, J. R., & White, P. R. R. 2005. *The Language of Evaluation: Appraisal in English* [M]. London: Palgrave Macmillan.

Matthiessen, C. M. I. M., Teruya, & Lam, M. 2009. *Key Terms in Systemic Functional Linguistics* [M]. London/New York: Continuum.

陈国华、程丽霞. 2015. "中国梦"是 China dream 还是 Chinese dream?——对 China 和 Chinese 做名词修饰语的研究[J]. 外语教学与研究，6: 909-922+961.

陈丽梅. 2014. "中国梦"话语的语义生成分析[J]. 语文学刊 24: 21-22+35.

程美东、张学成. 2013. 当前"中国梦"研究评述[J]. 中国特色社会主义研究，2: 58-65.

侯智德. 2014. "中国梦"话语建构的文化内涵[J]. 社会科学家，8: 157-160.

梁茜. 2015. 以框架理论分析《纽约时报》对"中国梦"的报道[J]. 广西大学学报（哲学社会科学版），2: 121-124.

刘立华、马俊杰. 2016. 中国梦与话语权的建构——一项基于语料库的新华社对外报道中国梦话语研究[J]. 天津外国语大学学报，1: 29-34.

刘宇松、蔡朝晖. 2013. 基于社会语言学视阈看语言模因"中国梦"[J]. 湖南社会科学，6: 247-249.

马文霞. 2015. "中国梦"的国际话语体系构建与对外传播[J]. 江西社会科学，5: 180-184.

苗兴伟. 2016. 未来话语——中国梦的话语建构[J]. 天津外国语大学学报，1: 24-28.

彭宣维. 2000. 英汉语篇综合对比[M]. 上海：上海外语教育出版社.

钱毓芳、黄晓琴、李茂. 2015. 新浪微博中的"中国梦"话语分析及启示[J]. 对外传播，1: 59-61.

邵斌、田志明. 2014. 西方媒体视野里的"中国梦"——一项基于语料库的批评话语分析[J]. 外语研究，6: 28-33.

史为磊. 2013. 当前"中国梦"的研究综述[J]. 社会主义研究，4: 12-22.

田海龙. 2009. 语篇研究——范畴、视角、方法[M]. 上海：上海外语教育出版社.

吴素霞、张远新. 2015. 国外学者纵论"中国梦"[J]. 毛泽东邓小平理论研究，2: 83-90+93.

习近平. 2014. 习近平谈治国理政[M]. 北京：外文出版社.

杨全红. 2013. "中国梦"英译辨析[J]. 中国翻译，5: 90-93.

于洋. 2016. 微博话语中的中国梦——系统功能语言学视角[J]. 天津外国语大学

学报，1: 40-44.

张蕾. 2016. 中国梦话语的国家身份建构功能研究[J]. 天津外国语大学学报，1: 35-39.

张顺生、葛陈蓉. 2015. "中国梦"的诠释与英译——从"China Dream"到"Chinese Dream"[J]. 中国科技翻译，2: 51-53+31.

中国社会科学院语言研究所. 2005. 现代汉语词典（第五版）[Z]. 北京：商务印书馆.

周忠元、赵光怀. 2014. "中国梦"的话语体系构建和全民传播——兼论宏大叙事与平民叙事的契合与背反[J]. 江西社会科学，3: 235-239.

朱宗友、季正矩. 2014. 十八大以来"中国梦"研究述评[J]. 当代世界与社会主义，4: 193-198.

新闻语篇中的"中国梦"
——评价理论态度视域下的话语分析

陈令君　　赵闯

（郑州大学外语学院）

摘　要：以 *China Daily*（中国日报）和 *Xinhua News Agency*（新结通讯社）官方平台上发布的"中国梦"阐释类英语新闻语篇为语料，以马丁和怀特（Martin & White 2005）评价理论为分析框架，采用定性与定量相结合的方法识别并研究"中国梦"相关英语新闻语篇中显性和隐性态度资源传递的话语意义。研究发现，语料中态度资源的鉴赏和评判资源所占比例较大，主要通过词汇、句法、修辞等显性和隐性表达方式实现，大量的正面评价建构了"中国梦"新闻语篇的话语模式，阐释了"中国梦"在集体主义关照下"富强、文明、和谐、美丽"的内涵，体现出它重要的社会价值和意义。

关键词："中国梦"新闻语篇；评价理论；话语分析

一、引言

话语分析是人类对语言符号和社会结构不断认识和识解的过程，它作为一门正式的语言学分支始于哈里斯（Harris 1952），并在诸多实践发展中得以完善。至今，话语分析的发展历经了萌芽、起步和兴盛

3 个发展阶段（朱永生 2003）。近年来，批评话语分析逐步成为语言学界关注的焦点，多借助语篇分析来探究语言背后的意识形态差异，解释语言中的权势关系和不平等现象。然而，意识形态具有多样性。对语篇不同维度和取向的意识形态意义分析不仅可以帮助读者解构社会现象中的不公允等内容，还有助于我们从另外一个方向分析积极语言资源，从而建构一个公允美好的社会。故而，马丁（Martin 2004）提出了积极话语分析的概念，认为语言分析更应以积极的态度和视野去研究和平、平等的语言形式，把语言分析作为一种建设性行为，引导人类批判性思考更多地朝着积极与和谐的方向进行。之后，朱永生（2006）讨论了积极话语分析对批评话语分析的反拨与补充，黄会健（2007）研究了话语分析从批评话语视角到积极话语视角的建设性转向，胡壮麟（2012）也深入探讨了积极话语和批评话语分析的互补性等。鉴于积极话语分析在学界的争议性，本文无意沿袭这一术语，但认为语篇中的积极意识形态意义不容忽视，尤其是"中国梦"相关新闻语篇。在话语分析的框架内挖掘"中国梦"新闻语篇中丰富的正面语言资源不仅能帮助读者捕捉"中国梦"的内涵与本质，还能为当代中国和谐社会的建设寻求语言学依据。

自从王振华（2001）对评价系统做了详细介绍后，评价理论得到了越来越多学者的关注。王振华（2004）便以此为框架探析了英汉硬新闻中的评价意义差异，刘世铸（2010）从理论和实证分析角度较为详尽地梳理并综述了评价理论在中国的发展。综上所述，鉴于"中国梦"新闻语篇的重要现实意义以及评价理论较强的可操作性，本文拟以评价理论为框架，选取有关"中国梦"的阐释类英语新闻语篇为语料，借助语料库检索和标注工具，采用定性和定量结合的方法，分析语言学视角下"中国梦"新闻语篇的社会意义和价值。

二、评价理论与话语分析

评价理论关注语篇中协商的各种态度、评价主体的情感强度和表明价值以及联盟读者态度的各种评价方式，可分为态度资源、介入资源和级差资源。其中，态度资源居于核心，分为情感（表示说话者对人或事物的感情反应和倾向）、评判（指依据特定的社会规范对人类行为做出评价）和鉴赏（依据美学原则和其他的社会价值观对事物或产品做出评价）3 个子系统（Martin 2003: 29）。

评价理论主要对评价性语言进行研究，能够有力地阐释语篇的评价意义，帮助读者挖掘语篇蕴含的社会价值。而话语分析则比较关注语篇中的意识形态意义，这使得话语分析和评价理论在语篇价值分析方面不谋而合。首先，从哲学视角来看，评价理论以经验主义、主观性/主体性、主客两分、建构主义为其认识论基础（胡文辉，余樟亚 2015: 33）。话语分析以社会建构主义认识论为基础，根据人类已有的经验和知识，探讨语篇、话语和语境如何结合体现语篇的价值倾向（詹全旺 2006: 17），而且通过社会共同体规范和引导个体思想行为，用提示或线索联系关于社会交往的过去和将来与现在，形成联系的建构（Gee 2011: 116）。由此看来，评价理论和新闻话语分析均关注语篇的价值和语篇体现的社会规范，有着共通的哲学基础。其次，从语言语境来看，语篇都具有一定的评价性，存在着作者和读者之间的互动。而相对于硬新闻语篇而言，社论语篇的评价性特征就更为明显。尤其是对于"中国梦"新闻语篇，其富含的积极评价意义可以激发我们对美好事物的追求，建立亲密和谐的人际关系，增强语言社团的影响力。因此，以评价理论为框架来聚焦分析社论类英语新闻语篇中的积极语言资源具有重要的研究价值。

就本研究而言，"中国梦"英文新闻社论语篇包含大量正能量语言，用抽象的语言符号链接中国发展的整个过程，引导社会前进的方向。其中，评价主体的态度更是新闻话语分析的重要生长点。语篇中态度资源多隐含在评论者的个体评价和群体评价中。虽然评价的声音可能来自不同的群体，但所表达的态度并不违背中国社会主义核心价值取向。下面，本文将以评价理论为框架，以态度子系统为切入点，对"中国梦"英语新闻语篇中的态度资源进行定性分析和定量统计，分析"中国梦"的内涵及其社会意义。

三、"中国梦"新闻语篇的态度资源分析

3.1 语料来源

习近平于 2012 年提出"中国梦"的概念。它包含民族精神，蕴含文化底蕴，具有一定的社会效应，对语言学研究也具有重要价值。而 *China Daily* 和 *Xinhua News Agency* 是国内外读者了解中国社会核心思想的重要途径，其受众主要是国内知识分子和海外读者，社会影响力不容忽视。故而，本文选取 *China Daily* 和 *Xinhua News Agency* 官方平台上以"中国梦"为主题的 30 篇英语阐释类新闻语篇作为语料，分析"中国梦"语篇积极意义的建构过程，以及"中国梦"的内涵和社会意义。

该研究在文本合并和清理等处理基础上收集了关于"中国梦"主题的阐释类英语新闻语料。其中形符 16864 个，类符 2979 个，词汇密度为 68.29%。文本定量分析过程首先借助词性赋码工具 Tree Tagger 对主题语料进行赋码，之后统计出高频词类，如下表。

表一　Tree Tagger 赋码词类频次统计

排序	1	2	3	4	5	6	7	8
词性	NN	IN	DT	JJ	NP	NNS	RB	VV
频次	2798	2008	1959	1940	1491	1055	510	489

其中 NN（Common noun, singular or mass 普通名词，单数或物质名词）、NNS（Common noun, plural 普通名词，复数）、NP（Proper noun, singular 专有名词，单数）的高频次出现表征着"中国梦"及其内涵的方方面面，也在语境共现时不同程度地体现评价主体的显性和隐性态度；IN（Preposition or subordinating conjunction 介词或从属连词）在句法上也具有一定的隐性态度倾向；DT（Article and determiner 冠词和限定词）成分的评价意义不太明确，而大部分 JJ（Adjective 形容词）

和 RB（Adverb 副词）可以直接或间接传达评价主体的话语意义；VV（Lexical verb，base form 动词，基本形式）通过及物性系统反映评价主体的态度倾向。因此，本文将 NN、NNS、NP、JJ、RB、VV 等作为话语分析和意义建构模式的重点分析对象，并运用 UAM corpus tool 2.8.14（UAM 语料统计工具）对语篇中的态度资源进行人工标注，关注显性和隐性态度资源在语篇中的实现方式和分布情况并结合数据进行定性分析。

3.2 态度资源分析

态度指说话人的情感反应和文化价值观背后的主体间性（intersubjectivity）所透露的评价信息。新闻社论类语篇则侧重于从说话人角度分析时事，其评价主体借助主体间性向读者"推销"评价。所选语篇中评价资源多通过修饰词语或者及物性过程来实现，也有通过语法隐喻、特殊句式、上下文语境和音韵等间接体现协商性态度。杨信彰（2000: 14）和刘世生，刘立华（2012: 140）指出 21 世纪话语分析的重点是将知识共享和言语策略结合。而且，胡壮麟（2009）认为态度资源的识别往往需要通过与常规表达相比较，是一个依据主观认识和社会价值并运用语用推理进行分类的过程。因此，本研究主要从词汇、句法、语义、语用等角度对所选语料在具体语境中的评价特征进行探究。

3.2.1 显性态度资源分析

语料中态度资源十分丰富。统计显示名词词组（NN）数量居于第一位，在一定程度上凸显了评价主体的态度。其中 JJ（Adjective）和 RB（Adverb）更能标识语篇的评价意义，如词汇 *new*（新的）、*national*（民族的）、*great*（伟大的）、*global*（全球的）、*positive*（积极的）、*peaceful*（和平的）等。表二中居于首位的 *Chinese*（中国的）一词虽然自身评价性不十分明确，但作为与主题极其相关的修饰语在语料中出现频率最高，表中列举的其他高频修饰语在语境中则均有明确的情感倾向。

排序	1	2	3	4	5	6	7
JJ	Chinese	new	national	great	global	positive	peaceful
频次	432	61	63	41	47	33	29

又如例（1），四个形容词 *positive*（积极的）、*inspirational*（富有感召力的）、*down-to-earth*（务实的）、*major*（重要的）明确标示"中国梦"的积极意义，暗示人民在发展中要有积极的奋斗目标和踏实的进取精神，并强调"中国梦"的实现将为社会带来深远影响。

（1）The Chinese dream, with its **positive** orientation, **inspirational** goals, and **down-to-earth** grit, will have a **major** influence in China.

（"Understanding the Chinese dream" —*China Daily* 2013-7-23）

"中国梦"凭借其积极的价值取向、鼓舞人心的目标和脚踏实地的精神将在中国产生重要的影响。

3.2.2 隐性态度资源分析

对于语料中的隐性评价，读者需参照语境方可识别。因此，在处理边缘性和隐性评价时，本研究把语境作为评价标准的一个敏感变体。朱永生（2009: 2-4）指出隐性评价多在语篇概念意义中体现，同时与话语参与者的语言敏感度、语境知识的激活力和读者的姿态具有相关性。刘世铸（2007: 257）以语料库为基础，对态度的语法结构潜势进行了探究，总结了隐性评价常用的句式，将词汇和语法结合起来证实隐性评价的可行性。

从隐性评价角度来看，本研究的语料中评价主体的态度倾向首先在词汇层面上有所体现：

（2）The dreams of 1.3 billion Chinese are a **new dynamic** in human history and will have **wide-reaching** implications for the country... the idea of Chinese Dream has become **a driving force** behind the <u>deepening</u> of reforms...

（"Intl dialogue on Chinese Dream held in Shanghai"—*Xinhua News Agency* 2013-12-7）

13亿中国人的梦想是人类历史上的新动力，它必将对国家产生深远的影响……"中国梦"的概念已经成为深化改革的原动力。

如例（2）所示，*implication*（蕴含）和*deepening*（深化）本身没有明确的感情色彩，但在语境中两个词被赋予积极含义。前者通过*new dynamic*（新动力）、*wide-reaching*（深远的）体现"中国梦"的内在价值，后者在*a driving force*（驱动力）积极评价意义基础上也充分肯定了改革的意义。二者与其他评价资源共同传递"中国梦"的正面社会价值。此类态度资源实将词汇的概念意义和语篇人际意义相结合来传递积极话语意义。

句法层上如例（3）中*not only...but also...*（不仅……而且……）句式从情感上加深对"中国梦"意义的诠释，强调"中国梦"是中国发展的长远目标。其中，*inspirational*（鼓舞人心的）、*powerful*（强大的）、*more successful*（更加成功）、*commitment*（献身）、*determination*（决心）等在该句式中的态度倾向性也十分明确，充分凸显"中国梦"的生机和价值。

（3）President Xi knows that the Chinese dream consists <u>not only</u> of **inspirational** goals and **powerful** motivation, <u>but also</u> of **commitment and determination** to work hard...optimism <u>not only</u> prevents depression, <u>but also</u> makes people **more successful**...

（"Understanding the Chinese dream"—*China Daily* 2013-7-23）

习主席深知"中国梦"不仅包含鼓舞人心的目标和强大的激励性，更承载着人们努力工作的献身和决心……乐观不仅可以防止人消沉，也让人变得更成功。

类似的句法结构还有*moreover*（而且）、*more importantly*（更重要

103

的是）、*meanwhile*（同时）等。它们在新闻语篇中主要通过特殊句式体现和强化评价主体情感倾向。

此外，一些本身不具有明确态度意义的及物性表达在适当的语境中也有积极含义，如例（4）所示：

（4） China's development will **vigorously** <u>drive up</u> the development of other countries and regions, and <u>promote</u> common **progress**...

（"Chinese dream can be shared by the world"—*China Daily* 2013-8-8）

中国的发展将大力推动其他国家和地区的发展并促进共同进步······

drive up（提升）、*promote*（推进）本身不具有较强的情感意义，但在上下文中读者不难感知评论者的观点。*vigorously*（有力地）和 *progress*（进步）等正面评价词与及物性过程的共现，促使了积极话语意义的产生。该例子指出了中国的发展可以很大程度上促进世界的繁荣，消除世界其他民族对中国发展模式的心理障碍，更有利于建立国家间和谐的政治经济关系。

在阐释"中国梦"内涵时，评价主体也经常通过语境中的隐喻提示态度，如：

（5）...China has become the <u>engine</u> of global economic growth...
（"Chinese Dream includes strong PLA"—*China Daily* 2013-10-8）
中国已成为全球经济增长的引擎······

engine 本是汽车引擎，为汽车提供动力，具有不可替代的作用。而在中西方文化中，该词具有相同的言外意，可以激发读者共同的隐喻背景知识。此处，作者用 *engine* 来指中国在世界经济发展中的地位，其重要性也不言而喻。

3.2.3 态度资源分布

本研究借助语料库标注软件 UAM corpus tool，对所选语料进行多次人工标注和定量统计，统计结果如表三。态度资源占所有评价资源的 68.53%，而鉴赏资源占 69.97%，鉴赏资源中的 96.85%是正面评价，集中阐释"中国梦"的积极意义。

表三　态度资源分布统计（N: number）

态度类型 归一性	情感（44, 6.92%）	评判（147, 23.11%）	鉴赏（445, 69.97%）
正面评价	N=31（70.45%）	N=139（94.56%）	N=431（96.85%）
负面评价	N=13（29.55%）	N=8（5.44%）	N=14（3.15%）

因该口号由中国官方提出，故而，在汉语文化和社会语境中，报道阐释多追求语言的集体意志，极力减少个人倾向，从客观角度对其内涵进行评述，向读者传递正能量。其中，情感资源仅有 6.92%。这与"中国梦"政治新闻主题也有很强的相关性。而作为权威的新闻发布平台，*China Daily* 和 *Xinhua News Agency* 更要为中国的长远发展考虑，用正能量鼓舞读者，为人民提供心理支持。因此，作者使用大量的积极评价肯定"中国梦"的社会价值，为构建和谐社会寻求语言学依据。

在所选的语料中，虽然有部分否定评价，但这些消极情感的表达多在否定句中出现，实际上传达积极话语意义。如下面例子中，*invade*（入侵）、*conquer*（占领）、*surpass*（超越）本身的否定意义因 *never*（从不）的修饰使表达的积极意义反而更加强烈。

　　（6）...China has **never invaded** the other... It **never** aims to **conquer**, to **surpass**...

　　（"Chinese Dream includes strong PLA"—*China Daily* 2013-10-8）

　　中国从不侵略其他国家……"中国梦"的提出也绝不是为了征服和超越……

还有一些词汇本身表达积极态度，但因修饰词语的情感限制使评价效果略有不同。如例（7）中 *persistent* 常指人的精神品质，但此处修饰 *pressure*（压力），表达中国面临西方持续的压力，带有负面评价意义。为了识别这种不同语境中语言情感倾向，本研究进行了多次人工标注，并将语境作为分析的重要依据。

（7）...the **persistent** pressure from the western world...

（"Chinese Dream includes strong PLA"——*China Daily* 2013-10-8）

……来自西方世界的持续压力……

3.3 态度意义下"中国梦"的内涵和社会意义

当前，对"中国梦"社会意义的研究，应超越功能语法的语法框架，通过语篇信息从宏观社会维度或者语篇语用学的视角关注话语的多重价值。兰姆克（Lemke 1992）和李战子（2001）指出所有的语言选择都指征性地、互文性地有意义。整个社会空间也为每一个言语、语篇提供了框架平台和语境。而评价理论在"中国梦"英语新闻社论话语分析中可以很好地将语篇内部和外部信息结合起来，使评价主体巧妙利用新闻语言的评价性构建语篇的社会价值，这也是适用语言学的目标所在，即用语言学理论解决现实问题。通过"中国梦"新闻语篇的态度资源分析发现，在阐释类社论英语新闻语篇中评价主体和读者之间存在不同的态度立场。评价主体（个人、媒体和官方）借助态度词汇描述"中国梦"蓝图，利用新闻社论的特殊语旨和语式间接向读者"推销"评价。其中评价主体涉及 3 种类型：个体评价、群体评价和社会评价。三者均以自然化语言阐释"中国梦"内涵和价值，体现评价主体和读者之间动态的主体间性。下面，我们依据新闻语言的策略和评价特征，分析"中国梦"的具体内涵和社会意义。

3.3.1 "中国梦"内涵阐释

通过定量词频统计和定性分析发现，"中国梦"内涵主要通过语篇语义呈现给读者。这些充满正能量的评价有助于将"中国梦"奋斗目标具体化，明确"中国梦"蓝图，鼓舞人民斗志。虽然评价声音来源各异，但语篇的评价意义均与社会主义意识形态相吻合，强调社会共赢、民族发展和世界和平。整体上该新闻语料围绕集体主义阐释了"中国梦"的4个方面，即富强中国、文明中国、和谐中国和美丽中国。其内涵解读总体来讲如下例所示：

（8）The collective Chinese dream has four parts: **strong** China (economically, politically, diplomatically, scientifically, militarily); **civilized** China (**equity and fairness**, **rich culture**, **high morals**); **harmonious** China (**amity** among diverse classes and social segments); **beautiful** China (**healthy** environment, **low pollution**, **attractive** cities, **innovative** arts).

（"Understanding the Chinese dream"—*China Daily* 2013-7-23）

集体主义意义下的"中国梦"有四个部分：强大的中国（经济上、政治上、外交上、科学上、军事上）；文明的中国（公平与公正、灿烂的文化，高尚的道德）；和谐的中国（不同社会阶层和领域间的友好关系）；美丽的中国（优良环境、低污染、魅力城市，艺术创新）。

总的来讲，集体主义在此处主要指"中国梦"围绕人民的梦展开。不同于"美国梦"，它更关注个人与集体的全面发展，甚至将世界的发展作为最终的奋斗目标。这些从例（9）中粗体显示的 *peace*（和平）、*development*（发展）、*cooperation*（合作）、*mutual benefit*（互惠）等词可以看出。评价主体在阐释内涵时，下划线 *for all*（全民）、*of the people*（人民的）、*let people*（让人民）等短语凸显了中国人民这个广泛的受益群体，而 *better education*（更好的教育）、*stable employment*（稳定的职业）、*higher incomes*（更高的收入）、*a greater degree of social security*（更强的社会责任感）、*better medical and health care*（更好的医疗体制）说明"中国梦"可以从不同方面保障人民权利，改善人民生活。当然，评价体系中的级差资源也间接传递了评价主体的态度，*more*（更多）、*better*（更好）、*higher*（更高）等通过"中国梦"富强内涵强调中国的发展进步将给人民带来更大的福祉。以上这些语言表达将"人民的梦"和"国家的梦"完美结合，明确了"中国梦"的集体主义价值取向。

（9）Xi also emphasized that the Chinese Dream is a dream for **peace, development, cooperation** and **mutual benefit** <u>for all</u>. It is a dream of **national strength** and **prosperity,** and **happiness** <u>of the people</u>... The Chinese Dream is to <u>let people</u> **enjoy better education, more stable employment, higher incomes, a greater degree of social security, better medical** and **health care**...

（"Background: Connotations of Chinese Dream"—*China Daily* 2014-3-5）

习近平还强调，"中国梦"是为全民谋取和平、发展、合作和互惠。这是一个关于国家繁荣富强和人民幸福美满的梦想……"中国梦"可以让中国人民享受更好的教育，拥有更稳定的工作，创造更高的收入，获得更大程度上的幸福，并且得到更全面的社会保障，享用更好的医疗保健……

首先，"中国梦"的内涵体现在"富强中国"。其奋斗目标是增强综合国力，建设现代化国家，促进世界发展。统计发现评价主体阐释"富强"内涵时，语篇意义广泛涉及政治、经济、文化、科技、军事、创新等方面。例（10）便强调了"中国梦"经济上要富强、政治上要民主、领土上要独立等内涵。其中，*modern*（现代的）、*prosperous*（繁荣的）、*powerful*（强有力的）、*democratic*（民主的）等高频修饰词诠释了"中国梦"的亮点。*well-being*（幸福的）、*protection*（保护）、*safeguarding*（安全防护）、*social justice*（社会正义）、*people's rights*（人民的权利）、*sovereignty*（国家主权）等说明"中国梦"富强要素体现在社会发展的不同方面。而且，这些表达在句法上多韵律式出现，给读者带来积极心理暗示，也帮助中国在世界范围内重新树立富强、宏伟形象。

（10）The Chinese Dream includes building China into a **modern** socialist country that is **prosperous, powerful, democratic** and harmonious... dedicating oneself to **the well-being of the family, country and the world**... such as **the protection of social justice and people's rights, and national ones**, like **the safeguarding of the country's sovereignty and territorial integrity**...

（"Chinese Dream includes strong PLA"—*China Daily* 2013-10-8）

中国梦的内涵包括把中国建设成为一个繁荣、强大、民主和和谐的社会主义现代化国家……让个人致力于家庭、国家乃至全世界的幸福……比如，保护社会正义和人民权利，捍卫国家权益，包括国家的主权和领土完整……

其次，"中国梦"的内涵还体现在"文明中国"。文明的内涵将中国发展的历史、现在和未来动态联系起来，传承了中华文化。例（11）中 great（伟大的）、splendid（灿烂的）等表达是对中国历史文化的正面肯定，cooperation、development、peace and win-win 等代表的合作、发展、和平、双赢，也是中国文明发展过程中不可缺少的元素。在例（11）中 national reunification、world peace、the development of human race 等还表明中国文明的繁荣发展为世界和平和人类发展做出不容忽视的贡献。可见，这一内涵不仅号召人民促进自身的发展，同时它将中国和世界的发展结合在一起，明确指出了"中国梦"的实现对世界文明的重要意义。可见，随着"中国梦"的实现，中华文明也必将源远流长。

（11）The Chinese nation is a **great** nation. It has <u>created</u> a **splendid** civilization... This positive path way is paved with "**cooperation, development, peace and win-win**"... These are the key positive elements by which human communities and civilizations <u>thrive</u>... It **entails the goal of national reunification** and requires China to **help maintain world peace** and **facilitate the development**

of the human race...

("Connotations of Chinese Dream"—*China Daily* 2014-3-15)

中华民族是伟大的民族。它创造了灿烂的文明……这条积极的民族复兴之路是以合作、发展、和平、共赢为基础的，这些是人类社会和文明繁荣发展的关键因素。中华民族还以民族统一为目标，并致力于维护世界和平和促进人类发展的事业……

另外，"中国梦"内涵包括"和谐中国"。评价主体着重为读者呈现中国和谐理念所包含的几个方面，强调和谐对中国乃至世界发展的意义。如例（12）所示，隐性评价及物性过程 *fulfill*（实现）和 *accomplish*（完成）以及显性评价词 *harmonious*（和谐的）、*renewal*（革新）等充分说明和谐中国是中国人民奋斗的目标之一。而在现代化进程中，人与人的关系要和谐，人与自然的关系要和谐，经济的发展要和谐，物质文化的繁荣也要和谐。例（12）中短语 *advocate harmonious coexistence*（拥护和谐共存）、*seek common ground and shelve differences*（求同存异）就是对和谐很好的阐释。而"中国梦"的实现过程正是一个求同存异的过程，它也必将惠及世界民族的发展，实现与他国间的和谐共赢。

（12）... The "Chinese Dream" is also a new, important concept that China shares globally with **the "Harmonious World"**, he said...By the 100th founding anniversary of the People's Republic of China in 2049, the goal of building an affluent, strong, civilized and **harmonious modern socialist country** will be <u>fulfilled</u>, and the dream of **the great renewal** of the Chinese nation will be <u>accomplished</u>, Xi said... China has always **advocated (and still does advocate) harmonious coexistence, seeking common ground and shelving differences.**

("China's rise to alter global configuration"—*China Daily* 2015-5-18)

"中国梦"是一个崭新的重要概念，它也意味着中国要与这个和谐世界共享全球资源……到 2049 年，中华人民共和国建立 100 周年之际，我们将实现把中国建设成为一个富足、强大、文明、和谐的现代化社会主义国家的伟大目标，并完成中华民族伟大复兴这个艰巨任务……中国一贯主张并将持续主张和谐共处和求同存异的建设理念。

　　最后，"中国梦"的内涵离不开"美丽中国"。"中国梦"不仅强调富强、文明、和谐，而且注重人民居住条件的改善和生活品质的提升。例（13）中 *a beautiful life*（美好生活）、*a beautiful future*（美好未来）正是人民对中国美好未来的期许，而 *strong appeal*（强烈的吸引力）也反映了"中国梦"蓝图的强大吸引力。它让中国人民为了美好世界的创建奋斗不息。而在"美丽中国"的建设过程中，人民自身可以在美好的环境中享受更优厚的物质资源。这一点在 *improved housing condition*（更好的住房条件）、*better environment*（更好的环境）词汇中也有体现。

　　（13）... It inspires people to work hard for **a beautiful life**... The Chinese Dream has **a strong appeal** because it reflects the wishes of hundreds of millions of Chinese for **a beautiful future**... The Chinese Dream is to let people enjoy **better education**... **improved housing conditions and a better environment.**

　　（"Experts interpret the Chinese Dream"—*China Daily* 2013-12-8）

　　它激励人们为美好的生活而努力……"中国梦"具有强烈的吸引力，因为它反映了亿万中国人对美好未来的愿望……"中国梦"就是要让人们享受更好的教育、更好的住房条件和更好的环境。

3.3.2　"中国梦"新闻语篇建构的社会意义

研究发现，评价主体以中国特色社会主义为依托，强调"中国梦"

与"美国梦"的不同，力图向世界展示强大的中国形象，而这也体现了中国特色社会主义意识形态强大的生命力。正如例（14）所示，中国特色社会主义是中国人民实现"中国梦"的唯一途径。

（14）Insisting on socialism with Chinese characteristics is **the only viable path** for China to fulfill its dream, experts say.

（"Chinese dream' draws international attention (2)"—*Xinhua News Agency* 2013-3-12）

专家称，坚持中国特色社会主义是实现"中国梦"唯一可行的路径。

在整个语料中，作者通过语言策略将评价意义融入语篇中。在阐释"富强、和谐、文明和美丽"内涵时，所有的词汇、句法和语篇评价均与社会主义核心价值观中的"和谐、民主、富强、文明"等理念吻合。这些评价意义旨在消弭价值冲突，在读者心中重塑一个积极向上、充满正能量的"梦"之形象。从分析来看，"中国梦"不再是空洞的社会语言符号，它拥有丰富的语义内涵，具有深远的社会影响力，为语篇受众带来积极心理暗示。如例（15）中 *equal*（平等的）、*trust*（信任）、*security*（安全）、*diversity of civilizations*（文明的多样性）等正面评价词积极阐释了"中国梦"的实现将会为人民和社会带来的好处，*good education*（良好的教育）、*good life*（好日子）说明"中国梦"可以让人民共享富强、文明、和谐、美丽中国发展带来的福利，更重要的是"中国梦"的实现将惠及世界发展的方方面面。可见，作者通过评价性语言策略成功地在读者心中重新营造了一个理想而美好的中国形象。

（15）It is a world order where states are **equal** and **trust** each other... **security** is achieved, **diversity of civilizations** is maintained... provide **good education** for the children... have **a good life** for the families... the Chinese dream will not only bring **benefits** to the

Chinese people, but also to the whole world.

（"Chinese dream can be shared by the world"—*China Daily* 2013-8-8）

这是一个有序的世界，国家平等，相互信任……安全得以实现，文明的多样性得以维持……孩子们能接受良好的教育……家庭可以拥有美好的生活……总之，"中国梦"给中国人民乃至全世界带来了诸多好处。

韩礼德（Halliday 1985: 3）指出语言是社会符号，它将社会结构符号化，有目的地帮助语篇建构社会意义。而在社会建构主义基础上的语篇研究更多的是侧重发现语言在建构世界、重塑现实时所具有的功能或是效果（刘立华 2009: 53）。本文对"中国梦"新闻语篇的分析，也是探究语言在社会意义建构中如何发挥作用的。而"中国梦"英语社论新闻阐释的社会意义在于，它将中国社会发展的思想精髓融入语言之中，并传播和谐理念。借助这个特殊的语言符号，"中国梦"将引导中国人民探索出全新的发展模式，也将中国的发展成果惠及世界经济、政治和社会等各个方面。而且，它有助于国家借助语言文化的软实力，提升中国特色社会主义的文化自信，建设富强、文明、和谐的社会，并以文化软实力带动社会的发展。

四、结语

本文以评价理论为框架，重点探究"中国梦"英语新闻语篇中评价主体积极态度的建构过程；借助语料库工具进行检索统计，在定量分析基础上，从词汇、句法、语义、修辞、音韵不同层次对新闻中显性和隐性态度资源进行定性分析，探究中国主流媒体如何从语言不同层面诠释"中国梦"内涵，向社会传递正能量。研究发现，态度资源以鉴赏和判断居多，以显性和隐性手段共同建构评价意义和语篇的社会价值，并在具体语境中相对客观地表达了中国在和谐理念指导下的价值观念，体现了新闻语篇的评价性特征。同时，大量正面评价性语言营造了"中国梦"阐释类新闻语篇的积极语言环境，传递了中国发展的积极意义；此外，显性词汇评价和隐性的句法、语义、隐喻、音韵等评价手段共同体现评价主体、客体和读者之间的和谐社会关系。结合定量和定性分析，语篇着力重塑"中国梦"这个充满正能量的梦之形象，运用元语言等语言策略对其内涵进行充分阐释，为世界各国诠释具有中国特色的、富强、文明、和谐、美丽的"中国梦"内涵，为读者带来积极心理暗示，发挥语言的社会性作用，借助语言文化的软实力带动社会的发展进步。

本文主要从评价系统中的态度视角分析"中国梦"新闻语篇的积极话语意义和内在实质。今后的研究将进一步从评价理论的其他子系统入手，或从语用、修辞、认知等语言学视角切入，并结合英美不同媒体的新闻语料，尽可能客观地对比研究"中国梦"语言符号。

（本文原载于《天津外国语大学学报》2016 年第 4 期，34-39 页。收录于本文集时略有改动。）

参考文献

Gee, J. P. 2011. *An Introduction to Discourse Analysis: Theory and Method* (3rd ed.) [M]. London: Routledge.

Harris, Z. S. 1952. Discourse analysis [J]. *Language*, 28: 1-30.

Halliday, M. A. K. & Hasan, R. 1985. *Language, Context, and Text: Aspects of Language in a Social-semiotic Perspective* [M]. Geelong, Vic.: Deakin University Press.

Martin, J. R. & Rose, D. 2003. *Working with Discourse: Meaning Beyond the Clause* [M]. London: Continuum.

Martin, J. R. & White, P. R. 2005. *The Language of Evaluation* [M]. New York: Palgrave Macmillan.

Martin, J. R. 2004. Positive discourse analysis: Solidarity and change [J]. *Revista*

Canaria de Estudios Ingleses, 49: 179-200.

Lemke, J. L. 1992. Interpersonal meaning in discourse: Value orientations [A]. In Davies, M. & Ravelli, L. (eds.). *Advances in Systemic Linguistics: Recent Theory and Practice*[C]. London: Pinter.

黄会健、冷占英、顾月秋. 2007. 话语分析的建设性转向——从批评话语分析到积极话语分析[J]. 浙江工业大学学报，1: 1-5.

胡壮麟. 2009. 语篇的评价研究[J]. 外语教学，1: 1-6.

胡壮麟. 2012. 积极话语分析和批评话语分析的互补性[J]. 当代外语研究，7: 3-8.

胡文辉、余樟亚. 2015. 语言评价理论的哲学基础[J]. 江西社会科学，7: 31-35.

刘世铸. 2007. 态度的结构潜势[M]. 北京：中国社会科学出版社.

刘世铸. 2010. 评价理论在中国的发展[J]. 外语与外语教学，5: 33-37.

李战子. 2001. 功能语法中的人际意义框架的扩展[J]. 外语研究，1: 48-54.

刘立华. 2009. 社会建构主义视角下的话语分析[J]. 西安外国语大学学报，2: 51-53.

刘世生、刘立华. 2012. 评价研究视角下的话语分析[J]. 清华大学学报，2: 134-141.

王振华. 2001. 评价系统及其运作——系统功能语言学的新发展[J]. 外语教学，6: 13-20.

王振华. 2004. "硬新闻"的态度研究——"评价系统"应用研究之二[J]. 外语教学，5: 31-36.

杨信彰. 2000. 《话语分析入门——理论与方法》导读[M]. 北京：外语教学与研究出版社.

朱永生. 2003. 话语分析五十年——回顾与展望[J]. 外国语，3: 43-50.

朱永生. 2006. 积极话语分析——对批评话语分析的反拨与补充[J]. 英语研究，4: 36-41.

朱永生. 2009. 概念意义中的隐性评价[J]. 外语教学，4: 1-5.

张德禄、刘世铸. 2007. 形式与意义的范畴化——兼评《评价语言——英语的评价系统》[J]. 外语教学与研究，6: 423-427.

詹全旺. 2006. 话语分析的哲学基础——建构主义认识论[J]. 外语学刊，2: 14-19.

"中国梦"的话语传播

基于语料库的
新浪微博"中国梦"话语分析

钱毓芳　黄晓琴　李茂
（浙江传媒学院话语与传播研究中心）

摘　要：本研究以新浪微博为平台，借用语料库研究方法，从民众的层面探讨了"中国梦"话语体系的特征。研究发现，"中国梦"话语体系具有发散性、解构性和重塑性的特征。在此基础上，本文挖掘了"中国梦"话语传播的启示，旨在为实现"中国梦"的话语力推波助力。

关键词：中国梦；新浪微博；话语特征

一、引言

2012 年 11 月，习近平总书记在参观《复兴之路》展览时提出了"实现中华民族伟大复兴"的伟大梦想。习近平总书记对"中国梦"的深情阐释，引发了广泛共鸣。两年来，"中国梦"由一个新词、一个新概念，逐渐成为凝聚中国奋进的精神力量，成为新一代领导人的执政理念和实现民族复兴的话语体系，并在国际舞台上产生反响，彰显出中国在未来发展道路上实现腾飞梦想的民族力量和决心。

二、新浪微博"中国梦"话语特征分析

本研究在搜集数据方面采用的是分层抽样的方法，选取十八大后一年中每个月的 10 天时间在新浪微博上有关"中国梦"微博作为一个样本分类。样本选取时间为每月 8 至 17 号。再在每一个样本分类中，抽取前 200 条微博内容作为分析样本。本库总共达 274260 字。本研究凭借 Wordsmith 4.0 语料库工具，通过词频统计、索引分析、搭配网络、主题词等语料库技术对该专用语料库进行观察和分析，识别"中国梦"话语建构的含义和特征。

2.1 语料库分析和解读

2.1.1 词频统计

笔者首先将词表统计限定为两个字结构，得出新浪微博语料库中排名前二十的词语图表。由于本研究搜集的是"中国梦"相关文本（见图一），因而出现频率最高为"中国"（4664 次）。除去中国一词，我们（687 次）、人民（490 次）、梦想（487 次）、国家（409 次）、机构（340）、活动（336）、青年（320）、青春（302）、个人（251）等，高词频几乎都是名词，说明民众通过自媒体的平台发布"中国梦"相关态度和看法，多是在接受了其他大众媒介和现实信息环境的影响之后做出的，对于"中国梦"的建构显得被动一些。相对而言，"中国梦"这一议题真正意义上的大面积传播还是一种自上而下的形式，从国家上层建筑，经由主流媒体，传播至受众；再经由受众识知、内化，才有了社交媒体上大规模话题。

		Word	Freq.	%	Texts	%	Lemmas	Set
1		#	5,239	3.30	1	100.00		
2		中国	4,664	2.93	1	100.00		
3		实现	765	0.48	1	100.00		
4		我们	687	0.43	1	100.00		
5		认证	508	0.32	1	100.00		
6		人民	490	0.31	1	100.00		
7		梦想	487	0.31	1	100.00		
8		一个	448	0.28	1	100.00		
9		国家	409	0.26	1	100.00		
10		机构	340	0.21	1	100.00		
11		活动	336	0.21	1	100.00		
12		伟大	322	0.20	1	100.00		
13		青年	320	0.20	1	100.00		
14		就是	317	0.20	1	100.00		
15		复兴	308	0.19	1	100.00		
16		青春	302	0.19	1	100.00		
17		社会	281	0.18	1	100.00		
18		个人	251	0.16	1	100.00		
19		民主	246	0.15	1	100.00		
20		奋斗	245	0.15	1	100.00		

图一　新浪微博语料库词表统计

对新浪微博语料库进行同样的词频统计后可以看出，微博用户多基于独立个体层面阐释对于"中国梦"认知。我们（687次）、人民（490次）、青年（320次）、青春（302次）、个人（251次）、奋斗（245次）这些出现更频繁的词汇不仅从表面上反映了参与讨论"中国梦"的微博用户年龄层次偏向年轻化、个人化，也从深层次反映民众在认知"中国梦"过程中，更多是将其与自身社会化成长奋斗联系到了一起，加重其中的代入感，表达自我。新浪微博里，国家（409次）、社会（281次）、人民（490次），以及个人（251次），同样形成了"国家-社会-个人"这样一个完整三维主体链；同样对机构（340次）、伟大（322次）、复兴（308次）等宏大层面的意义符号进行了表达。这一方面是公众主动参与政治生活的体现，另一方面也是民众对国家宏大命运的关注。

从新浪微博"中国梦"文本中词频词表统计表（表一、表二、表三）中，我们注意到中国十八大召开后，新浪微博上关于"中国梦"的讨论便开始急速上升，成为一个热门话题。

表一　2012年11月至2013年2月新浪微博"中国梦"文本中词频词表统计

的（2827）	中国（1379）	梦（1254）	是（676）
我（665）	了（495）	在（459）	人（425）
新（357）	有（334）	一（327）	和（327）
不（283）	我们（272）	一个（254）	梦想（242）
博（228）	实现（217）	都（200）	微（193）

表二　2013年3月新浪微博"中国梦"文本中词频词表统计

的（522）	中国（386）	梦（370）	是（134）
习（121）	人（112）	人民106	有（102）
我（97）	了（86）	实现（84）	一（77）
博（75）	我们（73）	在（70）	微（65）
机会（62）	两会（61）	平（56）	近（54）

表三　2013年4月至2013年11月新浪微博"中国梦"文本中词频词表统计

的（4077）	中国（2899）	梦（2701）	是（887）
在（860）	不（855）	了（841）	我（814）
新（578）	为（546）	一（518）	人（514）
和（484）	实现（464）	有（401）	浪（370）
微（364）	博（360）	我们（342）	认证（333）

集合新浪微博作为社交媒体的特点，网友对于"中国梦"的建构更多是从独立个体、自我层面出发，所希冀的"中国梦"的实现也是以"我（665次）"为主。例如：

（1）再见雨哲：我的中国梦：社会安定，人心平静，每一个国民都不再把挣钱多少作为衡量一个人成功与否的标准，都能接受系统的高等教育或职业教育，社会尊重人，尊重人才和知识，能够提供法治的环境、公正的平台，国民老有所养，幸福自由。

（2）法律人董华春：有人演戏我看戏，这些天我看戏很开心。

我就是一个单纯的孩子，依然相信公平、正义、民主、法治、文明、进步、道德、良知……这是一个被幻想了几千年的"中国梦"，中国人有权利实现并拥有它。"美国梦"很好实现，我们已经超越了那个阶段，现在，是该为"中国梦"打拼的时候了。

（3）一路上扬 2011：我的"中国梦"：上学不交费，看病全免费，住房不再是累赘，政府多减税，加班能拿到加班费，食品不再有勾兑，领导不再有高消费，希望所有监管都到位。

与上一阶段相比，2013 年 3 月份内，与"中国梦"相关的话题传播，除了上一阶段也常规有的一些词汇，更多是与当时时政新闻事件密切相关。两会（61 次）、机会（62 次）这两个词频焦点的出现，可以从更深层次看出民众对于全国两会中讨论的内容，以及对于"中国梦"议题，整体上是更为积极向上的情绪。这也体现了受众对新闻信息接收的期待性与选择性。接受，是对一种事物和观念的容纳，又指接触信息传播后可能产生的反映。全国两会上包括"中国梦"的各种信息经由媒体大面积传播后，受众在有选择性之后进行信息二度创作，借由自媒体进行相应的表达。新浪微博作为民众的舆论平台，在整体上是表现出积极的情绪。例如：

（4）爱一曲鸳鸯戏水：【"中国梦"】"中国梦"——是让每一个积极进取的中国人，形成世世代代的信念：只要经过努力不懈的奋斗就能获得更好的生活，必须通过自己的勤奋、勇气、创意和智慧实现崛起，而非依赖于特定的社会阶级和他人的援助。实现条件：自由、平等、民主以及实现自己梦想的机会和权利等。梦——引导人积极向上的原动力！

（5）Miss 高小尚：#两会#：两会成功落幕了，作为基层的老百姓，期待惠民新政尽快落实到位。让看病更容易，让食品更放心，让交通更顺畅，让环境更优美，让人民更幸福，"中国梦"变成了现实！希望大家在大街上见到摔倒的老人一定要扶，因为我始终相信良心……

2.1.2 索引分析（Concordance）

一个索引行是处在文本环境中的词语型式的集成显现，其最简单的型式即是一个基础索引（Index）。每一个词语型式都是可以进行索引的，索引行则可以给出每一个词语型式在文本中出现地方的参考。本研究参考的索引行是 KWIC（Key Word in Context），即语境中的关键词。近年来，KWIC 型式已经被广泛运用于数据处理中，它省去了研究者为找寻词汇出现而花掉的大量时间。我们可以从索引行中观察到说话或写作者的态度。索引行还可以给研究者带来高频词表中不易察觉的低频词汇，这些低频词汇有时给研究人员带来意想不到的线索。

在索引行中，"中国梦"更为突出了"自己的""我们的""我的""你我的"这几个"第一、二人称代词＋的"型式，并对上下文进行检索，这个型式的出现更为显著。这一发现说明微博用户所构建的"中国梦"话语更加主观化、个人化和具体化。这是因为，其一，新浪微博的用户是单独利用自己的微博账号，在这个平台上发表自己的态度观点，可以说是网民的个人信息发布-传播平台，则与"中国梦"有关联的信息必然与自我高度相关。其二，这也反映了受众在认知"中国梦"时，更多地在用个人社会化的视角，探查"中国梦"之于自己是什么，之于社会层面的大家又是什么，并给出自己的看法和希冀。笔者因此再对新浪微博的这个索引行的搭配列表（Collocates）中的词语型式（Patterns）做了进一步观察。图二反映出微博民众从自我层面予以"中国梦"最大限度的讨论，并在此基础上表达了想实现"中国梦"的愿望。

	Word	With	Relation	Total	Total Left	Total Right	L5	L4	L3	L2	L1	Centre	R1	R2	R3	R4	R5
1	梦	中国梦	0.000	3,928	291	3,637	48	46	66	40	91	0	3,228	16	149	118	126
2	中国梦	中国梦	0.000	3,324	0	0	0	0	0	0	0	3,324	0	0	0	0	0
3	的	中国梦	0.000	2,144	1,449	695	136	103	127	81	1,002	0	0	240	134	154	167
4	我	中国梦	0.000	848	634	214	26	33	33	534	8	0	0	123	35	22	34
5	实现	中国梦	0.000	549	429	120	59	43	33	22	272	0	0	28	30	45	17
6	中国	中国梦	0.000	521	230	291	41	73	57	54	5	0	0	73	41	123	54

图二　新浪微博语料库"中国梦"词语型式

2.1.3 "中国梦"搭配网络（Collocations）

由于目前基于语料库对媒介话语进行的研究中，尚未形成约定俗成的搭建规则，因而，本研究借鉴了钱毓芳（Qian 2010）采用的词汇网络搭建方式。即以搜索的关键中心词为一级核心（用黑粗体表示），通过语料库索引行（Concordance）功能中的搭配（Collocates）统计功能，提取出与该一级核心词紧密相关的搭配词，形成二级核心词（用细体表示）；然后，再统计二级核心词的搭配词，从而形成相关三级核心搭配词（用斜体表示），由此组成搜索关键中心词的搭配网络。

从图三可以看出，新浪微博的倾向性更加明显，用户在特定的积极情绪下，表达出了在目前经济高速发展的今天，社会个体更渴望自上而下的社会议题在个人的社会化发展过程中有更多助力和得益。

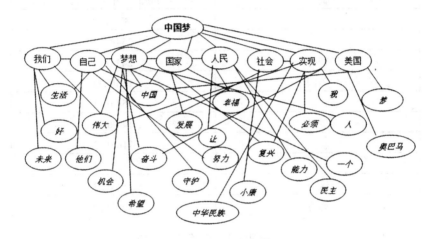

图三　新浪微博语料库"中国梦"搭配网络

正如图中所示，微博用户带着自我的观点，甚至在与"美国梦"做了一定的比较之后，将"中国梦"理解为在自己的生活中，通过个人努力和奋斗，未来过上幸福生活的过程。民众在自我关于"中国梦"的构建顺序是这样展开的：当个体层面的社会化发展有了更好的趋势，整个国家宏观层面也会更好。也就是说，个人结合自我生活体验和生存体验的基础上，理解国家议题；在对议题进行内化和再处理过程中，自我意志的渗入，又将整体观感从话题中剥离出来，形成了独特的自我表达。

2.1.4 主题词统计分析（Keywords）

根据钱毓芳（2010）的定义，主题词指在和参考语料库（Reference

Corpus）比较时统计出的具有特殊词频的词。如果说词表统计（Wordlist）是分析单个话语文本语料库中出现频率最高的词句的话，则主题词统计分析是和某一标准（参照语料库）相比，呈现出特殊频率的词。

从表四至表六中可以发现，新浪微博 3 个阶段的重要聚焦点可谓泾渭分明。

表四　新浪微博 2012 年 11 月 2013 年 2 月主题词

词语	频率（Freq.）/相关百分比（%）
中国	1379/2.75
一个	254/0.51
梦想	242/0.48
美国	165/0.33
认证	154/0.31
复兴	144/0.29
就是	116/0.23
自己	115/0.23
这个	114/0.23
南方	100/0.20

表五　新浪微博 2013 年 3 月主题词

词语	频率（Freq.）/相关百分比（%）
中国	386/3.84
人民	106/1.05
实现	84/0.83
机会	62/0.62
两会	61/0.61
梦想	42/0.42
就是	36/0.36
每个	35/0.35
人生	33/0.33
总理	25/0.25

表六　新浪微博 2013 年 4 月至 2013 年 11 月主题词

词语	频率（Freq.）/相关百分比（%）
中国	2899/2.94
认证	333/0.34
活动	322/0.33
青春	256/0.26
机构	243/0.25
青年	238/0.24
主题	188/0.19
共青团	178/0.18
大学	164/0.17
学院	159/0.16

　　十八大召开后，随着逐渐增多的关于"中国梦"的信息，微博民众大多紧随"中国梦"谈论"梦想"，并且与"美国梦"做相应对比，以社会个体的自我身份来阐释对"中国梦"的定义。例如：

　　（6）朱梦研：#感悟十八大·青春正能量#每个人都有理想和追求，都有自己的梦想。现在，大家都在讨论"中国梦"，我以为，实现中华民族伟大复兴，就是中华民族近代以来最伟大的梦想。这个梦想，凝聚了几代中国人的夙愿，体现了中华民族和中国人民的整体利益，是每一个中华儿女的共同期盼。

　　第二阶段是全国"两会"召开时期，新浪微博中"两会""机会""梦想""人生"等主题词的增加，可以说是微博民众对于全国"两会"最直接的反馈。除了热烈讨论之外，是从自我认知结构中肯定了这些关于"中国梦"的论述，亦把这个阶段认为是"机会"所在，真正实现梦想。而第三阶段则可以看出，是在经历 2013 年 3 月份"中国梦"大面积讨论之后的降温。"活动""青年""机构""青春""主题""共青团"等主题词的出现，一则是在全国"两会"之后，相关机构学习"中国梦"自上而下的精神的活动，多以"大学""学院"为主；二则是"中国梦"的具体讨论减少。

从以上几个部分的具体数据分析中，不难看出，尽管微博碎片化的传播方式和"把关人"的缺失，但这并没有影响在国家宏观层面，即民族复兴、国家发展上的"中国梦"话语的重合，在这一维度上是吻合的。同时，微博这一社交媒体上的话语文本又强烈地充斥着自我意识和个体角度的发言。

三、新浪微博"中国梦"话语特征

3.1 发散性

作为自上而下的社会议题，"中国梦"在媒体传播之后，在民众中产生了很大反响，因而才会在新浪微博中出现如此之多的话题讨论。新浪微博中"中国梦"话语构建很大程度是受到了公民意识发展的影响。公民对于公民身份理论的认识和把握，以及把公民身份所强调的各种权利和义务内化为公民自身的行为准则，成为自身思想当中稳定的自觉行为。这种公民意识的崛起，对"中国梦"的话语构建产生作用。传播主体往往从自我的角度阐述一些观点和态度。这种传播不仅在思维上具有"发散性"的特点，在内容上更加碎片化。话语的意义不再是单一的，而是从多维的角度去建构话语。从新浪微博"中国梦"话语的阐述中，这种发散性的特点不仅表现在角度的转换和主题的深化上，而且更是表现在话语内涵的深度挖掘和表达的创新上。

3.2 解构性

微博本身是一种集信息传播获取分享和互动的新型平台，是用户可以随时随地通过手机即时通讯等方式更新博文、组建个人社区、关注目标对象、获取外界信息的信息平台。微博以其信息聚合、裂变、共享、扩散的特质已经使"日常生活媒介化，媒介生活日常化"。很显然，微博民众发表关于"中国梦"的想法和观点大多还是在传统媒体进行了铺天盖地的传播之后，继而在新浪微博进行自我的解读，从而使整体的"中国梦"话语环境更为复杂和多元化。这种自我解读使得话语呈现出一种分裂、解构的态势。新浪微博"中国梦"话语的自我解读和表述经常过分强调自我意识，是主流思想一种解构性的阐述，这种解读对国家思想舆论的管理、民心价值观的凝聚、道德文化的建设都提出了严峻考验。

3.3 重塑性

新浪微博即时性、碎片化的特点，从根源上影响了关于"中国梦"的话语。这种传播环境可以瞬间让所有用户都围绕"中国梦"主题进行发言，但热度退却后，却难以维系民众对于"中国梦"议题的后续性观感的展示，即很多都是点到即止的一次性构建。

当传统主流媒体从完全宏观的层面建构了关于"中国梦"的话语图景，受众获悉之后，自我生存体验又会把这种宏观语境减弱，凭借自身的认知框架内化和解构"中国梦"话语，进而最后进行"重塑"，并通过微博平台加以发布。

但是，近几年这种自我意识又走向了另外一个极端。"后把关人时代"网络呈现的个体话语更加个人情绪化和随意化。个体通过媒介即时地传递生活体验的表象呈现话语，而这个话语是个体自我的情绪性话语，是一种纯粹的个人主观情绪的张扬。不可否认，微博中出现了一些关于"中国梦"的消极情绪的言论，是一种极端个人化的生存体验的表达，其实还是缺乏了一定的理性和延续性思考。这些都会对"中国梦"话语整体建构产生相应影响。

四、新浪微博"中国梦"话语传播启示

新浪微博作为即时讯息传播媒介，碎片化信息发挥出核裂变式快速传播威力，这种信息传播速度和舆情引爆能力是以往任何一种传播媒介都无法企及的。并且，微博使用者与讯息的时刻伴随性和参与性，更会加大信息的叠加效应（如图四所示）。这种新媒体的传播特质决定了关于"中国梦"信息文本井喷式出现完全与重大新闻事件同时空下酝酿。在媒体大面积"中国梦"文本传播之后，从认知"中国梦"文本、到内化"中国梦"文本，在经历媒体的大篇幅新闻文本的重复强调之后，新闻文本将成为被人"内化"的主体，这次的"内化"主体是受众。受众在选择性地解读文本之后，在态度和行为上产生一定的变化。新浪微博具有这种解构和重塑的话语特点，在解构和重塑的过程中，"中国梦"的主体价值观会得到快速弘扬，有助于国家软实力建设的正能量能够得到快速撒播。然而，由于微博的传播主体的复杂性和多样性，使得传播的内容具有不可控性，一些负面的观点和未经证实的信息也会到处传播。因此，构建一种新型的、可接受的"中国梦"话语体系，传播正能量将是重中之重的任务，是每一个媒体人的努力方向。

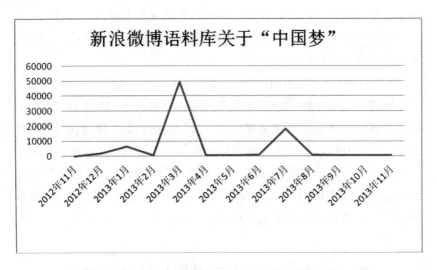

图四 新浪微博语料库关于"中国梦"分布趋势

显然可见，"中国梦"是一个非常有生命力、震撼力的概念，体现了新一届中央领导集体的执政理念和执政方略，是建设中国特色社会主义发展道路上的智慧结晶。我们相信，随着不断践行和发展，"中国梦"这一中国特色语境下的发展理念，必将更加深入人心、鼓舞人心、振奋人心。但是，就目前从新浪微博"中国梦"话语研究数据分析，在民众层面，"中国梦"的意义还是比较"离散"，缺乏老百姓理解和表达的核心意义。因此，我们认为，无论从传播形态和传播内容上，"中国梦"的传播都要以下几个方面为目标。

第一，形成一种以传统文化为底蕴、以民族复兴为内涵的"中国梦"话语优势。任何一种没有文化底蕴和价值诉求的梦想都是不易被理解，被实践的。中华几千年文明史传承的智慧和光芒，在工业高度发展的信息化时代得到日益彰显和弘扬。世纪之交，江泽民同志在中华世纪坛发表 2000 年贺词时郑重提出：中华民族将在完成祖国统一和建立富强民主文明的社会主义现代化国家的基础上实现伟大复兴。时至今日，实现民族复兴的"中国梦"可谓水到渠成、势所必然。习近平总书记提出的中华民族伟大复兴的"中国梦"是新一代领导人的智慧的结晶，这种以中华传统文化为载体，以国家富强、民族振兴、人民幸福为时代主题的话语优势推动了社会主义核心价值观的形成，必将引领时代的发展和中国的腾飞。

第二，形成一种通俗、清新、自然和友好的"中国梦"话语表达。"中国梦"是中国共产党人高远的政治理想和执政理念高度浓缩。在实现"中国梦"的旗帜下，跟随亿万坚定的筑梦者，但是在这个实现理想的道路上到处充斥着一些不同的声音。从新浪微博"中国梦"的话语分析中，我们看到了民众自下而上的解读和诉求。这就要求我们，在表达主体思想和理念的时候要更加注重话语的表达模式和实现路径。用老百姓听得懂、记得住的语言，表达全国各族人民的共同期盼和理想，用一种通俗、清新、自然和友好的"中国梦"话语表达赢得越来越多的人心。

第三，构建一种大众化、现代化和国际化的"中国梦"话语风格。中国的发展史就是一部充满着血泪的苦难史。我们经历了苦难的历程，迎来了实现全面小康、开启现代化征程的新阶段。习近平同志站在这个划时代的时刻，提出实现"中国梦"这一重要战略思想。实现"中国梦"，前提是民族复兴、国家富强，本质上是要实现现代化，提高人民的福祉。因此，"中国梦"的思想要和时代潮流、国际风云、人民愿景紧密融合，"中国梦"的话语要具有超强说服力、感染力、影响力，形成中国特色、中国气势的话语风格，宣传和谐世界理念，不断推进构建和谐世界进程，不断强化中国话语权。

第四，构建一套具有民族特色，能够世界融通的"中国梦"话语体系。"中国梦"以实现人们的福祉为目标，它既是属于中国的，也是属于世界的，既是十三亿人民的梦想，也是世界人民的共同追求。它融合了世界各国人民合理、积极的梦想追求，与世界各国人民的美好愿望相通。我们要构建一种与时俱进的话语体系，用外国人听得懂、听得进的语言，大力介绍和宣传中国在经济社会文化建设方面所取得的巨大变化，让世界人民理解中国必将为人类和平与发展的崇高事业，为建设一个持久和平、共同繁荣的和谐世界做出更大贡献。

（本文部分内容原载于《对外传播》2015 年第 1 期，59-61 页。收录于本文集时题目和内容有改动。）

参考文献

Qian, Yufang. 2010. *Discursive Constructions Around Terrorism in the People's Daily(China) and the Sun(UK) Before and After 9.11: A Corpus-based Contrastive Critical Discourse Analysis* [M]. Oxford: Peter Lang.

Scott, M. 2014. *Word Smith Tools Help Manual Version 6* [S]. Oxford: Oxford University Press.

钱毓芳. 2010. 语料库与批判话语分析[J]. 外语教学与研究，3: 198-202.

"中国梦"的话语体系构建和全民传播
——兼论宏大叙事与平民叙事的契合与背反

周忠元　　赵光怀

（临沂大学传媒学院）

摘　要："中国梦"作为一个特定文化符号，它在构建中国政治、哲学、文化等意识形态话语体系的过程中，既展现出宏大叙事的国家富强、民族复兴的战略意义，又在平民叙事的语境中传达出民生幸福、愿望成真的现实追求，在宏大叙事与平民叙事两种不同话语序列生成和全民传播的过程中，既总体上展现出积极向上的契合精神，也不可避免地在局部呈现出消极背反的现实效应，在全民传播过程中必须要处理好宏大叙事与平民叙事的话语转换和连接。

关键词：中国梦；宏大叙事；平民叙事

2012 年 11 月，习近平总书记在参观中国国家博物馆举办的《复兴之路》展览之后，首次提出要建设强大的社会主义现代化新中国的"中国梦"[1]。此后，他多次对"中国梦"做出更具体、深入、全面的阐述，提出"实现中华民族伟大复兴的中国梦，就是要实现国家富强、民族振兴、人民幸福"。"中国梦是民族的梦，也是每个中国人的梦。" 2013 年，"中国梦"作为国家战略层面的语词概念，在全球范围内迅速传播，并成为 2013 年十大流行语之首[2]。

与此同时，不同领域、学界的学者也纷纷从政治学、社会学、文化学等研究视野对其内涵本质、文化功能、实现途径、社会意义及世界影响等方面进行研讨。而在笔者看来，"中国梦"作为一个特定的文化符号，它在构建中国政治、哲学、文化等意识形态话语体系的过程中，既展现出宏大叙事的国家富强、民族复兴的战略意义，又在平民叙事的语境中传达出民生幸福、愿望成真的现实追求，在宏大叙事与平民叙事两种不同话语序列生成和全民传播的过程中，既总体上展现出积极向上的契合精神，也不可避免地在局部呈现出消极背反的尴尬声音。因此，将"中国梦"的话语构建放到传播学、社会学的视域下进行梳理、判断和分析，可以更好地为"中国梦"的传播和实现提供有益的理论支持。

一、宏大叙事："中国梦"话语体系构建的理论基石

所谓"宏大叙事"是指以其宏大的建制表现宏大的历史、现实内容，由此给定历史与现实存在的形式和内在意义，是一种追求完整性和目的性的现代性叙述方式（邵燕君，2006）。一般说来，处于某种特有文化背景下的宏大叙事话语总有某种一贯的主题叙事，且常常与特定时代的意识形态联系在一起，体现出总体性、宏观性、共识性、普遍性等独特的外在特征和精神内涵。由此而论，"中国梦"的提出完全符合宏大叙事的表征功能和审美内涵。

1. 从"中国梦"话语体系构建的逻辑基点来看，在社会主义中国，"中国梦"代表的是国家主义、民族主义、集体主义。中华民族悠久的历史，对于家国合一理念的传承熔铸了特有的宏大叙事思维方式，再加上近代历史的风云变幻以及国家意识形态的主观需求等，构成了"中国梦"生成的内在动因和逻辑基础。正如习近平主席所说："实现中华民族伟大复兴，就是中华民族近代最伟大的中国梦。因为这个梦想，它凝聚和寄托了几代中国人的夙愿，它体现了中华民族和中国人民的整体利益，它是每一个中华儿女的共同期盼。"（习近平

2013: 40）而作为一个国家的集体梦想正是对其自身生存意义、生存方式的宏大叙事和构想，体现着一定时空下，这个国家特有的文明体系或文明模式。任何一个文明国家都有自己蕴涵独特而又外向发散的话语体系，话语体系不仅是话语权的展现载体，更是国家形象、实力和发展道路的折射与缩影。从其理论生成的文化土壤而言，"中国梦"最为根本的独特性恰恰在于中国的社会主义属性，中国的现代化道路选择了中国共产党作为这一历史任务的领导者，并且将共同富裕作为中国发展道路的目标取向，社会主义的目标和共产主义的理想始终是中华民族复兴之梦的底色和根本出发点。这显然与"美国梦""欧洲梦"的出发点不同，"美国梦"的叙事话语从"个人梦"视角展开，它是建立在个人成功与财富基础上的个人梦想，它强调自由主义、个人主义、实用主义、征服主义，在逻辑判断上，它永远只能是"某些人"的梦而不可能是"所有人"共同的梦，它在追求个体成功的同时也造成了严重的社会失衡，是一种无法让整个国家和民族的所有人普遍享有的梦想；"中国梦"的构建也不同于"欧洲梦"，"欧洲梦"更加关注的是个人的生活质量与社会可持续发展的相互依存关系，它在宏大政治话语体系构建的背后，捍卫的是以个人主义为中心的完整的生活体系，其宏大叙事的声音是一种"在场的缺席"，"个人叙事"才是真正的主体。而"中国梦"无论从逻辑出发点还是终极目标的追求，无时不在体现着国家富强、民族复兴这一宏大叙事的话语本色。

2. 从"中国梦"话语体系构建的历史结构来看，"中国梦"是在近代以来民族国家不断强化格局下中国的"国家梦"和中华民族的"民族梦"，她深刻记录着中华民族从饱受屈辱到赢得独立解放及和平发展的历史轨迹。"中国梦"的提出是在延续着民族文化传统过程中完成了历史文明与社会主义现代化的融合。任何一种宏大叙事都是一种历史性深化结构，这种叙事结构往往呈现连续性、承继性而避免断层性，传统中国社会形成的"天下为公""民为邦本""忧以天下，乐以天下"的话语精神始终在形塑着中国人的理想底色，并成为"中国梦"话语体系构建的基础精神内涵。因此，在主题性、目的性、连贯性和统一性等层面，"中国梦"都体现出与宏大历史叙事相吻合的审美特质。正如金元浦（2013：48）所说："中国梦是中国人的民族集体记忆和中国历史、特别是近代苦难史和民族解放史的集中表述，是全体人民当下生存实践、生活现实、发展状况和社会变革的生动写照，是中国发展目标、民族共识和中国道路的新规划蓝图，体现了中国政治、中国哲学、中国文化、中国社会的当代关切。中国梦不仅是中国文化精神、哲学基础和理想色彩的集中展现，也是中国思想、中国精神、中国智慧的高度凝练的形象化展现，具有多元汇一的丰富内涵和鲜明的实践特征。"由此而论，"中国梦"话语构建是中华民族多年来集体的记忆，是整个国人凝聚的共识，在其历史结构特质上彰显着宏大叙事话语的特色。

3. 从"中国梦"话语体系构建的传播机制来看，"中国梦"首先是以宏大叙事的政治言说方式自上而下进行宣传、贯彻和执行的。任何宏大叙事话语的提出和传播总是与历史发展规律及政治家对于这种规律的探索、认识紧密相连，一个具有强烈的政治文化色彩的话语体系构建，总是隐含着使某种世界观普世化、权威化、合法化的本质要求。新一届中央领导人代表中华民族提出了"中国梦"的概念，它是我们国家、民族文化中宏大叙事最有影响力、渗透力、号召力和凝聚力的代言人。十八大后，"中国梦"一词之所以迅速进入官方语汇，成为新的历史时期的国家战略概念和核心性施政理念，正是在于这一词汇作为一个时期中华民族发展历史性和战略性的文化符号，具有权威性、全民性和普世性的责任担当和价值追求，从而被迅速广泛用于国内经济社会发展与民生建设等各个领域，形成全民传播的大好局势。在国际舞台上，"中国梦"又是我们国家民族在当今世界民族国家系统中的自我身份构建和确立话语权的表征。习近平总书记在 2013 年全国宣传思想工作会议上的重要讲话中指出："要加强话语体系建设，着力打造融通中外的新概念新范畴新表述，增强在国际上的话语权。""中国梦"话语体系的构建和提出符合我们国家新的话语体系建设的需求，是我们国家在国际舞台上确立话语权的行动践行和最好注脚。因为在当今经济全球化的时代，谁的话语体系更具道义感召力和思想穿透力，谁就拥有国际话语权。

二、平民叙事："中国梦"话语体系构建的传播策略

作为一个充满时代气息的话语符号，"中国梦"既是一种国家富强、民族复兴的美好愿景，同时也是一种全民行动、共同奋斗的行为目标。如何科学建构"中国梦"话语体系，使其根植社会民意，直面社会现实，承载文化传统，突破发展瓶颈，是"中国梦"提出之后必须面临和解决的问题。

德国马克思主义思想家恩斯特·布洛赫（Ernst Bloch）在他的梦的哲学——"希望哲学"理论中曾经说过："期待、希望、向往，走向尚未实现的可能性的意向，这不仅是人的意识的根本标志，而且当它们被正确地理解和把握的话，也是整个客观实在内部的一个决定性因素。"（金元浦 2013: 49）作为宏大叙事的"中国梦"在现实语境下进行弘扬、传播，它很难避免被抽象化、理论化，甚至带有政治化、说教化、权力化的特征。然而就接受者的社会民众而言，广大公众不仅仅要将"中国梦"作为国家和民族的宏大理想看待，在现实空间和各种不同场域中，作为符号和概念的"中国梦"也常常要求具象化、通俗化、故事化、生活化，才能在符号的编码、解码和再编码的过程中剥离出其最为本质最为丰富的精神内涵。"中国梦"只有在植根于平民话语叙事策略的构建和传播的文化境遇中，它才遮蔽其抽象化的理念、说教化的吁求，在一个个生动具体的"个体梦"的追逐中具有鲜活的生命力。换句话说，只有将代表民族国家的"中国梦"这一文化符号转化成十三亿个社会主体的"中国梦"现实，"中国梦"旨归才能形成全社会的共识和普遍价值，才能体现其意义共享和全民传播的美好愿景。这就需要平民叙事的话语构建来完成对"中国梦"的解读、接受和传播。因此，在平民化叙事的文化语境中，"中国梦"话语体系的构建呈现出如下的叙事传播策略：

1. 话语主体的个体化。作为梦想，中华民族的伟大复兴不会凭空实现，必须依赖于一定主体——国家、社会、个人的担当。从宏大叙

事的角度而论，"中国梦"的话语主体是国家、社会，从平民叙事的角度而论，"宏大叙事"的"中国梦"也是"具体而微"的个人梦，最终由一个个鲜活生动的个体梦想汇聚而成。换句话说，"中国梦"在现实空间和不同场域中是具象的，会被社会大众赋予不同的生成意义，形成公众各自不同的理解和阐释。习近平主席强调："中国梦是民族的梦，也是每个中国人的梦。"这是一种积小我而成大我的叙事逻辑。在这样一种叙事逻辑的转换过程中，作为社会公民的个体成为实现和践行"中国梦"最直接的话语叙事主体，个体的梦想成为国家梦想具体而微最接地气的现实载体。当梦想主体由国家社会转换成社会个体时，也就意味着实现梦想的话语权交给了由十三亿人民组成的社会公众，从而完成了从宏大叙事到平民叙事的话语权传递，当每个国民的梦想叙事汇聚成大气磅礴的"中国梦"叙事之时，其结局必将是国家和人民个体话语权的双赢。

2. 叙事视角的多元化。从"中国梦"的基本构成来看，"中国梦"包含着经济、政治、文化、社会、民生等众多维度，因此对"中国梦"话语的构建、阐释就可以从多个维度中展开，人们既可以高屋建瓴地从政治、文化等视角解读"中国梦"的意识形态诉求，也可以从社会、民生的角度关注平民的"中国梦"。此外，从社会公众解码、编码"中国梦"的路径来看，人们可以文学叙事、图片叙事、实物叙事，也可以音乐叙事、舞蹈叙事、影像叙事等。如诗歌《中国梦》《诗画中国梦》、歌曲《中国梦》、影视作品《我的中国梦》《东方中国梦》等，都成为弘扬和传递"中国梦"的有效路径，真可谓"条条道路通罗马"。2013年4月到11月，中央电视台通过中国网络电视台、央视新闻官方微博微信、复兴论坛等渠道，面向全球征集视频、音频、文字、图片，邀请观众通过拍DV和手机视频、发留言、写文章、拍照片等方式表达自己的"国家富强梦""民族振兴梦"和"幸福生活梦"，用朴素的画面、语言，分享追梦故事，畅谈圆梦历程，几乎让"中国梦"的叙事路径得以完整立体地覆盖。再次，叙事视角的多元化还表现在叙事主体的多元性。在平民化叙事语境下的"中国梦"解读、构建和传播中，其叙事主体既可以是工、商、士、农不同领域不同行业不同身份的人，也可以是从儿童到老年，从男性到女性，不同年龄、性别的人，在个体性叙事主体视角下的"中国梦"构建和解读，呈现出最为鲜活、最为真实、最为形象的"中国梦"。

3. 话语文本的故事化。说概念不如讲故事，越复杂问题的答案其实越应该简单平实、生动形象。在西方叙事学理论中，叙事模式往往是指在叙事作品中用于创造出一个故事传达者形象的一套技巧和文字手段。在今天媒体竞争如此激烈的时代，好的叙述方式能够在最短时间内抓住接受者的注意力，用平实的语言讲自己的故事远比照本宣科宣讲高深理论要更加务实、有效。要想让"中国梦"的弘扬和传播在最短的时间内达到最好的效果，故事化叙事是实现概念从抽象到具象、从理论到现实的最佳转译方式。在"中国梦"理论传播过程中，国家主席习近平率先打破传统的家国叙事、权力话语的政治叙事模式，选择独特的"习式故事"的讲述方式，赢得了国内外一致的赞誉和好评[3]。在"习式故事"叙事模式的引领下，故事化的叙事模式正在成为"中国梦"话语构建的主要载体。被誉为"中国人的年度精神史诗"的"感动中国"人物事迹，各类弘扬主旋律的影视作品、文学著作、公益广告，各种"最美"人物的系列报道……无一不是用形象、具体、生动的故事诠释着平民视野下"中国梦"的深刻内涵和精神家园。

三、"中国梦"双重话语体系构建的契合与背反

当"中国梦"被热捧为2013年最红火的话语概念时，围绕这一文化现象的弘扬和传播，就一直在宏大叙事与平民叙事两种不同话语序列的生成和交织中进行着，这既有作为社会个体对民族国家话语系统中的"中国梦"的观念认同与意义分享，亦有将"中国梦"作为符号具象化为个体"理想梦"的全民传播。那么，在这两种不同话语序列共同构建和传播的过程中，对"中国梦"的解读和接受是否就一定是"琴瑟相调、鸾凤和鸣"呢？

显然，宏大叙事与平民叙事的契合是"中国梦"全民传播过程中

的主流走向。代表国家意识形态的"中国梦"因其严肃性、规范性、权威性、宏大性的叙事特征，在其精神内涵的解读、弘扬和传播过程中，既需要代表国家意识形态的官方宣讲、专家学者阐释，更需要社会民间大众群体的主动接受、践行和传播。而如何完成"国家叙事"向"个人修辞"的转换就成为最为关键的环节。从目前发展的整体趋向来看，"中国梦"传播较好地完成了宏大叙事与平民叙事的契合。早在习近平同志提出这一伟大梦想时就特别强调，"中国梦是民族的梦，也是每个中国人的梦"，"中国梦归根到底是人民的梦，必须紧紧依靠人民来实现，必须不断为人民造福"。从其话语构建的逻辑起点上就为宏大叙事与平民叙事搭建了坚实的话语平台和话语土壤。只有在每一个社会民众的梦想实现的基础上，才能在更大范围内凝聚起全社会"中国梦"共识，丰富"中国梦"内涵，汇聚成实现"中国梦"的强大精神力量。其次，作为"中国梦"传播主要渠道和载体的大众传媒在其话语叙事和构建的过程中，也较好地完成了宏大叙事向平民叙事的转换。大众传媒不仅将抽象性、理论性、意识形态性浓厚的政治话语"中国梦"成功地进行了文化符号的解码，更在意义传递和再生的过程中完成对"中国梦"形象化、故事化、通俗化、艺术化的再编码，平民叙事为"中国梦"全民性的传播和接受提供立体化的传播路径的同时，也让"中国梦"在具象化的世界里让意义的生成和共享具备了无限可能性。十八大以后，主流媒体、大众媒体在"中国梦"话语构建和传播活动中，以不同的形式尝试进行宏大叙事平民化的传播，在看似不经意之间完成了"国家叙事"与"个人修辞"之间的转换和融合。作为这一传播链条的接受者和最后完成者的全民大众也越来越多的采取视频、音频、文字、图片等各种方式，表达自己的"国家富强梦""民族振兴梦"和"幸福生活梦"，由"中国梦"的被动接受者自觉转变为"中国梦"的主动传播者、诠释者、践行者和受益者。

我们也应当意识到，在"中国梦"话语构建和全民传播过程中，宏大叙事与平民叙事有时也会出现"背反现象"。所谓背反，就是指对同一个对象或问题所形成的两种理论或学说虽然各自成立但却相互矛盾的现象。在"中国梦"话语构建和全民传播过程中，宏大叙事是"中国梦"内涵表征的政治理论基础，平民叙事是"中国梦"符号解码的传播策略，两者应当是相得益彰，紧密契合的。可现实是当两种叙事话语形态出现在不同的文化场域和传播路径中时，有时就会出现背反现象，从而造成一定的负面效应。这主要呈现为：一是过于强化"中国梦"的宏大叙事特性，刻意放大主题意识、政治内涵、终极追求，让"中国梦"成为抽象的概念、高高在上的政治口号和空洞的宣传标语，从而曲高和寡，难接地气。更有甚者把"中国梦"曲解误读为"中国的梦"而不是"中国人的梦"，是"国家梦""民族梦"而不是"个人梦""民众的梦"，从而割裂了国家、民族和社会个体三位一体的整体形态；二是片面追求平民化的叙事语境，将代表整体文化形态的"中国梦"割裂成碎片化的"个人梦"，代表 13 亿中国人共同梦想的"中国梦"被替换为 13 亿个社会个体的"个人梦想"。更有甚者把"中国梦"当成"标签"到处生搬硬套，如辛忠（2013）所说 "地方宣传庸俗化：开口闭口动辄是梦"，不经意间在概念或口号林立中模糊了原有政治理念的内涵。还有把"中国梦"做成企业招牌的商业广告标语、栏目标题等，"中国梦，×××"的模式成为赚取眼球或攫取利润的噱头；把"中国梦"演绎为个人生活中的物质感官追求，让"中国梦"变得低俗而又媚俗等等。如此一来，代表民族复兴、国家富强和民生幸福的"中国梦"就被彻底碎片化、平面化、娱乐化、商业化甚至庸俗化、泛滥化了。

面对上述尴尬，如何解决好宏大叙事与平民叙事的节点问题，使其形成 1+1＞2 的合力，就成为"中国梦"话语体系构建和全民传播的关键。首先，我们需要清醒地认识到"中国梦"是一个极具时代特征的政治话语符号，其内涵明确、主题突出、目标清晰。在其话语体系的构建和传播过程中，应当注意对其内涵的全面、深入、准确、科学的解读，避免传统政治文化传播的机械、僵化和人为地抽象化、理论化，更应当杜绝曲解误读的现象发生。在符号解码过程中，要将宏大叙事话语机制有效地转化为被社会大众认知和接受的平民叙事话语机制，完成"阳春白雪"与"下里巴人"的统一，超越话语鸿沟造成的阻隔效应，最终形成"中国梦"的全民认知、全民接受、全民传播和全民共建，这既是"中国梦"全民传播的策略问题，也是"中国梦"全民传播的内在要求。其次，在其平民化叙事传播过程中，我们应当注意避免因过度平面化的解读而遮蔽了其宏大的叙事主题，因强调通俗化的叙事传播策略而消解了其政治本位价值。要对宣传机构、文化市场形成一定的监管机制和措施，坚决杜绝以偏概全、偷梁换柱、粗制滥造、主管随意现象发生，避免让其意义的生成和共享出现本义的消解和偏离，造成概念使用的泛化和滥化，进而影响了社会公众的价值判断。在宏大叙事和平民叙事两种不同话语构建的序列中，只有将两种话语构建整合起来，才能形成全社会的意义共享和全民传播。

（本文原载于《江西社会科学》2014 年第 3 期，235-239 页。收录于本文集时略有改动。）

注释：

1. 承前启后 继往开来 继续朝着中华民族伟大复兴目标奋勇前进。《人民日报》，2012 年 11 月 30 日版。

2. 2013 年 12 月 18 日，《咬文嚼字》编辑部发布了 2013 年度，十大流行语，"中国梦"位居榜首。参见《新京报》2013 年 12 月 19 日版。

3. 例如，在俄罗斯，习近平主席用俄罗斯别斯兰人质事件和中国汶川地震后中俄互动的具体故事，生动形象地阐释了中俄两国友谊及今后合作的必要性；在坦桑尼亚，他用在该国热播的中国电视剧《媳妇的美好时代》和中国年轻情侣在坦桑尼亚蜜月旅行的故事，用最为直接的方式诠释了两国的友谊。

参考文献

金元浦. 2013. "中国梦"的文化源流与时代内涵[J]. 人民论坛·学术前沿，7: 48-57.

邵燕君. 2006. 宏大叙事解体后如何进行宏大的叙事？——今年长篇创作的史诗

化及其追求[J]. 南方文坛，6: 32-38.

习近平. 2013. 在参观《复兴之路》展览时的讲话[A]. 党的群众路线教育实践活
动学习文件选编[C]. 北京：党建读物出版社.

辛忠. 2013. 地方宣传庸俗化——开口闭口动辄中国梦[N]. 学习时报，8 月 12 日.

"中国梦"与话语权的建构

——一项基于语料库的新华社对外报道"中国梦"话语研究

刘立华　　马俊杰

（北京交通大学语言与传播学院）

摘　要：话语权是话语实践过程中控制舆论导向的能力，其本质是话语双方在互动过程中对"意义表述"的争夺权。本研究以新华社对"中国梦"的对外报道为案例，自建小型语料库，从话语分析的角度，对新华社关于"中国梦"的对外报道进行了定量和定性分析，详细探讨了新华社对外报道"中国梦"时最常涉及的话语策略，同时在话语权构建这一大的背景下讨论了中国官方媒体对"中国梦"这一议题的话语实践。研究发现，新华社对外报道"中国梦"时存在明显的官方化色彩和正面宣扬色彩，以上策略并不利于"中国梦"的有效对外传播。话语权的提升不但需要提出一个恰当的议题，更需要对这个议题进行融通中外的表述。

关键词：话语权；话语实践；"中国梦"

一、引言

随着经济全球化的发展，国与国之间互动的加深，不同文化之间的碰撞也越来越频繁。在这一发展趋势下，以话语为主要载体的互动导致了国与国之间话语权的争夺。国际政治权力斗争不仅是军事、经济等传统硬实力之间的竞争，更是价值观、社会制度、社会文化等软实力方面的竞争。每一种竞争的背后，是某种观念或是观点的争夺，抑或是对某种观点、观念的解释权、话语权的争夺。从国际政治学的角度，"话语权就是对国际事务、国际事件的定义权，对各种国际标准和游戏规则的制订权以及对是非曲直的评议权、裁判权。从本质上说，掌握国际话语权的一方尽可以利用话语权优势，按自己的利益和标准以及按自己的话语定义国际事务、事件，制订国际游戏规则并对事务的是非曲直按自己的利益和逻辑做解释、评议和裁决，从而获得在国际关系中的优势地位和主动权"（梁凯音 2009：110）。正如赵可金[1]指出的那样，世界各国，无论是美国、俄罗斯等处于国际政治舞台中心的大国，还是挪威、新加坡等小国，甚至连原先不属于国际政治游戏场中的跨国公司、非政府组织、媒体等，无不把谋求左右国际舆论导向的话语权作为角逐的主要目标之一，并积极谋求将自己的特定话语巩固为国际社会普遍接受的"游戏规则"。尽管由于经济的快速发展和国际地位的提高，中国的影响已经开始超越经济而深入到了政治、文化和全球性问题等诸多领域，但是当我们面对西方守成国家，特别是美国提出的人权标准问题、人民币汇率问题，抑或西方媒体的指责或是片面报道时，我们有时只能被动地"解释"或是"说明"。毋庸置疑，我国和西方在话语互动过程中，好像处在不同的频道上，当国内主流媒体以不吝赞美之词盛赞我国企业的海外并购与企业理念时，西方媒体看到的却是中国企业对当地环境的破坏，以及中国企业全球责任的缺失；当我国大学生对到访的美国总统奥巴马彬彬有礼，提出的问题简单随和，给足他面子的时候，我国国家领导人在美国面临的却是尖酸刻薄的诸如人权标准一类的问题。

从全球的视角来看，中国与其他国家一道正在全球事务中扮演着越来越重要的角色。作为新兴大国的中国在与守成大国之间的互动过程中，共建一种新的话语秩序，参与、共享进而主导话语权是中华民族复兴的重要标志。因此，在国际上提高我国的话语权，用我国自己的话语体系向国际社会受众讲述中国自己的故事，是摆在我国面前的重要任务。2012 年 11 月，习近平总书记在北京参观"复兴之路"展览时第一次阐释了"中国梦"的概念，在十二届全国人大一次会议上的讲话中系统阐发了这个思想，在出访俄罗斯和非洲国家、出席亚洲博鳌论坛等讲话中又进一步做了论述。现在全世界都在关注"中国梦"这一话语实践，希望从中获益。正如习近平同志所说，我们要实现的"中国梦"，不仅造福中国人民，而且造福世界各国人民。"中国梦"从内容层面是中华民族伟大复兴的形象表达；从全球传播的角度，"中国梦"则是中国主动设置议题，积极参与社会互动的重要的话语实践，是"中国内容，中国表达"的重要体现，也是在国家宏观层面设置议题、主动传播议题的重要范例。从这一意义上来说，"中国梦"的提出是话语权建设的重要典范。本文从话语传播的角度，以国际话语权的建构为宏观考量，以新华社对"中国梦"议题的对外报道为具体的观测对象，讨论新华社如何呈现"中国梦"这一国家议题。

二、话语与话语分析

费尔克劳（Fairclough 2003: 23）对话语的界定坚持了一种批判实在论（critical realism）的观点，认为社会生活是一个开放的系统，在这一系统中，各种运行机制以复杂的方式制约着这一系统的运作。同时，社会生活与社会实践密切相连。所谓实践，是指与特定的时间和空间观念相联系的、人们利用资源对整个世界进行作用的一种习惯性方式。社会实践贯穿社会生活领域的整个过程，与经济、政治、文化以及人们的日常生活密不可分。在每一个社会实践内部，存在不同的社会成分。社会实践即是对以上各种社会成分的构型（configuration），每一种社会实践都会涉及劳动形式、身份确认和对现实世界的呈现 3 个部分，同时它又包含 4 个范畴：物质元素、社会元素、文化/心理元素以及抽象意义上的话语（Fairclough 2000：167-168；2001: 122）。因此，话语是一种意义的实践活动。法国思想家福柯则认为，话语是特定历史阶段所产生的与社会实践密切相关的陈述，是社会生活的重要组成部分。任何一种社会活动几乎都涉及了话语的存在，话语进而构成了社会活动中的必要成分。因此，社会活动中的话语成分既受到社会活动中其他成分的影响，也同时影响社会活动本身。

话语不单单是一种观点的表达和信息的传递，话语的功能在于影响受众，进而建构一个符合说话者利益的外部环境（Berger & Luckmann 1966: 52；Burr 2003: 1；刘立华 2009: 53）。在学术层面，话语构成了人文社科学者观察社会、研究社会现象的一种方法（施旭 2008: 131）。由于话语在社会实践中的重要地位，专家学者开始观察某一社会实践中话语生产、流转和消费过程，进而试图明晰地描述这一实践过程。这一研究趋势构成了人文社会科学研究中话语转向的一个重要表现。总之，话语是社会变迁过程中留下的痕迹，是社会变化的"凝固体"，是社会实践和社会现实变化的"晴雨表"，话语同时也是观测社会互动和变迁以及身份磋商的重要的标示之一（Martin 1995: 8；Wodak et al. 1999:33）。话语实践的重要性在于其不仅仅是一种言语的呈现、信息的传递，或是观点的表达，更为重要的是，现实生活中的话语实践传递了一种价值和立场，这些价值和立场一方面是话语主体的利益表达，同时也是形塑话语双方主体（说话方和受众）身份的重要手段，也正是在这种以话语为主要形式的互动过程中，话语双方主体的身份被逐步建构起来，这种被不断建构或是重构的身份进而影响着社会活动的进行。在以上理论意义下，对中国新一代领导所提出的"中国梦"这一伟大话语实践的研究和梳理，能帮助我们揭示我国与外部世界在互动过程中的身份建构与磋商过程。

以话语理论为基础的话语分析则是一种以语言和意义为核心成分进行研究的宽泛的方法派别（Fairclough 1989，2001；Blommaert 2005；

Caldas-Coulthard 1993，1996；Chouliaraki & Fairclough 1999；Wodak 1999，2001；Martin 2000a，2000b；苗兴伟 2004；van Dijk 2008a，2008b，2009，2014；田海龙 2015）。话语分析从定量的内容分析发展到理论和政治的描写，其中定量的内容分析是通过对谈话非常细致的分析来观察数据分布和语言结构。约根森和菲利普斯（Jørgensen & Philips 2002: 5-6）提出了一些在话语分析方法方面普遍存在的假设：对理所当然的知识的批评性方法，知识和社会过程之间的联系以及知识和社会行为之间的联系。在话语分析看来，现实只有通过语言才能被认识，世界的表现形式是话语的产物。话语分析方法使语言政治化（Bourdieu 1991: 170），因此话语也很少是一种纯粹的信息交流的载体。话语通常是一种权力或是政治的表达手段（Laclau & Mouffe 2001: 105），其目的不是为了被理解，而是要相信和顺服。

三、研究设计

3.1 研究方法及研究问题

语料库和话语分析的结合研究已经得到学界的认可（Flowerdew 2004；Stubbs 2006；Baker *et al.* 2008；钱毓芳 2010），然而，基于语料库的批评话语分析在中国还处于起步阶段，因此这一领域还需要更多的相关研究。再者，关于"中国梦"的研究涉及诸多领域，如政治、经济、教育、文化、社会以及传媒等，但是从话语实践的角度，在话语权的宏观视角下进行"中国梦"的对外传播研究还比较少。本研究期待在以上领域能丰富"中国梦"的研究。

3.2 数据收集及整理

本研究借助语料库软件 Wordsmith 5.0 自建小型专题语料库，该语料库一共包含 143 篇新闻文本，取自新华网英文版关于"中国梦"的专题报道，时间跨度为 2012 年 11 月中国国家主席习近平首次提出"中国梦"的概念至 2014 年 5 月。该专题报道原本共有 280 篇，但由于同一篇新闻被置于不同的专栏项下或因为某些新闻更新过的最终版本没有覆盖先前的版本，所以该语料库仅收集了不同新闻的最终版本共计 143 篇，全库约 8 万字。在该研究中，作者使用 Wordsmith 5.0 中的索引工具提取出索引行、搭配及词丛等，并进行相关的数据计算。为确保提取出的搭配及词丛有语义意义，功能词及无语义意义的词将从列表中移除，而对于无法由语料库软件直接提供的信息如语义韵等，将辅以随机取样及人工方法。图一说明了新华社关于"中国梦"的对外报道的分月数量统计。

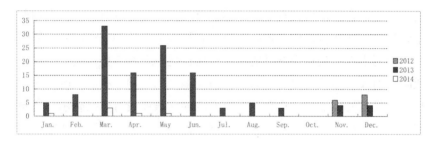

图一　新华社对"中国梦"的分月报道数量分布情况

四、新华社对"中国梦"报道的话语分析

4.1 标题分析

人们阅读新闻报道时最先注意的是标题，新闻标题通常能够表明此则新闻谈论的主题。在本研究所建语料库的 143 篇新闻的标题中，有 60 则标题包含"中国梦"，"Chinese Dream"或"China's Dream"。借助语料库软件 Wordsmith 5.0 的检索工具搜索"Chinese Dream"及"China's Dream"，然后将涉及的主题进行了如下分类（表一）。

表一　有关"中国梦"的报道主题分类

主题	领导言论	科技发展	中国与世界	评论	民众的中国梦	经济成就	社会进步
数量	29	27	26	21	17	14	9

此外,标题所表现的立场表明了新闻持有的态度是积极还是消极。本文借用语义韵这一概念,对 143 则新闻标题进行了语义韵分析(Sinclair, 1991: 74-75;Louw, 1993: 156-159)。研究表明,一些节点词总是与某一类具有相同或相似特点的搭配词在文本中反复共现,久而久之,节点词也被"传染"了这些搭配词的语义特点,这就是语义韵。这一语言特征所具有的特定功能可能会使得标题对读者的影响非常强烈。具体而言,作者把标题中含有积极语义韵的词语或暗示积极情绪的词语看作是积极态度的标题;而标题中含有消极语义韵的词语或暗示消极情绪的词语则被认作是消极态度的标题;标题中既不含有积极语义韵的词语又不含有消极语义韵的词语或没有明显暗示情绪倾向的词语则被认作是中立态度的标题。据此,下表展示了 143 则新闻标题的总体态度划分[2]。

表二　标题态度划分

积极态度	中立态度	消极态度	总计
9	131	3	143

4.2 关键词

为探究新华社对外报道是如何构建"中国梦"这一话语主题的,本文利用 Wordsmith 5.0 软件检索了关键词"Chinese dream"和"China's dream"。关键词检索完毕后,又从其搭配和词丛的角度进行进一步检索,主要检索"Chinese dream"和"China's dream"的搭配。经过仔细研究"Chinese dream"和"China dream"的搭配,并进一步检索了其词丛,我们可以清楚地看出新华社对外报道"中国梦"时主要涉及的主题。

通过以上检索,作者发现新华社的报道主要关注以下几个问题。

首先，什么是"中国梦"？新华社对外报道"中国梦"的新闻话语中最常出现的主题是"什么是'中国梦'"这一主题。新华社有关"中国梦"是什么的报道主要集中在以下几个角度展开。首先是国家主席习近平的观点。在有关"中国梦"的报道中，习近平总书记认为"中国梦"首先是中华民族的伟大复兴的表达，是整个国家的梦想，也是普通民众的梦想。"中国梦"就是建构一个强大的国家，"中国梦"的目的是为了和平、发展、合作，对世界各方都有利。新华视野以及国内的官员和学者基本遵循了习近平总书记对"中国梦"的阐释。新华社的报道中也出现了外国官员对"中国梦"的解读，他们认为"中国梦"是一个被西方国家压抑近两百年的民族的梦想，一个追求中国与世界各国共赢的梦想，一个民族重新崛起的梦想。

其次，如何实现"中国梦"？在呈现如何实现"中国梦"时，新华社也引用了国家主席习近平、中国高级官员、外国专家、普通民众以及新华社自己的观点。习近平总书记在新华社报道中提到了实现"中国梦"的决心，呼吁爱国人士为实现"中国梦"而努力，特别是号召年轻人为"中国梦"而努力。中国的高级官员则呼吁"中国梦"的实现依靠海峡两岸的共同努力，他们号召普通民众为了实现"中国梦"而奋斗，同时指出"中国梦"的实现是中国文化的进一步繁荣。在外国专家看来，"中国梦"实现的关键是坚持走中国特色社会主义道路，进一步改革开放和缩小城乡之间的差距。普通民众把"中国梦"的实现与他们的日常生活联系起来，关注的是一些具体的民生条件的提升和改善。新华社的观点则是中国的新战略保证了"中国梦"的实现，坚持走有中国特色社会主义道路则是实现"中国梦"的关键。

第三，在谈到"中国梦"与世界的关系时，新华社也做了许多诸如"'中国梦'可以与世界分享""'中国梦'与'世界梦'、与其他民族的梦相融合"以及"世界上所有国家都能从'中国梦'中受益"等的报道。针对海外对于"中国梦"的误解，新华社也直接做出了澄清说明。例如：新华社认为戴着有色眼镜将无法理解"中国梦"的含义，公正的有想象力的眼光才能更好理解这一广泛讨论的话题；"中国梦"并不是在牺牲邻国代价基础上的复仇主义的表达；中国对民族复兴的追求为世界带来机遇与和平，"中国梦"不会打碎其他国家的梦想，相反，"中国梦"会帮助实现其他国家的梦想，不管它是"美国梦""俄罗斯梦"或是"非洲梦"。

4.3 话语中信息来源

143 篇新闻报道中共有 112 例关于"中国梦"的话语呈现，本研究将这些话语的来源进行了分类，如图表三所示。

表三　新闻报道中的话语来源

来源		数量		百分比	
中国官员	中国国家主席习近平	51	69	46%	62%
	其他中国官员	18		16%	
外国官员		16		14%	
中国专家/学者/理论家		5		4%	
外国专家		7		6%	
普通中国民众		2		2%	
无明确来源		13		12%	
共计		112		100%	

通过对这些话语来源的详细分析，发现以下特征：首先，官方来源的话语占了话语来源的绝大部分，其中，来源于中国官员的话语（尤其是中国国家主席习近平）又明显高于来源于外国官员的话语。而取自这两者的话语大多是关于"中国梦"的伟大意义以及"中国梦"将如何使中国和世界受益；其次，关于如何实现"中国梦"，中国官员的话语大多是关于呼吁或号召普通民众的努力以及海峡两岸的合作来实现"中国梦"，而外国官员的话语则提到"改革"和"中国特色社会主义"是实现"中国梦"的关键，这正好与中国的官方政策相契合；第三，仅有一小部分话语来源于中国普通民众。

4.4 话语引述方式分析

Fairclough（1995: 55-69）将话语引述的方式分为两类：直接话语呈现和间接话语呈现。直接话语呈现是在报道中直接使用某人的原话，不做任何形式或内容的更改，而间接话语呈现则是重新组织转述某人的观点和态度。143 则新闻样本中共有 99 例话语引述，表四和表五展示了不同话语来源的两种引述方式的分布以及各自所占的比例。

表四　话语引述方式分布

	直接呈现	间接呈现	总计
数量	36	63	99
百分比	36%	64%	100%

表五　两种话语引述方式所占比例

	直接呈现	间接呈现
中方相关来源的话语	28	48
外国相关来源的话语	8	15
总计	36（36%）	63（64%）

从表四和表五中可以看出，样本中大多采用了间接呈现的话语引述方式，占总数的 64%。间接引述方式通常是记者用自己的话进行表达，是原话的一种改述。新闻报道中大量使用间接引述方式就会带上记者个人意识形态的痕迹，从而很容易降低新闻话语的真实性和客观性。而从话语来源角度看这些报道的引述方式，作者发现不管是中方相关来源的话语还是外国相关来源的话语，采用的间接呈现的引述方式都远多于直接呈现的引述方式。但是，不管是直接呈现还是间接呈现的话语引述方式，都不是绝对客观的，因为它们都是由记者挑选后传递给读者的，不可避免地带有他们自己的意识形态和价值观。因此，文本和话语实践背后所隐含的意识形态应当从社会实践层面进行解释分析。

五、"中国梦"的传播与话语权建构

5.1 话语权与话语实践

话语权是什么？话语权是一种权力，简单来讲话语权是控制舆论导向的能力。话语权在本质上是对意义磋商实践中意义的争夺权。谁拥有了某一议题的话语权，谁就有可能控制这一议题的产生、流转或是消费的方式，就有可能控制这一议题的言说方式，最终也就会控制这一舆论，继而达到自己的利益诉求。在话语权这一体系中，话语实践是核心的概念。一个话语实践从宏观层面包括话语的产生、流转、消费3个方面，话语实践又具体可以表现为以下6个要素。(1)话语发出者可以是主权国家的官方机构，也可以是非官方组织或群体。(2)话语内容是反映一个主权国家所关注的与自身利益相关或所承担的国际责任义务相关的观点和立场。(3)话语模式是话语内容的表现形式，即话语内容以何种修辞方式呈现。话语模式是信息的打包方式，话语模式会直接影响受众对话语内容的接受程度，进而也会影响话语内容的传播。(4)话语受众是一个"有话对谁说"并涉及如何选择听众以争取或扩大话语效果的问题，而这与话题所处的国际环境和听众所在国的政治生态环境有着密切的关系。(5)话语平台是指话语传播的渠道，主要包括各种媒体形式以及国与国互动过程中的意义磋商与交流平台。(6)话语效果是指话语所表达的立场、主张和观点等获得的某种结果。根据霍尔（Hall 1980: 136-138）的研究，话语的效果往往有3种形式：接受、抵制或是磋商。话语权则是对以上话语实践过程的控制能力的表现。话语权的本质是一种操控能力，反映了话语互动双方或是多方之间的权力关系。

以上有关话语实践的6个因素为话语权研究提供了不同的切入点。从话语权的本质来看，话语权表现为对某一议题或是话题的控制，同时也表现在议题的言说方式，即话语模式上。因此，对话语权这一较抽象概念的考察，可以具体细化为议题是如何提出的，这种议题又如何在流转过程中变成了一种"想当然"的知识或是共识，这一议题又表现为怎样的话语模式等问题。

5.2 "中国梦"的传播与话语权提升

"中国梦"这一国家命题的提出，无疑是中国与世界互动过程中话语权建构的重要话语实践。"中国梦"的实现一方面要依赖整个中华民族的努力，另一方面也要求我们努力讲好"中国梦"的故事。有关"中国梦"的对外故事讲述不仅仅是对外宣传的需要，更是中华文化走出去的重要步骤，也是中华民族伟大复兴的基础。具体就新华社对"中国梦"的对外传播而言，新华社关于"中国梦"的对外新闻报道大致可以分为6类：什么是"中国梦"；如何实现"中国梦"；"中国梦"与世界的关系；针对海外对于"中国梦"的误解，直接做出的澄清说明；结合重要时间节点和事件开展关于"中国梦"的报道；以及讲述普通民众的"中国梦"。新华社关于"中国梦"的报道的话语主要来源于中国官员，且大多采用了间接呈现的引述方式，并且研究发现，新华社对外报道"中国梦"时存在明显的官方化色彩和正面宣扬色彩，而这有时候并不利于"中国梦"的有效对外传播。

中国新一代领导集体的话语创新也许为我们进行"中国梦"的话语权建构提供了范例。习近平总书记在向外国介绍中国的一系列讲话中，利用多种话语模式，例如列数据、讲故事、引典故、谈个人体验等，充分利用话语的"移情"作用，拉近了与受众之间的社会距离，习近平的演讲风格非常鲜明：亲和、生动、接地气，每次演讲时谈自己、引谚语、讲故事，更容易引起听众共鸣（刘立华 2014: 43）。中国新一代领导人不仅提出了一个国家层面的议题，同时对议题的对外传播也起了典范作用，这一努力为作为世界新兴大国的中国与守成大国之间的互动过程中的话语权建构做出了典范。

六、结语

话语权与一个国家的经济、军事实力、文化等因素密切相关，但是话语权与以上因素之间并没有必然的逻辑。话语权并不因为国家的经济文化或是政治军事力量的强大而强大，也不会因为一个国家的宣传机构的强大而强大。话语权有其自己的运作机制。话语权是国家软实力的表现。话语权的提升要通过外交、外贸、外宣、国际民间交流等众多渠道，将各方面的跨文化、跨国界交流整合起来，统筹协调各方面资源，才能将文化软实力优势转化为话语权优势。归根到底，一个国家话语权的提升应该是在国家与国家之间的话语互动中产生出来，话语权本质则是一种话语的实践能力（Buck & Liu 2010: 33）。2015年5月，习近平就《人民日报》海外版创刊30周年做出重要批示，希望用海外读者乐于接受的方式、易于理解的语言，讲述好中国故事，传播好中国声音，努力成为增信释疑、凝心聚力的桥梁纽带。习近平总书记的讲话以及其话语创新实践，不但为"中国梦"的对外传播指明了方向，也极大地推动了中国国际传播话语权的提升。

中国在21世纪的今天提出的"中国梦"，是一个话语实践的伟大创新[3]，这一话语实践中，中国的大国责任与担当被逐步深化、固化。这种话语实践连同中国的政治面孔必将如习近平总书记在"科协大会"上所提到的那样，"苟日新，日日新，又日新"。中国也必将以一个更加崭新的面孔和更加自信的心态迎接伟大民族复兴的到来。

（本文原载于《天津外国语大学学报》2016年第1期，29-34页。收录于本文集时略有改动。）

注释：

1. 来源于人民网（2010年12月9日），"中国发展需要国际话语权（国际视野）"（http://world.people.com.cn/GB/14549/13433149.html）

2. 观察发现，143则新闻报道的标题中，大部分持中立或积极的态度，仅有3则新闻标题持消极态度，分别是：（1）Xinhua Insight: Plight of poor challenges China's dream for prosperity；（2）Expert: China faces pressing challenge of keeping sustainable growth amid globalization；（3）China Voice: House prices thwarts common people's "China dream"。此外，尤其值得注意的是，这些持有消极态度的新闻最后，通常都有一小段免责声明。

3. 关于"中国梦"这一术语的提出过程，可以参看美国亚利桑那州立大学克朗特新闻传播学院吴旭副教授的刊发在《对外传播》（2013年第9期）的文章《"中国梦"：中国国家形象的新标示》。

参考文献

Baker, P., Gabrielatos, C., Khosravi Nik, M., Krzyzanowski, M., McEnery, T. & Wodak, R. 2008. A useful methodological synergy? Combining critical discourse analysis and corpus linguistics to examine discourses of refugees and asylum seekers in the UK press [J]. *Discourse and Society*, 3: 273-306.

Berger, P & Luckmann, T. 1996. *The Social Construction of Reality: A treatise in the sociology of knowledge* [M]. New York: Doubleday.

Blommaert, J. 2005. *Discourse: A critical introduction* [M]. Cambridge: Cambridge University Press.

Bourdieu, P. 1991. *Language and Symbolic Power* [M]. London: Polity Press.

Buck, M. & Liu, Lihua. 2010. Argumentation and exaggeration in western press [J]. *International Communication*, 4: 33.

Burr, V. 2003. *Social Constructionism* [M]. London: Routledge.

Caldas-Coulthard, C. 1993. From discourse analysis to critical discourse analysis: The differential re-presentation of women and men speaking in written news [A]. In Sinclair, J. M., Hoey, M. & Fox, G. (eds.). *Techniques of Description: Spoken and written discourse* [C]. London: Routledge. 196-208.

Cadas-Coulthard, C. R. & Coulthard, M. 1996. *Texts and Practices: Readings in critical discourse analysis* [C]. London and New York: Routledge.

Chouliaraki, L & Fairclough, N. 1999. *Discourse in Late Modernity: Rethinking critical discourse analysis* [M]. Edinburgh: Edinburgh University Press.

Fairclough, N. 1989. *Language and Power* [M]. London: Longman.

Fairclough, N. 1995. *Critical Discourse Analysis* [M]. London: Longman.

Fairclough, N. 2000. Discourse, social theory, and social research: The discourse of welfare reform [J]. *Journal of Sociolinguistics*, 2: 163-195.

Fairclough, N. 2001. Critical discourse analysis as method in social scientific research [A]. In Wodak, R. & Meyer, M. (eds.). *Methods of Critical Discourse Analysis*

[C]. London: Sage Publications. 121-138.

Fairclough, N. 2003. *Analysing Discourse: Textual analysis for social research* [M]. London and New York: Routledge.

Flowerdew, J. 2004. Identity politics and Hong Kong's return to Chinese sovereignty: Analysing the discourse of Hong Kong's first chief executive[J]. *Journal of Pragmatics*, 3: 1551-1578.

Foucault, M. 1980. *Power/Knowledge: Selected interviews and other writing* [M]. Brighton: Harvester.

Hall, S. 1980. Encoding/Decoding [A]. In Hall, S., Hobson, D., Lowe, A. & Willis, P. (eds.). *Culture, Media, Language: Working papers in cultural studies, 1972–79* [C]. London: Hutchinson. 128-138.

Jørgensen, M. & Philips, L. 2002. *Discourse Analysis as Theory and Method* [M]. London: Sage Publications.

Laclau, E. & Mouffe, C. 2001. *Hegemony and Socialist Strategy: Towards a radical democratic politics* [M]. London: Verso.

Louw, B. 1993. Irony in the text or insincerity in the writer? The diagnostic potential of semantic prosodies [A]. In Baker, M. et al. (eds.). *Text and Technology: In honour of John Sinclair* [C]. Amsterdam: Benjamins. 157-176.

Martin, D. C. 1995. The choices of identity [J]. *Social Identities*, 1: 5-20.

Martin, J. R. 2000a. Close reading: functional linguistics as a tool for critical analysis [A]. In Unsworth, L. (ed.). *Researching Language in Schools and Communities: Functional linguistics approaches* [C]. London: Cassell. 275-303.

Martin, J. R. 2000b. Beyond exchange. Appraisal system in English [A]. In Hunston, S. & Thompson, G. (eds.). *Evaluation in Text: Authorial stance and the construction of discourse* [C]. Oxford: Oxford University Press. 142-175.

Sinclair, J. 1991. *Corpus, Concordance, Collocation* [M]. Oxford: Oxford University Press.

Stubbs, M. 2006. Corpus analysis: The state of the art and three types of unanswered questions [A]. In Thompson, G. & Hunston, S. (eds.). *System and Corpus: Exploring connections* [C]. London: Equinox. 15-36.

van Dijk, T. A. 2008a. *Discourse and Power* [M]. New York: Palgrave Macmillan.

van Dijk, T. A. 2008b. *Discourse and Context: A sociocognitive approach* [M]. London: Cambridge University Press.

van Dijk, T. A. 2009. *Society and Discourse: How context controls text and talk* [M]. London: Cambridge University Press.

van Dijk, T. A. 2014. *Discourse and Knowledge: A sociocognitive approach* [M]. London: Cambridge University Press.

Wodak R. et al. 1999. *The Discursive Construction of National Identity* [M]. Edinburgh: Edinburgh University Press.

Wodak, R. 2001. What CDA is about – a summary of its history, important concepts and its developments [A]. In Wodak, R. & Meyer, M. (eds.). *Methods of Critical Discourse Analysis* [C]. London: Sage Publications. 1-13.

苗兴伟. 2004. "话语转向"时代的语篇分析[J]. 中国海洋大学学报(哲学社会版), 4: 65-71.

梁凯音. 2009. 论国际话语权与中国拓展国际话语权的新思路[J]. 当代世界与社会主义, 3: 110-113.

刘立华. 2009. 建构主义视角下的话语分析[J]. 西安外国语大学学报, 4: 51-53, 88.

刘立华. 2014. 中国新一代领导集体话语创新实践案例研究[J]. 对外传播, 10: 41-43.

钱毓芳. 2010. 语料库与批判话语分析[J]. 外语教学与研究, 3: 198-202.

施旭. 2008. 话语分析的文化转向: 试论建立当代中国话语研究范式的动因、目标和策略[J]. 浙江大学学报(人文社会科学版), 1: 131-140.

田海龙. 2015. 新修辞学的落地与批评话语分析的兴起[J]. 当代修辞学, 4: 32-40.

"中国梦"话语的模因论阐释

陈梅松

（南京大学/南京信息工程大学）

陈新仁

（南京大学）

摘　要：语言与社会发展相互作用，"中国梦"概念在汉语中带来了丰富的话语表征，由其构成的话语反过来也对国家的发展起到重要推动作用。分析表明，"中国梦"话语在构成方式上具有不同程度的可复制性，在传播过程中体现出多层面的主体性，并且在话语实践中产生了广泛的社会语用效应，因而是典型的语言模因现象。深度理解"中国梦"话语的语言模因本质，有望帮助更好地把握中国政府的执政理念和社会发展规划。

关键词："中国梦"；话语；模因论

一、引言

语言的发展常常与时代的脉搏密切相连。随着经济社会的迅猛发展，中国在国际上的地位已经极大提高，从全球化世界的边缘成长为关键组成部分之一，并在整个世界格局中体现出不凡的力量和影响。这样的时代和发展语境在语言上也留下了不可磨灭的印记。国家主席习近平于 2012 年 11 月 29 日参观《复兴之路》展览时正式提出的"中国梦"政治理念，经过系列会议和讲话中的深刻阐述、媒体宣传和全民实践，逐步构建成为具有中国特色社会主义的话语体系。"中国梦"因为承载了中国新的发展目标和方向，迅速成为热门话题和词汇，引发大量相关话语的产生，深刻影响着新时期社会意识形态和发展实践，也塑造了中国在世界舞台上的全新面貌，因而也逐渐成为学术界关注与研究的焦点。

在语言学界，"中国梦"话语吸引了相当多学者的研究兴趣，认为深度剖析"中国梦"语言现象将有助于我们更好地把握中国当代发展的主题，提升中国形象的表达效果。本研究在前人的研究基础上，引入模因理论视角，旨在阐释一些非常核心但之前研究未加以回答的问题，如"中国梦"作为一个强势模因表征了什么内容、该语言模因具有什么样的社会语用效应、其传播具有什么特点等等，从而深化人们关于"中国梦"话语作为语言模因的认识，更好地践行"中国梦"。

二、相关研究概述

现有关于"中国梦"的研究呈现出多视角的特征，其中主要包括文化视角、传媒视角、国际政治视角、语言学视角等。

文化视角下的"中国梦"研究主要探讨其内涵与实施方式、影响等。譬如，崔华华、翟中杰（2014）认为，"中国梦"的文化特征凸显精神象征性、实践主体性和文化自觉性 3 个方面，其文化功能包括价值导向、话语建构、精神凝聚和文化传承 4 个领域。有些学者从传媒学视角聚焦公益广告、电影艺术、主题电视剧作品、小说、摄影、书法、绘画等，分析"中国梦"的大众表达方式、媒体责任和宣传效应（如官科 2015；刘文良 2014；王冰雪 2015 等）。还有学者站在国际对话的高度看待问题，如李海龙（2013）从国际政治视角解读"中国梦"所处的国际环境、意义和价值。此外，也有关于"中国梦"和"美国梦"的比较研究，从而区分出不同的价值观念和意识形态体系（如

Marquis & Yang 2013)。当然，与本研究最为相关的文献来自语言学界。邵斌、回志明（2014）采用批评话语分析方法研究西方媒体对"中国梦"的报道，发现西方媒体对"中国梦"多持肯定态度，认为其内涵是民族复兴和世界和平，但也不乏媒体对其持有否定和偏见，偏信"中国威胁论"；梁茜（2015）运用框架理论分析外媒对"中国梦"的报道维度，继而指出我国在进行"中国梦"对外宣传和传播过程中应该注意策略。刘宇松和蔡朝晖（2013）曾基于社会语言学视阈探讨"中国梦"的内涵与时代特征，尝试阐释语言模因"中国梦"被广泛传播的原因，认为"中国梦"的内涵体现了当今社会的时代特征、代表了群众的心声与愿望，同时新闻媒介起到了推波助澜的作用，再加上词汇使用的从众效应，"中国梦"等词汇在社会语言中得到了更迅速的传播。尤其值得一提的是，《天津外国语大学学报》2016 年第 1 期推出"中国梦"研究专栏。学者们运用系统功能语言学的分析框架和话语分析方法，从话语建构、话语权、国家身份建构、话语功能等不同角度分析"中国梦"话语建构，理解"中国梦"的实质，进一步拓展了"中国梦"话语解析的维度和深度。

这些研究从不同角度剖析"中国梦"的表征与内涵，有助于加深我们对"中国梦"丰富的表征形式与含义的理解，然而分析视角较为单一，未充分揭示"中国梦"话语的形成、传播、演变的轨迹。如果能够将语言现象与文化传播相结合，剖析该话语的语境、本体特征以及社会和国际影响，应该能够将"中国梦"话语研究变得更加丰富、更有价值。鉴于"中国梦"话语在不同维度上体现了中国当代的发展主题，既是语言现象、社会现象，也是一种文化传播现象，而语言模因论正是从语言、传播、社会语用效应等层面揭示话语的外在和本质特征，本研究拟引入语言模因论视角，从"中国梦"话语的生成语境与表征内容、传播特点、主体性与社会语用效应 3 个方面，探究其模因本质。

三、模因论的概念与应用

基于新达尔文主义进化论，道金斯（Dawkins 1976: 192）提出模因概念和模因论来解释文化进化规律，认为那些能够使文化得以进化的复制因子可以称为模因，相当于基因的文化对等物。"能够通过广义上称为'模仿'的过程而被复制的信息单位都是模因"（Blackmore 1999: 43）。"对于语言而言，那些被大量模仿、复制和传播的语言单位也就成为一种模因，即语言模因"（陈新仁等 2013: 207）。何自然和陈新仁（2014: 6）指出，我们的衣食住行均涉及模仿，而且在模仿的过程中，借助宿主的主体性，模因经过进一步加工（改良或创造）变异成模因复合体，并将语言模因定义为"携带模因宿主意图，借助语言结构，以重复或类推的方式反复不断传播的信息表征"（何自然、陈新仁 2014: 9）。

语言模因的传播力度和生命力长短各不相同，因为"在模因进化的过程中存在着巨大的选择压力。所以在数量极大的潜在的模因中，能够生存下来的模因为数并不是很多"（Blackmore 1999: 65）。有些模因得不到宿主的重视和使用，仅存在于小范围之内，随着时间与语境的变迁，逐渐或很快消失，因而是弱势模因。相比之下，那些能够被接受、被复制和传播的模因则是强势模因。语言模因有基因型语言模因和表现型语言模因两种复制和表达方式（何自然 2005: 58），前者是相同信息直接传递或以异型传递，是内容相同而形式各异的模因；后者是模仿现有的语言结构和形式，根据表达需要来传递不同的信息内容。

国内语言学界的研究者们普遍把模因论当成一种解释语言现象的视角，即用模因论来解释各种语言现象。语言模因论在研究实践中体现出强大的解释力，可以分析语言在实际生活中的有趣使用（如何自然、何雪林 2003；何自然 2005，2008），也可以解释修辞、流行语、广告、相声、新闻语言等（如何自然 2008；庄美英 2008；王尚法等

2013；杨婕 2008 等）。本文关注"中国梦"和模仿其形式或寓意生成的相关语言表达式，以习近平主席自 2012 年 11 月 29 日参观《复兴之路》展览到 2013 年 6 月 11 日观神舟十号发射等多个场合对"中国梦"阐释的 15 篇讲话[1]、以及 2012 年 11 月 20 号到 2016 年 1 月 1 日主流新闻媒体网站相关宣传报道[2]和"中国梦"系列平面公益广告[3]为语料，运用模因论相关理念来分析"中国梦"话语，尝试从其生成语境与表征内容、传播特点、主体性与社会语用效应来解析其语言模因本质。

四、"中国梦"话语的生成语境与表征内容

第一，从构词上来看，"中国梦"是"XX 梦"表达式的复制和模仿结果。众所周知，著名黑人民权运动领袖马丁·路德·金以《我有一个梦想》为题发表演讲，表达了对自由、民主和种族平等的渴望。类似的还有相信只要经过不懈奋斗便能获致更好生活的"美国梦"，追求可持续性文明发展的"欧洲梦"，以稳定、和平、发展为目的的"非洲梦"，另外，构思企业发展规划的"企业梦"、谋求个人前途与幸福的"助学梦"等，都是用高度概括的"XX 梦"构式来形容个人、民族或国家对美好未来的憧憬。

第二，从内容上来看，"中国梦"是中国乃至世界文明发展到当代的缩影。

首先，自古以来，人类对未来寄托美好期望，并勾画发展蓝图。如古希腊哲学家柏拉图早在公元前 5 世纪就描绘了一个充满理想色彩的美好世界。当前在中华民族伟大复兴的新起点上，习近平总书记通过"中国梦"提出了对中国社会理想化期许的号召，这与柏拉图的"理想国"有着异曲同工之妙。

其次，"中国梦"从我国的传统文化获取思想源泉，也是后者的延续。近年来在中国城市大街小巷中随处可见的"中国梦"公益海报，大量呈现了中华民族的"仁爱""和为贵""兄恭弟谦""孝道"等传统

美德，体现了信息内容上的忠诚复制。从古代"家国天下"的儒家思想、孟子的"正气"说和"以民为本"观念、清朝《弟子规》的守则规范到以爱国、敬业、诚信、友善为价值诉求的社会主义核心观和"中国梦"对传统美德的弘扬，这一传承过程体现了中华伦理意蕴的历史继承性。人们通常会对比"美国梦"和"中国梦"，两者具有相同的语言组合方式，但是追溯"中国梦"的民族性和传统性，就会发现它体现的是与崇尚个人主义的"美国梦"完全不同的意识形态。此外，"中国梦"还延续了中华民族长期以来的富强梦。例如：

> （1）实现中华民族伟大复兴，就是中华民族近代以来最伟大的梦想。[4]
> （2）实现中华民族伟大复兴的中国梦，是近代以来中国人民最伟大的梦想，我们称之为"中国梦"，基本内涵是实现国家富强、民族振兴、人民幸福。[5]

例（1）和例（2）分别给出"中国梦"的定义和详细阐述"中国梦"的内涵，指出"中国梦"在本质上就是"复兴梦"，延续了近代中国以求发展为代表的强国梦想。

再者，"中国梦"也是"国际梦"，反映了全世界人民对和平与发展的向往。习近平主席在第十二届全国人民代表大会第一次会议上进一步强调"中国梦"是和平、发展、合作和共赢的梦，指出：

> （3）中国人民爱好和平。我们将高举和平、发展、合作、共赢的旗帜，始终不渝走和平发展道路，始终不渝奉行互利共赢的开放战略，坚持与邻为善、以邻为伴的方针，把同周边国家的互利合作推向新的水平。积极参与多边外交事务，促进国际合作。致力于同世界各国发展友好合作，履行应尽的国际责任和义务，继续同各国人民一道推进人类和平与发展的崇高事业。[6]

从例（3）中可以看出，"中国梦"话语是具有国际性的，既需要有利的国际大环境做保障，其提出和实现也会极大推动整个世界的和平与发展事业。

通过以上"中国梦"话语的生成语境分析可以看出，"中国梦"从其构成形式来看模仿了"XX 梦"语言形式，属于表现型语言模因；从其信息内容即其文化表征的基因元素（Distin 2005: 20）来看，"中国梦"一方面借鉴了柏拉图式"理想国"和"美国梦"的部分元素，另一方面继承了中华民族传统因素，同时融入了鲜明的时代特色，成为一个内容丰满、内涵深厚的思想体系。由此可见，"中国梦"并非无源之水，无论是从其构词方式还是从其内容上，都可以看出来它是历史文化的产物和对时代需求的积极响应，具备了形成语言模因的生成基础。

五、"中国梦"模因的传播

首先，"中国梦"话语覆盖了"中国梦"大主题（整体性传播）和不同层面的子主题（分解式传播），呈现出整体性和分解式传播特征。在中国当代社会，"中国梦"就是"实现中华民族的伟大复兴"，更具体的含意包括"实现国家富强、民族振兴、人民幸福"，是"国家梦""民族梦"和"人民梦"的复合体。另外，在解读和传播的过程中也分解出其他梦想，有远大的"强军梦""文化梦"等，也有指向个人学业、事业、婚姻和家庭的各种"梦"的小主题。

第二，"中国梦"话语的传播经历了自上而下、从个体到全民的人际传播过程。继 2012 年首次提出概念，习近平主席在国内国际多个场合，结合不同工作内容就"中国梦"具体内涵、奋斗目标、总体布局、实现路径等进行系统阐释。十二届全国人大一次会议闭幕会上，习近平主席在讲话中甚至九次提到"中国梦"，直接推动了"中国梦"的讨论热潮。各级政府、部门和单位以及社会团体充分利用电影、电视、报纸杂志等媒介参与其中，以不同方式从不同角度阐释和宣传"中国梦"。譬如，《中国日报》以常规报道和"我的中国梦"专栏两种方式，热点事件报道与评论相结合，从百姓和代表委员的不同角度来解读和见证"中国梦"，兼具趣味性和即时性，生动地说明和阐释"中国梦"的理念和实现途径。

第三，"中国梦"话语的传播方式体现了多样化的特征。首先，各级政府、媒体平台、社区积极宣传"中国梦"的内涵、意义及其与个人的关系。如 CCTV 推出一系列大型纪录片助力"中国梦"主题宣传。主题纪录片具有真实性和源于生活的感染力，采用真人和真事，以荧屏为媒介，传递中国形象和中国精神，给观众带来视觉上的巨大冲击力。其中，《百年潮·中国梦》多维度诠释了"中国梦"的历史成因和时代内涵，告诉人们："中国梦"连接着过去与现在、历史与未来，连接着国家与个人、中国与世界，传导出 13 亿中国人民为实现中华民族伟大复兴而勃发的正能量 7。另外，无论男女老少、名人或普通老百姓，大家都自觉或不自觉地积极参与了圆梦行动，为实现"中国梦"而贡献自己的力量。知名人士通过自身的公信力来宣传和巩固"中国梦"：如央视著名主持人白岩松在耶鲁大学以"我的故事以及背后的中国梦"为题发表演讲，在读者和观众中引发了书写"我的故事以及背后的中国梦"读后感的浪潮；姚明畅谈关于体育要回归教育的"体育梦"等。普通老百姓或以舞蹈、音乐、书法、摄影作品展示自己对"中国梦"的理解与支持，或者通过博客、微博、微信、百度官方贴吧、论坛/BBS 等自媒体发布自己亲眼所见、亲耳所闻的事件。

由上述分析可以看出，"中国梦"概念的提出、阐释性的系列讲话、主流新闻媒体网站相关宣传报道和"中国梦"系列平面公益广告等形成一个庞大的话语体系，具备了一个强势语言模因的传播特征。

六、"中国梦"模因的主体性及其社会语用效应

首先，习近平主席参观国家博物馆主办的"复兴之路"展览时，提出要实现中华民族伟大复兴的"中国梦"，表达了老百姓的心声，即在满足了物质生活的富足后，开始追求精神层面的美好。再加上其清

新的理念和亲和的风格，很快成为老少皆知的词，并位列2013年度《咬文嚼字》十大流行语榜首。可以说，"中国梦"话语一经提出就受到全社会的普遍关注和认同，具备强势语言模因的可注意性。其次，"中国梦"话语体现了个体的需求和利益，也从成长、亲情等多方面给予情感关怀。

（4）中国梦归根到底是人民的梦，必须不断为人民造福。[8]

如例（4）所示，"中国梦"话语从一开始就被赋予群众属性，讲述的是为人民谋求福利的未来规划。在一幅公益广告中，创作者通过两位老人之间的亲密对话，"你看见什么啦？"——"我看见我的梦啦"，以叙事的手法讲述了在"中国梦"的语境下，普通老百姓对未来的期盼，暗示了"中国梦"与"个人梦"的密切关系，体现了"中国梦"语言模因对宿主的重要意义。第三，"中国梦"系列讲话中提出"中国梦""必须紧紧依靠人民来实现"[9]。"中国梦"的目的是为人民谋福利，梦想的实现也需要人民共同参与，所以人民既是受益对象，也是宣传对象、宣传者和执行者。如图一所示，四幅小图中均有词语"中国"，又分别与"咱""我""我俩""家家"结合构建话语，暗示了国家命运与家庭幸福、个人成长密不可分的关联，表达了一个观念："中国梦"从根本上来说，就是老百姓自己的梦。因此，"中国梦"模因构建了个体的多重身份，突出了宿主的重要性。

图一　"中国梦"公益广告海报中的国、家和个人

由此可见，宏观的"中国梦"内化和体现在每一个微观的个体身

上，代表了群众的利益，也因群众的力量得以传播和实施，由此形成的"中国梦"语言模因充分彰显了主体性。正因为"中国梦"模因表征的内容关注个体利益，并调动个人的主观能动性，充分体现了宿主在该语言模因生成与传播过程中的重要作用，得到了广泛的社会认同，因而具有强大的社会语用效应。一方面，"中国梦"模因增强了全民凝聚力。图二以图文并茂而又简约的方式提炼出人民在"中国梦"里的重要性，明确了"凝聚中国力量"是实现"中国梦"的必然途径。事实证明，在这个时代最强音的召唤下，全国人民空前地团结起来，参与宣传和实施活动。

图二　"中国梦"公益广告之凝聚中国力量

另一方面，"中国梦"模因引发了国际社会的高度关注。西方媒体争相报道和诠释"中国梦"。如《纽约时报》《华盛顿邮报》、CNN（美国有线电视新闻网）、BBC（英国广播公司）和《卫报》都有"'中国梦'与中国发展""'中国梦'与世界关系"等议题，社交媒体 Twitter（推特）上网民也有关于"中国梦"的讨论。

总之，"中国梦"话语反映了人类文明和思想在当代中国的发展，表现出不同层面上的主体性，在国内和国际上都产生了巨大的影响，充分体现了强势语言模因所具有的主体性和积极的社会语用效应。

七、结论

语言源自需求、服务于社会。"中国梦"话语描绘了中华民族伟大复兴的蓝图和实施纲领。从其生成语境和表征内容来看，"中国梦"既是中国特色的政治话语，也是世界文明和意识形态的继承和发展；同时，"中国梦"话语贯彻了"以人为本"的思想，通过各种途径进行迅速的传播；此外，"中国梦"话语在全社会甚至全世界范围内刮起了中国风，产生巨大的社会语用效应。由此可见"中国梦"话语具备了强势语言模因的各种典型特征，因而是一个强势语言模因。

理解"中国梦"话语的模因特征，充分发挥其积极的社会语用功能有助于准确把握执政理念和社会发展规划。正如习近平主席在 2016 年新年贺词中所说的那样："只要坚持，梦想总是可以实现的。"[10] 由于时间限制，本研究没有使用定量统计加以佐证，也没有系统跟踪"中国梦"话语的发展轨迹。今后研究可采用定量与定性相结合的实证研究方法，历时考察其发展过程，更加全面地理解"中国梦"话语的内涵与意义。

（本文原载于《天津外国语大学学报》2016 年第 4 期，30-33 页。收录于本文集时略有改动。）

注释：

1. 人民网 2013，《习近平总书记 15 篇讲话系统阐述"中国梦"》：http://theory.people.com.cn/n/2013/0619/c40531-21891787.html。

2. 主要参考人民网、CCTV、新浪、搜狐、网易、腾讯、凤凰网、新华网等中国主流新闻媒体网站。

3. 参见关键词为"'中国梦'公益广告"的百度搜索结果。

4. 新华网 2013，《习近平在第十二届全国人民代表大会第一次会议上的讲话》：http://news.xinhuanet.com/2013lh/2013-03/17/c_115055434.htm

5. 人民网 2013，《习近平在莫斯科国际关系学院发表重要演讲时强调建立以合作共赢为核心的新型国际关系》：http://politics.people.com.cn/n/2013/0324/c1024-20892638.html

6. 人民网 2014，《习近平：中国梦是和平、发展、合作、共赢的梦》：http://theory.people.com.cn/n/2014/0902/c40531-25587270.html

7. 参见央视网 2014，《百年潮·中国梦》：http://jishi.cntv.cn/2014/05/26/VID

A1401102739690804.html

8. 同4。

9. 同4。

10. 人民网 2016,《只要坚持,梦想总是可以实现的》: http://opinion.people.com.cn/n1/2016/0101/c1003-28003380.html

参考文献

Blackmore, S. 1999. *The Meme Machine* [M]. Oxford: Oxford University Press.

Dawkins, R. 1976. *The Selfish Gene* [M]. Oxford: Oxford University Press.

Distin, K. 2005. *The Selfish Meme* [M]. Cambridge: Cambridge University Press.

Marquis, C. & Yang, Z. 2013. 中国梦?美国梦?——基于新浪微博的分析[J]. 中国经济报告, 6: 100-104.

陈新仁等. 2013. 语用学与外语教学[M]. 北京:外语教学与研究出版社.

崔华华、翟中杰. 2014.“中国梦”的文化特征、功能及其实现[J]. 探索, 4: 103-107.

官科. 2015.“中国梦”系列公益广告中的多模态隐喻[J]. 湖南科技大学学报(社会科学版), 4: 156-161.

何自然. 2008. 语言模因及其修辞效应[J]. 外语学刊, 1: 68-73.

何自然. 2005. 语言中的模因[J]. 语言科学, 6: 54-64.

何自然、陈新仁. 2014. 语言模因理论与应用[M]. 广州:暨南大学出版社.

何自然、何雪林. 2003. 模因论与社会语用[J]. 现代外语, 2: 201-209.

李海龙. 2013. 国际视阈下的“中国梦”解析[J]. 山西社会主义学院学报, 4: 47-5.

梁茜. 2015. 以框架理论分析《纽约时报》对“中国梦”的报道[J]. 广西大学学报(哲学社会科学版), 2: 121-124.

刘文良. 2014.“中国梦”视域下我国电影的创新与发展[J]. 中州学刊, 11: 163-166.

刘宇松、蔡朝晖. 2013. 基于社会语言学视阈看语言模因“中国梦”[J]. 湖南社会科学, 6: 247-249.

邵斌、回志明. 2014.西方媒体视野里的“中国梦”——一项基于语料库的批评话语分析[J]. 外语研究, 6: 28-33.

王冰雪. 2015. 以影释梦，共论影视传播新时代[J]. 浙江传媒学院学报，5：136-140.

王尚法、徐婧华. 2013. 相声和小品流行语的模因视角分析[J]. 山西大同大学学报
（社会科学版），6: 73-75.

杨婕. 2008. 新闻标题中流行语的模因论研究[J]. 外语学刊，1: 79-82.

庄美英. 2008. 模因工程——如何打造强势的广告语言模因[J]. 外语学刊，1:
83-87.

"中国梦"的国际话语体系构建与对外传播

马文霞

（临沂大学外国语学院）

摘　要："中国梦"的话语体系分为主权国家话语、民族文化话语和社会个体话语 3 个层面，具有不同的话语构建方式，在此基础上分别对应不同的传播策略。"中国梦"话语存在宏大叙事与个体叙事两个维度，分别具有不同的传播"偏向"特性。"中国梦"在国内与国际两个不同场域中传播，在国内传播话语日臻完善的同时，更要突出国际话语体系建设。在对外传播中，"中国梦"既要适应国际话语语境，也要保持中国话语的特色与"硬度"，提升中国国际话语权建构与对外传播能力。

关键词："中国梦"；叙事；话语；对外传播

"中国梦"的传播在国内和国际两个场域进行。在现存国际话语格局与传播秩序中，中国的话语劣势明显，不仅表现为由于文化差异导致的认知偏差，更重要的是西方话语霸权阻碍了中国话语的构建，我们亟须建议一种新的话语范式来弥合话语鸿沟，迫切需要构建一种更有效和国际社会更容易接受的国际话语体系来传播"中国梦"，避免陷入西方话语陷阱。深入分析不同话语结构的叙事方式，将话语建设与对外传播联系起来研究，对提高中国话语塑造力和国际舆论引导能力，不仅具有理论价值，更具有重要的现实意义。

一、"中国梦"的叙事方式及话语体系构建

2012 年底，习近平在参观"复兴之路"展览时首次提出"中国梦"概念，此后在国内国外两大场域快速传播，成为十八大以后中国政府核心政治话语。在大众传播理论研究及传播实践中，"中国梦"体现为一种符号话语，在不同维度、不同语境及不同传播场域中蕴含着不同的话语序列，亦会生成不同的意义。在传播过程中，"中国梦"处于国内与国际两个场域中，其话语符号蕴含着相应的不同意义。作为"中国梦"话语符号的构建者与传播者，我们认为其本质是完全一致的。但从传播视域看，在对其对内传播与对外传播两大场域中的区别是很明显的。在国内传播场域，其根本目的是在全民中形成某种共识，即"最大公约数"，而在国际舞台与对外传播场域中，则是我们国家、民族在当今世界舞台的自我身份构建与国际认同，具有更加丰富的话语表征特征。

在当今国际传播秩序格局中，话语权成为国家软实力的重要标志，话语权的争夺日趋激烈，成为不同国家、地区之间继经济军事科技竞争之后的又一"竞技场"。"中国梦"在对外传播过程中，由于国家利益冲突及文化差异，国际社会接受态度也不尽一致，不同受众运用不同的解码机制，对其理解与再建构方式不尽相同。特别是在后现代思潮影响下，传播符号的所指与能指之间出现了逻辑的断裂，符号能指常常会脱离所指而形成其自身的逻辑。为了提高"中国梦"对外传播效果，作为传播者，在"中国梦"理论体系的基础上，我们要在话语构建及传播编码方面，从传者与受者两个方向深入分析，构建一套既符合"中国梦"的内涵本质，又能与对外传播相适应的国际话语体系，并在此基础上制定相应的对外传播策略。

作为一种理论学说，话语理论最早产生于语言学研究领域，至 20世纪 70 年代，米歇尔·福柯将话语与权力、意识形态、社会关系等社

会问题联系起来，奠定了带有鲜明后现代特征与批判色彩的"话语"理论基础，开创了话语研究的新局面。福柯将"话语"定义为"隶属于同一的形成系统的陈述整体"。福柯主要是从话语主体与传受方面探索话语社会功能，他认为，每一个"话语"都是一个相对独立的"单位"，带有特定的价值预设，具有特定的实践功能，并构成一个完整的意义系统。以福柯为代表的话语理论学派重视揭露话语主体的言说或分析策略、政治动机、价值预设及其实践功能，致力于追究话语传播过程中的作用。按照福柯的理论，"中国梦"不仅仅是一个传播符号，其本身也是话语系统，承载着丰富的意义，为我们构建"中国梦"话语体系提供了思路。

在当代大众传播领域，话语体系的构建也受到高度的重视。20世纪70年代末80年代初兴起的媒介建构理论认为，话语体系的构建是大众传播媒介的话语"权力"与舆论控制功能实现的重要方式。媒介以模式化和可预测的方式，对社会现实中的真实进行话语架构，并通过相应的系统性符码创造进行大众传播。媒介建构理论从传播者的角度突出了话语建构的重要，以伯明翰学派为代表的文化研究学派，则从受者的角度突出强调了受众的主观能动性。其中，斯图加特·霍尔的编码解码说最具代表性。他们认为，传播者的符码系统与受众个体原有认知系统发生交互反应，最后决定传播效果的是受众对媒介符码进行分析判断及解码，进而自主建构新的意义。

无论是福柯的话语理论，还是媒介建构理论及霍尔的编码解码说，都从不同层面和视角突出了意义的建构作用。在对外传播中，"中国梦"作为"中国声音"和"中国故事"，在接收者那里必然会因解码者的主观能动性而伴随产生新的意义生成。作为"文本的消费者"，受众"不仅对媒介领域的活动，而且对文本和文本制作者都至关重要"（刘易斯2013:183）。为了更好地解决这一问题，在构建"中国梦"对外传播话语体系时，不仅要立足于传播者的意图，还要针对接受者的不同角色定位，区别不同层次的话语主体，分别确定不同的话语构建方式。

从其话语主体看，"中国梦"话语体系包含以下3个层面：一是以主权国家为主体的国家意志和政治意识形态话语，二是以民族复兴为主体的民族文化话语，三是以社会个体为主体的个人话语。从叙事学视角看，由这 3 个话语主体所产生的叙事分属于两种模式，前两个层面属于集体叙事方式，也就是以主权国家与民族为主体的宏大叙事话语范畴，后一个层面属于社会个体叙事方式，以受众个体为主体，具有平民化特征。"宏大叙事"是指以其宏大的建制表现宏大的历史、现实内容，由此给定历史与现实存在的形式和内在意义，是一种追求完整性和目的性的现代性叙述方式（邵燕君 2006）。作为社会个体的叙事方式则具有分散性，是一种基于个体体验基础上的平民化叙述方式，具有更多的后现代性特征。

从话语对象及传播接受者层面看，亦存在相应的 3 个受众主体，一是作为主权国家的受众，二是作为民族文化的受众，三是作为社会个体的受众，前二者属于集体受众。从话语内涵及传播内容看，不同的话语方式蕴涵着 3 种不同含义，对受众而言，则属于 3 种相解码对象：一是中国国家意志和意识形态，二是中国民族文化，三是中国现实社会生活领域的普罗大众。在不同话语主体与叙事方式中，作为话语符号的"中国梦"具有不同的内涵，在对外传播中，其传播效果机制与传播效果也不尽相同。

总之，作为传播者，我们要针对"中国梦"的国际传播场域，基于"中国梦"的不同叙事方式及其相应叙事特征，分别构建与之相应的话语系统，形成一套适用于对外传播的"中国梦"完整话语体系。

二、"中国梦"的集体话语构建与对外传播

在国际传播场域中，我们长期缺乏话语主导能力，"中国梦"提出以来，西方世界常将历史上的"睡狮说""黄祸论"与当今"中国威胁论"相联系，对"中国梦"进行有意无意误读，形成传播领域的"定型化特征"，其本质仍旧是以西方国家为主体对中国主权国家形象的主观构建，成为西方发达国家制造的中国版新"东方主义"。"中国梦"这种由他者构建的话语格局，不仅是造成对中国的误解与偏见的根源，

也是国际传播秩序不平等的重要体现。

中国共产党作为中国的领导核心和实际治理者，代表中国政府及中华民族提出了"中国梦"概念，其核心是实现国家富强、民族振兴与人民幸福。"中国梦"作为中国故事、中国声音及中国精神的浓缩符号，在对外传播场域，"中国梦"首先毫无疑问是中国的国家之梦，其本质是中国在当今国际社会中的国家身份重建与认同问题。当然，我们在强调国家梦的同时，并不是要割裂"中国梦"的丰富内涵，而是突出其对外传播过程中话语的国家主体性。

任何一个具有强烈的国家主义色彩的话语体系构建，都不可避免地隐含着使某种世界观普世化、合法化的本质要求。尽管我们的"中国梦"本身是在摒弃零和思维模式，立足于和世界各国共同发展、共享繁荣基础之上提出的，但在国际社会仍被赋予不同的意义。当今世界尽管全球化浪潮不断推向深入，但主权国家仍是基本地理与政治单元，分别编制出各自的国家"梦"。世界各国及地区尽管存在现实的利益冲突与意识形态差异，但从话语符号塑造上看，"梦"本身具有一种话语的"中立"色彩。在国际传播格局中，"中国梦"与世界各国的"梦"在话语上是相通的，弱化了意识形态与国家利益的冲突与对抗，为"中国梦"的传播提供了一个便利条件。在具体对外传播的策略上我们也要按照突出共性的思路，从"中国梦"与"世界梦"的联系与共性入手，确定话语表述方式。在具体内容上，多提国际责任，以国际社会的共识和共同话语作为基础，构建起一套容易被国际主流舆论和民意所接纳的对外传播话语体系。

中国不仅是当今世界迅速崛起中的发展中国家，也是一个有五千多年历史的文明古国，中华民族很早就以乌托邦的方式建构了以"大同"为核心的"民族国家梦"与"天下梦"。近代以前，我们的文化话语始终是自我构建的。从近代开始，伴随着西方资本主义的全球扩张，尽管当时存在着中国文化对外传播的所谓"东学西渐"现象，但中国对自身民族文化话的语权权却逐渐被西方国家手所主导，丧失了民族文化的自我塑造与民族话语权自我构建的能力，形成"中国文化在中国"但"话语主导权在西方"的话语格局现象。

随着全球化浪潮的不断深入，仅从文化的传播方式与技术手段而言，马歇尔·麦克卢汉预言的地球村时代已成为现实，不同民族间文化在国际舞台上传播的技术屏障被打破，但国际传播秩序不平衡的局面不仅没有改变，"数字鸿沟"反而有进一步扩大趋势。民族、种族文化的竞争与经济利益、资源的争夺交织在一起，冲突更加剧烈，文化话语权的争夺再一次成为国际传播场域中的关键领域，不同文明间的冲突亦有不断加剧的趋势，这就是萨缪尔·亨廷顿的"文明冲突论"。作为一个当代民族文化符号，国际社会关注民族话语系统中"中国梦"的当代解读。在中国与世界的长期历史交往中，中华民族有许多珍贵的历史文化资源和优秀文化传统，能够超越当今世界的文化鸿沟及其引起的文明之间的冲突。

在当今全球化语境下，"中国梦"的话语构建既要坚持"重返中国"，更要"走向世界"。作为一种宏大叙事方式和集体话语，"中国梦"具有深层的历史结构，承载着中华文明优秀文化。近代以来被西方列强欺凌和瓜分的历史已经成为中华民族的集体记忆，中国人民争取国家独立与富强是几代人的梦想，深刻记录着中华民族从饱受屈辱到赢得独立解放及和平发展的历史轨迹，正如习近平主席指出的："实现中华民族的伟大复兴，是中华民族近代以来最伟大的梦想。"（习近平 2013a: 40）在中国民族文化对外传播的历史上，其核心策略从来都不是走武力扩张的"霸权"道路，坚持"己所不欲，勿施于人"的"王道"政治。尽管历史上中国文化传播策略的形成与实施主要局限于今天中国境内的边缘地区及周边邻国，但其形成的通过文化软实力"徕而教之"的文化传播观念早已内化为中华文明的核心理念。中华民族在处理文化差异问题时，始终以"天下"视野和开放心态，秉持"和合"思想，强调文明的共存，坚持"和而不同"，许多理念已经被国际社会理解和接受。构建民族文化与当代现实相统一的话语体系，是弥合"中国梦"对外传播文化障碍的重要手段。在"中国梦"的对外传播中，传统文化与实践原则应该作为"中国梦"在民族话语层面的重要内容积极向外传播，使之成为"中国梦"民族话语构建的文化表征。

当然，我们在强调话语构建与传播的同时，绝不意味着一味迎合受者的偏好。为更好地维护国家利益，向全世界更好地传播中国国家战略，在构建"中国梦"国际话语体系时，必须始终坚持"传播自我"，不断在现代世界中阐释清"我是谁"，以"三个自信"为根本，维护好国家的"集体自尊"，以鲜明的立场和态度保持中国在国际舞台上的话语"硬度"，将提升中国话语权的自我构建能力和国际化水平有机结合为一个整体。

三、"中国梦"的个体话语构建与对外传播

当今世界，尽管冷战时期的意识形态对立状态已有了很大的改变，但意识形态领域的分歧与差异、基于意识形态的冲突与斗争依然客观存在。作为主权国家的"中国梦"话语，是中国国家意志的集中体现，与中国"和平崛起"战略是联系在一起的，在这一战略的实施过程中，世界不同国家的理解与认同情况是不同的。同时，作为主权国家层面的"中国梦"也是中国制度和中国道路的集中标识，不可避免地被打上意识形态烙印，在传播过程中，不可避免地带有政治化、说教性特征。在民族话语领域，跨文化的鸿沟亦无法完全消弭，基于种族、宗教的不同文明之间的冲突与斗争呈现出加剧之势，"中国梦"与以"美国梦"为代表的西方话语存在巨大差异。因此，无论从哪个方面，在宏大叙事层面"中国梦"都存在较多的传播障碍。

"中国梦"既是国家传播体系中国家意识形态与民族话语系统，同时也是社会领域大众话语系统概念。赵光怀、周忠元（2014a）指出："就社会大众而言，广大公众不仅仅将'中国梦'作为国家和民族的宏大理想看待，在现实空间和语境中，其符号和概念常常被具象化，公众对'中国梦'的各自不同的理解和阐释，成为社会领域对其的另一种话语阐释和意义构建。"尽管该文是从"中国梦"的国内传播视角出发的研究，但其逻辑规律对"中国梦"在国际传播领域也是同样适用的。

在宏大叙事、集体叙事与个体叙事之间，尽管从理论上说二者并

不必然相反，但它们之间的张力始终是存在的，构成了一对相互紧张的对应关系。在传播领域，不同叙事方式、不同话语主体的传播具有不同的"偏向"性，形成各自相应的传播模式，赵光怀、周忠元（2014b）将之称为话语的契合与背反共生的现象。他们指出："当两种叙事话语形态出现在不同的文化场域和传播路径中时，有时就会出现背反现象，从而造成一定的负面效应。"

从具体传播实践看，"中国梦"宏观叙事层面的传播对象及传播效果整体"偏向"于西方社会的政治经济精英阶层，而平民叙事则"偏向"于社会的普罗大众。"中国梦"在国际社会的传播，尽管具有国家与国家、民族与民族之间的"集体"话语传播，但在大众传播领域及社会层面，其直接传播的对象却是分散的个体。基于"宏大叙事"的集体话语传播居于强势地位，容易构成对"个体叙事"的侵犯、覆盖甚至清除。个体叙事是对宏大叙事的一种必不可少的补充、修复和矫正，具有天然适应面向社会大众传播的偏向性。作为一种话语构建策略，在构建"中国梦"话语体系时，不能顾此失彼，要兼顾各个层面的关系，通过平民叙事传播纠正在宏大叙事层面的传播障碍与"偏向"，反之依然。

尽管目前学术界对西方社会大众媒介的"意见交换场所"理论及其对民主制度的维系作用提出了种种质疑，但决不可据此完全否定社会公众在社会舆论的形成机制中有重要影响力。我们应该高度重视他们在其所属国家、民族集体观念中的影响力。因此，为了提高对"集体"的传播效果，必须从社会个体传播着手。不同国家、民族中的社会个体"理想梦"的话语表达方式与内涵各不相同，但对社会及个人理想的期待是共同的。18世纪以来逐渐形成的"美国梦"成为个人理想的表述方式，已经在世界各国被广泛使用，在这个层面上，"中国梦"的话语符号本身就是适应传播需要的。作为传播接受者的国际社会个体成员，不仅仅将"中国梦"作为当今中国国家政治意识形态和中华民族的宏大理想看待，在现实空间和语境中，既有作为社会个体对民族国家话语系统中的"中国梦"观念的认同与意义分享，亦有将"中国梦"作为符号具象化为个体"理想梦"的问题。

从"中国梦"的内涵本身看，社会个体层面的内涵尽管与民族国家层面本质上是一致的，而且突出了社会个体层面的意义，正如习近平总书记所说的"中国梦归根到底是人民的梦"（习近平 2013b：108）。但在具体传播过程中，绝不意味着我们就可以将之进行简单化约，更不能混淆起来。尤其是在对外传播领域，以宏大叙事为特征的国家梦、民族梦具有更重要的意义，也是国际社会更加关切的主题。在传播过程中，不同的叙事方式对应着不同的话语系统，同一传播内容，在传播者与受众之间，在话语的不同层次上，在不同受众群体中，意义构建的方式也是不同的。与宏大叙事相比，社会个体叙事更容易形成概念的碎片化，因此也增加了概念偷换与意义转换的危险。大众媒介作为"中国梦"在最广大的社会公众中传播的主渠道，必须清醒地将这些概念和话语区分开来，恰当处理好各种"中国梦"的关系，为"中国梦"的传播提供正能量，防止传播过程中可能产生的意义消解。

与国家、民族等概念相比，社会个体对日常生活的理解更加直观，也更容易沟通与理解。因此，与国家、民族话语相比，在社会个体的日常叙事话语中，具有更强的相通性，民生是各个国家的共同关注点。在全球化浪潮及市场经济背景下，通过个人奋斗追求幸福的个体梦不仅与历史上的"美国梦"形式完全一致，亦成为在全球被广泛认可的普遍观念。在对外传播中，对"中国梦"的诠释更应突出个体梦想的内涵，将国际化的社会个体日常叙事话语作为对外传播重点，最大限度地消弭跨文化传播中的障碍，回应国际社会对"中国梦"内涵的质疑，在西方民主政治体制下，得到世界各国广大人民的认同，形成"中国梦"的"民意基础"，利用平民叙事的"偏向"平衡宏大叙事的"偏向"。

（本文原载于《江西社会科学》2015 年第 3 期，180-184 页。收录于本文集时略有改动。）

参考文献

刘易斯著，郭镇之等译. 2013. 文化研究基础理论[M]. 北京：清华大学出版社.

邵燕君. 2006. 宏大叙事解体后如何进行宏大的叙事？——今年长篇创作的史诗化及其追求[J]. 南方文坛，6: 32-38.

习近平. 2013a. 在参观《复兴之路》展览时的讲话[A]. 党的群众路线教育实践活动学习文件选编[C]. 北京：党建读物出版社.

习近平. 2013b. 在第十二次全国人民代表大会第一次会议上的讲话[A]. 党的群众路线教育实践活动学习文件选编[C]. 北京：党建读物出版社.

赵光怀、周忠元. 2014a. 平民化叙事与"中国梦"的大众传播[J]. 当代传播，1: 18-19.

周忠元、赵光怀. 2014b. 宏大叙事与平民叙事的契合与背反——"中国梦"的话语体系构建和全民传播[J]. 江西社会科学，4: 235-239.

"中国梦"话语的国内外传播分析

陈丽梅

（云南师范大学华文学院）

摘　要:"中国梦"凝练的话语表达形式,为其国内传播的具体化、丰富化提供了条件;同时因其表达的语义内涵唤起了亿万中国人追求国家强盛、生活幸福的集体意识和集体无意识,因此在国内得以广泛传播。而此话语在国外获得的高度评价,与其平实的表述方式、追逐世界和平发展和互享互惠的本质精神密切相关。另外,"中国梦"在国外的传播中还面临一些问题,需要继续做好"中国梦"的对外传播。

关键词:中国梦;国内传播;国外传播

自习近平总书记 2012 年 11 月 29 日参观《复兴之路》展览时提出"中国梦",并在第十二届全国人大会议上详细阐述其内涵后,"中国梦"就成为热门话语在国内外广泛传播:在国内出现了各种"领域梦""阶层梦";在国际上,国外舆论也对其进行了高度评价。对"中国梦"话语传播的研究已成为一个重要的课题。

目前对"中国梦"传播的研究,主要有以下几方面:一是对"中国梦"传播途径的研究,如吕涛(2014)《"中国梦"的传播途径研究》及史安斌(2013)《公益广告与传播"中国梦"》等文章;二是对"中国梦"报道效果和报道策略的研究,如史安斌(2013)《"中国梦":提升对外传播内容与效果的新契机》、冯建华（2013）《论"中国梦"的报道视域及策略》、薛天舒（2013）《提升"中国梦"国际传播力的思考》等；三是联系"中国梦"的内涵及精神来探究其传播，如赵冰冰（2013）《"中国梦"、中国精神与对外传播》一文，便探讨了中国精神对其传播的促进作用；四是探究了"中国梦"传播或解读中出现的问题，如贾敏（2013）《构建"中国梦"对外传播的路径与策略——以海外意见领袖的观察解读为视角》、王义桅（2013）《外界对"中国梦"的十大误解》等文章。从已有的研究可以看出，对"中国梦"传播的研究主要涉及其传播中的问题、促进其国内外积极传播的策略等方面，但对其国内外广为传播的原因及传播中存在一些问题的原因进行深入研究的相对较少。

鉴于此，本文便在概述"中国梦"国内外传播现状的基础上，对其传播原因进行分析，以期通过本文的探究，能进一步增强"中国梦"话语的解读，并能对其传播及"中国梦"的实现起到积极的作用。

一、"中国梦"的国内传播及传播原因

在国内，在"中国梦"话语影响下形成了"中国梦"系列话语。各领域出现了"领域梦"，如"发展航天事业，建设航天强国的航天梦""计算机领域的'中国梦'""食品安全梦""电影界的'中国梦'"等；各阶层出现了"阶层梦"，如"农民的'中国梦'""科学家的梦想""企业家的梦想"等等。每个人都有自己的"中国梦"，正如周天勇所说，"中国梦"可以具体化为"数亿民众的新生活梦（包括新市民梦、新村民梦）、安居乐业梦（包括住房梦、就业和创业梦）社会保障梦、公共服务梦（包括教育成才梦、看病便利梦、出行和通讯便利梦和美国式的轿车梦）、环境优美和家庭平安梦（包括饮水和食品安全梦、空气清洁富氧梦、环境安详宁静梦、社区、街道和工作场所环境卫生整洁梦、园林、湿地、山水生态以及家庭生活和工作安全梦）、精神生活梦"（周天勇 2012）。

"中国梦"在国内如此迅速而广泛地传播，与其表达特点及其所唤起的中华儿女追求国家强盛、生活幸福的集体意识和集体无意识密切相关。

1.1 "中国梦"凝练的表达提供了传播条件

"中国梦"这个语言表达形式，从短语类型看是偏正短语。从辞面看，"中国"是一个表示国家的名词，"梦"作为名词的词义为"睡眠时因大脑皮层的局部还没有完全停止活动或受其他刺激而引起的脑中的表象活动"。要确保此偏正短语"在结构和意义上都能搭配"（黄伯荣、廖序东 2007：45），"中国"和"梦"的语义都要受邻近词语的影响而发生变化。"中国"就不是表示"国家"这个抽象的政治实体，其词义应具有"作为高级生命（或只属人）的属性，要求作为'定'的成分为人"（崔士岚、杨丽丽 2014：182）。因此，"中国"的语义具体化，可指中国人，可指集体，也可指个人；"梦"的语义也发生了变化，由"大脑的表象活动"义变为与之相关的词义"梦想"。"梦"在"中国"的修饰下，就既可指国家复兴的梦想，也可指组成"国家梦"的无数具体的"个人梦"。因此，正如习近平主席所说："中国梦是民族的梦，也是每个中国人的梦。"

可见，"中国梦"话语凝练的表达形式蕴含了丰富的内涵，即"言"外蕴藏着丰富的"意"，这就为透过"言"丰富"言外"的"意"留足了空间。当"中国梦"话语传播到具体领域、阶层时，就形成了具体而丰富的领域梦、阶层梦。

因而正如黄相怀（2013：62）所说："'中国梦'蕴涵着重大的理论创新意义。……'中国梦'及其相关词语所开辟的新的话语空间，打通了学术话语与政治话语、民间话语与官方话语、中国话语与外国话语之间的隐性阻隔，大大丰富了中国共产党的理论话语库，……在'中国梦'的视阈中，历史与现实、中国与外国、改革开放前与改革开放后之间的联系更为密切；个人与国家、当前与未来、理论与现实之间的关联更为强化。"

因此，"中国梦"凝练的话语表达形式为其在具体语境中的具体化、丰富化提供了条件。

1.2 "中国梦"唤起的集体意识和集体无意识促进其传播

1. "中国梦"唤起的集体意识促进其传播

所谓"集体意识"，如冯特所说："集体意识决不在每个人的意识之外，各个人的意识结合成一个整体，这个整体因指向一定的目的而统一起来，从而构成了集体意识，它并不是一个虚构的概念，而是同个人意识一样的实在。"（方双虎、郭本禹 2009: 1350）

对于今天所有的中华儿女来说，实现中华民族的复兴、国家强盛、人民幸福及"两个一百年"计划是我们共同的梦想。这也就是"中国梦"所唤起的当今中国人追求国家强盛、生活幸福的集体意识。

同时，"中国梦"正视了当今存在的"中国问题"，具有较大的现实意义，这就更能激起中国人追求幸福、国家强盛的集体意识。

正如习近平主席在参观《复兴之路》展览时所说："现在，我们比历史上任何时期都更接近中华民族伟大复兴的目标，比历史上任何时期都更有信心、有能力实现这个目标。"但是同时，"要把蓝图变为现实，还有很长的路要走，需要我们付出长期艰苦的努力"。还面临着许多问题，这些问题，正如王虎学所说，"既包括宏观问题、中观问题，也包括微观问题。……不仅包括关乎国家富强、民族振兴和人民幸福的'宏观'问题，即'中国向何处去'这一大问题、总问题，还应该包括全面建成小康社会、加快推进社会主义现代化和实现中华民族伟大复兴进程中的一系列阶段性的'中观'问题。此外，无论是实现中国梦，还是践行群众路线，都应该及时回应现时代人民群众最关心、最直接、最现实的利益问题，这也看作是中国社会发展进步实践中的'微观'问题"。因此，"中国梦是基于中国成就更是基于中国问题提出的，旨在破解中国问题。中国梦是深深扎根于中国大地进而切中了'中国问题'及其实质的一套'新话语'"（王虎学 2013）。

正是面临和正视了这些问题，凝聚着奋斗目标和奋斗精神的"中国梦"话语的提出，便瞬间激活了亿万中国人的集体意识，激发了亿万中国人心中的希望和奋斗热情，在各领域、各阶层形成了无数具体的"中国梦"。

2."中国梦"唤起的集体无意识促进其传播

中华民族的复兴梦，不仅是近代以来中国人民的夙愿，也是历代中华儿女的孜孜追求；经过历史的积淀，已成为中国人的集体无意识。

所谓"集体无意识"，也就是通过遗传，后人在不知不觉中获得的世代积累的经验。荣格认为："意识是次要的。……意识下面一层是个人无意识，是属于个体的。……个人无意识并不是无意识的很深的层次。……个人无意识下面就是第三层——精神层次，亦即集体无意识。这个最深层次个体是不知道的，它包含着连远祖在内的过去所有各个世代所积累起来的那些经验的影响。"（舒尔茨 1982:359）

"中国梦"积淀着历代中国人追求国家强盛、人民幸福的集体无意识。

从《诗经》的"小康梦"到《礼记·礼运》"大同篇"所描绘的"大道之行也，天下为公，选贤与能，讲信修睦"到孔子的"大同梦"、孟子的"王道梦"、洪秀全的"天国梦"、洋务派的"实业救国梦"、改良派的"宪政梦"、革命派的"共和梦"、孙中山的"振兴中华梦"及"一跃而登中国于富强之域，跻斯民于安乐之天"的蓝图、梁启超的"少年中国说"，再到毛泽东提出"民族复兴，让人民站起来"、周恩来提出"中华崛起"、邓小平提出"着力振兴中华民族"及至今天的"中国梦"，这些都是在为实现祖国富强而努力。而在国家危难时，多少仁人志士为之抛头颅洒热血。从爱国忧国而报国无门投江而逝的爱国诗人屈原，到"先天下之忧而忧，后天下之乐而乐"的范仲淹，到"王师北定中原日，家祭无忘告乃翁"的陆游，到为救国复国而叹出"臣心一片磁针石，不指南方不肯休"的文天祥，到"各国变法，无不从流血而成。……有之，请自嗣同始"的谭嗣同，再到为新中国的建立而热血奋斗的英雄们，都在为国家富强、民族振兴而舍身追求着。

"中国梦"要实现的"人民幸福"，让人民"共同享有人生出彩的机会，共同享有梦想成真的机会，共同享有同祖国和时代一起成长与进步的机会"，是历代"民本思想"的延续。从西周时的"民之所欲，天必从之""天视自我民视，天听自我民听"等一系列敬天保民的思想，到春秋战国时期孔子提出的"节用而爱人，使民以时"的思想，孟子提出的"民为贵，社稷次之，君为轻"的仁政思想，荀子的"君者，舟也；庶人者，水也。水则载舟，水则覆舟""天之生民，非为君也；天之立君，以为民也"等，及管子的"富国养民"思想，到北宋张载主张的"民，同胞也；物，吾与也"，到明末清初思想家黄宗羲在《明夷待访录·原君》中提出的"天下为主，君为客"的观点，及至今天"中国梦"提出的"中国梦归根到底是人民的梦，必须紧紧依靠人民来实现，必须不断为人民造福"，是一脉相承的，都是对人民幸福的追求和努力。

而"中国梦"所提倡的"万众一心，为实现共同梦想而奋斗"的追梦精神，实则就是团结一心、自强不息的中国精神的体现。从上古神话如精卫填海、夸父逐日的执着，到"天行健，君子以自强不息；地势坤，君子以厚德载物"的自强不息的精神，及"士不可不弘毅，任重而道远"所追寻的坚韧、宽厚的品质；从孟子的"如欲平治天下，当今之世，舍我其谁也"到范仲淹"先天下之忧而忧，后天下之乐而乐"，到顾炎武"天下兴亡，匹夫有责"，到张载"为天地立心，为生民立命，为往圣继绝学，为万世开太平"等的担当意识，一直是历代中国人追逐梦想的精神支撑。

因此，历代中国人对国家富强、人民幸福的追寻和付出，早已成为潜意识潜存于每个中国人意识深处。当蕴含着这种追寻和精神的"中国梦"一提出时，便能唤起每个中国人潜意识中的理想，点燃亿万中华儿女的激情，并在国内各领域、各阶层形成无数具体的"中国梦"话语。

综上所述，"中国梦"话语的广为传播与其凝练的表达形式及其所激发的亿万中国人的集体意识和集体无意识密不可分。

二、"中国梦"的国外传播及传播原因

"中国梦"话语在国外也得以广泛传播，并获得了大量积极的评价。

"中国梦"话语提出后，国际舆论对其有着高度评价。《人民日报》2012年12月1日的"国际舆论高度评价习近平阐述'中国梦'"一文中，详细介绍了国际舆论对"中国梦"的评价。如泰国前副总理功·塔帕朗西表示："中共新一届中央领导集体向世界显示了带领中国走向繁荣、实现民族复兴的决心和能力。"越南胡志明国家政治行政学院学者黎文端说，中共新一届中央领导集体上任伊始就推出很多新举措，体现出重视加强党组织自身建设和对国家未来发展大局的整体把握。韩国中国政经文化研究院理事长李映周，表示"相信中国人民在新一届领导人的带领下，会更加团结，民族自信心会更强"。李映周认为，以中国现在的经济增长潜力和发展速度，到中国共产党成立100年时全面建成小康社会的宏伟目标一定能实现。苏丹国家电视台网站30日评论认为，中国的复兴具有巨大而深远的意义，其影响不仅在中国国内，在国际上也与日俱增。日本北海道大学传媒研究院教授渡边浩平表示，作为一名邻国的百姓，渡边热切期待着"中国梦"不仅仅属于中国，也能与周边国家共同分享。比利时《华商时报》社社长罗玉宏表示，习近平阐述"中国梦"，表明中国共产党带领全国人民迈向复兴之路的决心；中央领导集体重温历史，表明中国共产党要铭记历史、发愤图强的民族责任感和坚定不移走中国特色社会主义道路的使命感。美国《华尔街日报》报道指出，中国共产党新一届中央领导集体努力将党打造成"同人民紧密相连的集体"。在《人民日报》2012年12月26日第3版的"世界看好'中国梦'"一文中，也有着国际舆论对"中国梦"积极评价的详细介绍。可见，"中国梦"在国际上有着积极的影响。

"中国梦"在国际上广泛、积极的传播，我们认为以下几方面因素起着重要的促进作用。

2.1 "中国梦"平实的表达促进其传播

习近平主席提出了"中国梦"后,在对其深情阐释中,提出了"四个必须""三个共同"及"归根到底是人民的梦,必须紧紧依靠人民来实现,必须不断为人民造福"。"中国梦"的表达和阐释,语言平实,目标具体而清晰。正如北京交通大学马克思主义学院院长韩振峰教授所说:"'中国梦'的概念,不仅中国的老百姓能听懂,也得到了世界的共鸣。"[1] 也正如比利时《华商时报》社社长罗玉宏所说:"习近平平易近人的话语富有感染力。"这就有利于"中国梦"的国际解读。

此外,国内对"中国梦"传播方式、策略的相关研究(如上文提到的已有研究文章)及相关传播领域(如媒体、报纸等宣传领域)的努力,对其国外的传播也起了积极的作用。

2.2 "中国梦"追求的和平共赢促进其传播

1. "中国梦"追逐和平的精神促进其传播

"中国梦"是追逐世界和平发展之梦。"中国梦"体现了崇尚和平的中国精神。

从孔子主张的"礼之用,和为贵",到孟子注重"人和",《中庸》提倡的"中和"及道家的老子在《道德经》中讲"道生一,一生二,二生三,三生万物。万物负阴而抱阳,冲气以为和"的"道法自然、天人和谐"(李发亮 2013: 90)的思想等等,都是对"和"的崇尚。而"中国梦"的"四个必须"之一的"必须坚持和平发展",正是崇尚"和"的中国精神的体现。

因此,在阐释"中国梦"时,习近平主席强调了"中国梦"是致力于世界和平的梦。后在接受拉美三国媒体联合书面采访时,在莫斯科国际关系学院发表演讲时,在坦桑尼亚尼雷尔国际会议中心发表演讲时,在同奥巴马总统共同会见记者发表讲话时,及在中法建交 50周年纪念大会上发表讲话时,习近平主席都多次强调了"中国梦"对世界和平发展的作用。正如习近平主席在中法建交 50 周年纪念大会上发表讲话时所说:"中国梦是追求和平的梦。中国梦需要和平,只有和平才能实现梦想。……中国这头狮子已经醒了，但这是一只和平的、可亲的、文明的狮子。……中国梦是奉献世界的梦。……随着中国不断发展，中国已经并将继续尽己所能，为世界和平与发展做出自己的贡献。"

2. "中国梦"追求的共赢精神促进其传播

"中国梦"是追求和平发展的梦，也是与世界共享的、共赢的梦。

首先，"中国梦"的追梦精神与世界各国追求国家强盛、生活幸福的精神是相通的、共享的。正如韩国前总统朴槿惠在访华时指出："中国正朝着中华民族伟大复兴的'中国梦'奋勇前进，韩国也向着开启国民幸福新时代的'韩国梦'迈进。"[2] 习主席在出访拉美前，曾指出"中国有'中国梦'，拉美人民也有着自己的百年梦想——'玻利瓦尔梦想'。"[3] 并指出"中国梦"与拉美的"玻利瓦尔之梦"是相通的，在国家富强、民族振兴和人民幸福 3 个方面，拥有高度相似的理念。因此，"中国梦"的追梦精神是与世界各国共享的。这正如习近平主席代表中国政府和人民向世界郑重宣示、庄严承诺的——"中国梦与中国人民追求美好生活的梦想是相连的，也是与各国人民追求和平与发展的美好梦想相通的"。

其次，"中国梦"的实现，对促进世界经济发展起着积极作用。"今天的中国已经成为促进亚洲地区和世界经济社会发展的重要力量，……日益扩大的贸易使中国成为重要的'世界工厂'和'世界市场'。"（姜玮 2013：6）"中国梦"的实现将进一步增强中国在世界经济发展中的积极作用。正如《人民日报》2013 年 3 月 16 日第 3 版《中国发展 世界受益——国际人士谈中国发展对世界的贡献》一文中韩国中国政经文化研究院理事长李映周、西班牙《环球亚洲》杂志社社长伊万·马涅兹、德国法兰克福金融管理学院教授洛切尔等 17 位国际人士所谈到的，中国在维护世界和平及推动世界经济发展等方面所起的重要作用。因此，也正如印度国防研究与分析研究所高级研究员鲁普·纳拉扬·达斯所说："互惠互利是中国梦带给世界最为直接的'礼物'。"[4]

可见，"中国梦"对中国人民及世界人民都有着重要意义。正如习近平主席在接受拉美三国媒体联合书面采访时所说，实现中国梦"不仅造福中国人民，而且造福世界人民"。因此，"中国梦"话语一经阐释后，便在国际上获得了高度评价，并迅速传播开来。

但同时，"中国梦"的国外传播也面临着一些问题，如"也有不少媒体称，"中国梦"的内涵还不够清晰，……还有少数媒体炒作'中国梦'会导致'民族主义的加剧'及'外交政策的强硬'。此外，境外媒体也出现明显的泛化解读现象，将缺水、雾霾等发展问题与'中国梦'相关联"（于运全、孙敬鑫 2013：11）。又如王义桅（2013）在《外界对"中国梦"的十大误解》一文中，罗列了对"中国梦"是十种误解，其中有 4 种是外媒对"中国梦"的误读，如认为"'中国梦'是中国的自由民族主义。一些外媒将'中国梦'说成是狭隘的民族梦"，"将'中国梦'与'中国威胁论'画等号"，"一些外媒将'中国梦'与中国的国家身份联系起来，认为'中国梦'表明中国着眼于中国，抛弃共产主义理想"，"认为'中国梦'的实现是以牺牲民众利益为代价的"，这些都是对"中国梦"的误读。

可见，做好"中国梦"的对外解读和传播，还需要继续努力。如史安斌（2013：14）《"中国梦"：提升对外传播内容与效果的新契机》一文，就提出了 3 点建议："在传播的内容上，以'中国梦归根到底是人民的梦'为指南，在对外传播工作中深入挖掘把中国人民和世界人民连结为'命运共同体'的主题，……在传播的形式上，根据印刷媒体、电子媒体和网络媒体的不同特征，制作针对不同受众群体的媒介产品，中华民族的核心价值观通过适宜的形式传递给使用不同媒体的受众。……系统总结美国等西方国家在对外传播方面的最新经验，提升传播效果。"也如国务院新闻办公室主任蔡名照所说："围绕坚持和平发展这个重要方针，讲清楚'中国梦'与各国梦、世界梦相连相通，实现'中国梦'不仅造福中国人民，而且造福世界人民。……要发挥网络媒体的独特优势，有效运用网络平台传播'中国梦'。要拓展国际交流合作，最大限度地让国际社会了解'中国梦'、认同'中国梦'、共享'中国梦'。"[5]因此，我们可以通过改进传播方式、利用有效的传播途径及借鉴别国成功的传播经验，来促进"中国梦"话语的传播。

综上所述，"中国梦"话语形式凝练，内涵丰富。因其话语表达形式承载了其辞面以外的丰富内容，因此在国内传播时，各领域、各阶层可根据具体情景对其丰富化、具体化。同时，此话语唤醒了亿万中华儿女追求国家强盛、人民幸福的集体意识和集体无意识，点燃了亿万中国人的奋斗激情，让亿万中国人明确了奋斗目标，因此"中国梦"在国内迅速传播开来。而在国际传播方面，因"中国梦"平实、清晰的表述形式及其追求世界和平发展、共享共赢的特征，使其在国际上广为传播并获得了高度的评价；但同时仍存在一些国际解读的问题，仍需要继续做好"中国梦"的国际传播。

（本文原载于《绵阳师范学院学报》2014年第12期，127-131页。收录于本文集时略有改动。）

注释：

1. 把"摸着石头过河"和"顶层设计"结合起来[N]. 光明日报，2013.11.14（2）.
2. "韩国梦"和"中国梦"相通[N]. 文摘报，2013.7.4（7）.
3. "中国梦"与"拉美梦"相通[N]. 光明日报，2013.6.3（8）.
4. "中国梦"利世界[N]. 深圳特区报，2013.5.28（2）.
5. 把"中国梦"传播好、阐释好、解读好[N]. 光明日报，2013.8.16（3）.

参考文献

崔士岚、杨丽丽. 2014. "中国梦"的语法维度分析[J]. 辽宁工程技术大学学报（社会科学版），2: 180-182.

方双虎、郭本禹. 2009. 意识的分析 内容心理学[M]. 济南：山东教育出版社.

黄伯荣、廖序东. 2007. 现代汉语下[M]. 北京：高等教育出版社.

黄相怀. 2013. "中国梦"的理论创新意义[J]. 求是杂志，11: 62.

姜玮. 2013. "中国梦"的世界属性[J]. 江西社会科学，10: 5-8.

李发亮. 2013. 论"中国梦"的民族文化内涵[J]. 观察思考，12: 89-91.

史安斌. 2013. "中国梦"——提升对外传播内容与效果的新契机[J]. 对外传播，
　　7: 13-14.

舒尔茨著，沈德灿等译. 1982. 现代心理学史[M]. 北京：人民教育出版社.

王虎学. 2013. "中国梦"与"中国问题"[N]. 光明日报，2013-12 -14（11）.

于运全、孙敬鑫. 2013. 做好"中国梦"的中国解读[J]. 对外传播，7: 11-12.

周天勇. 2012. "中国梦"是每一个人的奋斗 [N]. 人民日报，2012-12-27（14）.

"中国梦"话语研究的
翻译学视角

"中国梦"是 China Dream 还是 Chinese Dream?
——对 China 和 Chinese 做名词修饰语的研究

陈国华

（北京外国语大学）

程丽霞

（北京外国语大学/大连理工大学）

摘 要：习近平提出"中国梦"的概念后，外宣媒体开始多将其译成 China dream，而现在 China dream 和 Chinese dream 这两种译法并存。一种观点认为，没有译成 Chinese dream 是因为 Chinese 构成的短语多含贬义。通过检索历史和当代英语语料，笔者发现，China 和 Chinese 在当代英语中都是中性词。作为名词修饰语，China 主要表示"中国的；来自中国的；中国本土的"或"与中国有关的"；Chinese 除了可以表示"中国的；与中国有关的；有中国特点的"外，还表示"中国人的；与中国人有关的；有中国人特点的"或"中文的；与中文有关的；有中文特点的"。China dream 通常指"外国人的中国梦"，而 Chinese dream 才是"中国人的梦"。

关键词：中国梦；修饰语；英译

一、引言

2012 年 11 月 29 日，习近平在参观完大型展览《复兴之路》后发表的讲话中对"中国梦"的概念进行了阐释，他的原话和新华网英文版的译文如下：

（1）a. 现在，大家都在讨论中国梦，我以为，实现中华民族伟大复兴，就是中华民族近代以来最伟大的梦想。（http://news.xinhuanet.com/politics/2012-11/30/c_124026690.htm）

b. "Nowadays, everyone is talking about the China Dream," he said. "In my view, realizing the great renewal of the Chinese nation is the Chinese nation's greatest dream in modern history. (http://news.xinhuanet.com/english/china/2012-12/23/c_132058740.htm)

针对"中国梦"被译成 China Dream，金其斌（2013: 103）解读说："在对外报道中，'中国梦'一致英译为 China dream，而不是 Chinese dream。为什么'美国梦'是 American dream，而'中国梦'却另起炉灶，译成 China dream 呢？这得从历史上 Chinese 构成的短语多含贬义说起。"他接下来举了几个这种带贬义短语的例子，如 a Chinese attack（中国式进攻：喧嚣、混乱的进攻）等。在金其斌之前，高克毅、高克永（2006: 111）就表达了类似观点，认为："基于百多年来华人在美国的负面形象，以形容词'中国'起首的美语多半不怎么好听。"其所举的例证包括 Chinese gooseberry（中国猕猴桃）、Chinese home run（中国本垒打）等。

在对外报道中，"中国梦"实际上并没有被一致英译为 China dream。人民网英文版 2013 年 2 月 25 日就将"中国梦"译成 Chinese dream：

（2）Xi Jinping, general secretary of the Communist Party of China (CPC) Central Committee, on Monday expressed his hope that compatriots from both sides of the Taiwan Strait can cooperate in realizing the "Chinese dream". (http: //english.peopledaily.com.cn/90 785/8142806.html)

中共中央总书记习近平在星期一表达了海峡两岸同胞共同实现"中国梦"的愿望。

最近，《习近平关于实现中华民族伟大复兴的中国梦论述摘编》的英文版（Xi 2014）出版，"中国梦"译成 Chinese dream，可谓一锤定音。尽管如此，一般人并不清楚为什么"中国梦"有时译成 China dream，有时译成 Chinese dream，也不肯定带 Chinese 的短语是不是真的"多含贬义"。在英语里，Dutch 和 French 做名词修饰语的短语都有一些带有贬义，例如 Dutch concert（荷兰音乐会：一片嘈杂声）、Dutch courage（荷兰人之勇：酒后之勇；一时之勇）、French disease（法国病：梅毒）、take French leave（法式请假：不辞而别；开小差）。然而这些贬义短语并不妨碍人们不带贬义地用 Dutch 或 French 形容荷兰或法国的事物，为什么几个 Chinese 构成的贬义短语就会妨碍人们不带贬义地用 Chinese 形容中国的事物？

事实上，"中国梦"在英美主流媒体上同样有 China dream 和 Chinese dream 两种译法，但指的是两种梦。本文认为，"中国梦"之所以有两种译法，根本原因在于，"中国"二字在形态上分不出是名词还是形容词，而英文 China 和 Chinese 与"中国、中华、中式、中国人、华人、中文、汉语"等词的对应关系错综复杂，结果使人有时拿不准做修饰语的"中国"应该译成 China 还是 Chinese。为了弄清楚 Chinese 构成的短语是否真的多含贬义，本文先考察名词 China 和形容词 Chinese 在历史英语语料和当代英语中做修饰语用法，梳理二者在指称意义上的区别；然后比较 China dream 和 Chinese dream 在国内外主要媒体中的用法和意义，说明 China dream 和 Chinese dream 的差异。

二、China 与 Chinese 做修饰语的指称意义

China 是名词；Chinese 既是形容词，又是名词（表示"中国人；华人"和"中文；汉语"）。令人难以置信的是，在 16 世纪中叶之前的英文文献里，找不到 China 这个词 [1]。据 2004 年版《牛津英语词典》（即 *Oxford English Dictionary*，后文简称 *OED*）China 条下，名词 China 最早出现于 1555 年：the great China（大中华）；China 做修饰语的用法最早出现于 1589 年：China ships with one saile（单帆中国船）。形容词 Chinese 做名词修饰语的用法最早出现于 1577 年：the Chinese nation（*OED*: Chinese 条下）。由此可见，在做修饰语方面，China 和 Chinese 很早就是竞争对手。

据 *OED*（China 条下 2），China 做定语（attributive）的用法有两种，一种是单纯做定语，如 a China drink（中国饮料）、the China sea（中国海）；另一种用法是与另一个名词组合成复合词，作为某些物产的名称，如 China-ink（墨汁）、China-wax（中国蜡）、China hog（中国生猪）、China tea（中国茶）。这两种用法的语例加在一起，再加上 China syndrome（中国综合征），共有 24 个。

形容词 Chinese 做定语有两个义项（*OED*: Chinese 条下 A. *adj.*）。义项 1 是"中国的或与中国有关的（of or pertaining to China）"，如 the Chinese language（汉语）、Chinese compliment（中国式夸奖）。义项 2 是 Chinese 用在指称源于中国的物产或事物的名称中，这种名称共 58 个。从数量上看，Chinese 做定语的用法远比 China 做定语的用法多。

通过检索 *OED*，我们发现，China 和 Chinese 在表示"原产自中国的"时可互换，不影响名词短语的意思。如"苎麻"既可以是 China-grass，也可以是 Chinese-grass；"中国蜡"既可以是 China-wax，也可以是 Chinese wax。*OED*（China 条下 2）认为，China 做定语的用法现在一般已被 Chinese 替代，只有 China trade（对华贸易）、China trader（对华贸易商）、China merchant（华贸商人）之类词语例外。原

因很简单，这种用法的 China 表示"与中国相关的"，如果换成 Chinese，会导致意思改变，如 Chinese traders（中国商人）。

与 China trader 类似的搭配还有 China policy（中国政策：对华政策）和 China plan（中国计划）：

（3）a. Britain has re-oriented her China policy. (*Sun* (Baltimore) 25 July 8/7, 1939)

英国已经调整了其"中国政策"。

b. It's said that no chief executive can face the shareholders now without a "China Plan". (*The Economist*, 30 August, 2005)

据说，现在一个没有"中国计划"的董事长将无法面对自己的股东。

上例里的 China 意思都是"针对中国的；对华的；与中国相关的"，替换成 Chinese，意思就变成"中国的"或"中国人的"了。

三、China 和 Chinese 的褒义和贬义

词语的褒义和贬义是言者主观赋予的，不过一个词是不是带有贬义，或者一个短语的贬义是其中哪个成分带来的，并非完全无法进行比较客观的判断。如果一个 A+B 构成的短语具有贬义，其贬义有三个可能的来源：要么 A，要么 B，要么 A+B 构造，判断办法就是通过不同成分的替换，看贬义是哪个成分带来的。以金其斌（2013: 104）提到的 not a Chinaman's chance（毫无机会）为例，这个短语的贬义显然来自 Chinaman，因为 chance 不带贬义。据 *OED*，Chinaman 最初的意思是 A dealer in porcelain（陶瓷经销商），最早出现在 1772 年的文献记录里，写作 China-man，没有任何贬义；其表示 A native of China（本土中国人）的最早例证出自爱默生的著作：

（4）The disgust of California has not been able to drive nor kick the Chinaman back to the home. (Emerson, *Letters and social aims, Resources Works*. (Bohn) III. 198, 1854)

来自加利福尼亚的憎恶并没有把这个中国人驱赶回去。

OED 没有说 Chinaman 有贬义。《韦氏第三版新国际全本英语词典》（*Webster's Third New International Dictionary of the English Language Unabridged*，简称 *Webster's Third*，Gove 1961）和《美国传统英语词典》（*The American Heritage Dictionary of the English Language*，简称 *American Heritage*，Soukhanov 1996）都标明这个词"有冒犯性"；《柯林斯英语词典》（*Collins English Dictionary*，简称 *Collins*，Makins 1994）给这个词贴的用法标签是"古旧或贬义"。《牛津袖珍福勒氏现代英语惯用法》（*Oxford Pocket Fowler's Modern English Usage*，简称 *Fowler's Usage*，Allen 2004）注意到这个词"已经发展出了不佳的弦外之音，一般已经不再使用了"（Allen 2004：Chinese, Chinaman 条下）。《剑桥英语惯用法指南》（*The Cambridge Guide to English Usage*，简称 *Cambridge Guide*，Peters 2004）的解释是："Chinaman 这个词一般让人感到带有贬义，这种贬义可以追溯到美国淘金热时期大众对中国移民的偏见，而这个词就起源于那个年代。"在不列颠，对于 20 世纪 20 年代编写《牛津现代英语惯用法》的福勒来说，Chinaman 显然是个中性称呼，他把这个词说成是对于来自中国的一个或几个人（Chinamen）的普通称呼，但是高沃斯在修订福勒此书时发现 Chinaman 是个贬义词，这一观点在后来的词典里得到响应，不过 Chinaman 远没有 Chink 的贬义强（见 racist language 条下）。（Peters 2004：Chinaman or Chinese 条下）

高克毅、高克永（2006: 110）认为，"大凡有争议性的字词，本身往往并无褒贬，要看时空背景，说话者的人品、态度和口气，以及听者的会意和联想，才有区别：有的中听，有的刺耳。"这种看法有一定道理。就拿 Chinaman 来说，其两个构成成分 China 和 man 并无任何贬义，而且 Chinaman 在英国英语里一开始也并无贬义，尽管后来这个词在大洋两岸都有了贬义，但在 A Chinaman's word is as good as his bond（中国佬的一句话就等于他的契约）里，由于这句话表达了中国人言而有信的特点，整体上是褒义的，所以 Chinaman 的贬义也就不那么重要了。

此外，20 世纪 70 年代后出版的案头英语词典多数都收录了 China syndrome（中国综合征）这个短语。例如《梅—韦氏大学词典》（*Merriam Webster's Collegiate Dictionary*，简称 *Merriam Webster*，Mish 1995）China syndrome 条下就指出，China syndrome"源自这样一种观念，即反应堆的内部熔化后理论上可以下沉，穿透地球，到达中国"。*OED*（China 条下）给出的最早例证是：

（5）This "fast-breeder reactor" required a large flow of coolant to keep control and prevent the "China syndrome" (*Esquire,* June 76/4, 1970)

这台"快滋生反应器"需要大流量的冷却剂控制并防止"中国综合征"。

尽管没有哪部词典说 China syndrome 带有贬义，但是冷战时代里造出的这个短语之所以拿 China 作为 syndrome 的修饰语，除了邵志洪（1997: 128）提到的地理观念因素[2]外，可能与当时西方一些人的恐华症也不无关系。

为了证明"历史上 Chinese 构成的短语多含贬义"，金其斌（2013: 104）引用了邵志洪（1997: 127）所引英国兰登书屋（Random House）编辑弗莱克斯讷（Flexner）的一段话，里面提到了 3 个 Chinese 表示"无组织；喧嚣；混乱（disorganization, noise and confusion）"的例证，包括 a Chinese attack（中国式进攻：喧嚣、混乱的进攻）、a Chinese landing（中国式降落：飞机坠毁）和 the Chinese national anthem（中国国歌：响亮的爆炸声〈尤指远离目标的炮弹或炸弹〉）。但这 3 个贬义短语在笔者所查的各种词典里或网站上均未发现，原因很可能是，这些短语短暂出现于二战或朝鲜战争期间，时过境迁，不再使用。

为了确定 Chinese 构成的短语是否仍有带贬义的，我们先查了 *OED*。结果是，只有 Chinese compliment（中式夸奖）和 Chinese burn（中式痛拧）疑似有贬义：

（6）a. Your asking me if I take exception to any of your arrangements is only a Chinese compliment. (B. M. Croker, *Proper Pride* I. vii. 144, 1882)

你问我是否对你的安排有异议，这只是一种中式夸奖。

b. W suffered a spiral fracture.... His assailant had admitted: "I went and gave him a Chinese burn and he moved, then I heard it click." (*Daily Tel*, 23 April 8/7, 1997)

我们遭受了螺旋式骨折的痛苦……他的攻击者承认："我给了他一个中式痛拧，他动了一下，然后就听到了咔嗒声。"

我们还查了 *Collins*，发现该词典收录了 Chinese water torture（中式水刑）。由于 water torture 不是好事，因此 Chinese water torture 可能让人产生反感。即使如此，这种反感也不是 Chinese 带来的，甚至也不是 water 带来的，而是 torture 本身具有的。

高克毅、高克永（2006: 111）举出的 Chinese 带有贬义的例证中，Chinese gooseberry（中华猕猴桃）完全不带任何贬义；Chinese home run（中式本垒打）的说法笔者没有查到，仅在《世界图书词典》（*The World Book Dictionary*，简称 *World Book*，Barnhart & Barnhart 1981）里查到 Chinese homer，该词典的释义是 "*Baseball Slang*. a home run made on a hit that travels only a short distance." （Barnhart & Barnhart 1981: Chinese homer 条下），字面上看不出多少贬义；Chinese restaurant syndrome（中餐馆综合征）的意思比较负面，因为它表示 "因大量食用味精而可能引发的头晕、面部发紧、出汗、头疼等症状"（*American Heritage*: Chinese restaurant syndrome 条下）。据 *OED*（Chinese 条下 A.1），Chinese whisper（中式耳语）的说法最早出现在英国《卫报》上，指一种传话游戏，实际上没有多少贬义。在线短语搜索平台 The Phrase Finder 在解释该短

语时，指出"英国人对中国人不是特别反感，在受英国民众贬损的种族清单上，中国人远在许多种族之后"（http://www.phrases.org.uk/meanings/chinese-whispers.html）。

金其斌（2013: 104）文中提到的 Chinese 确实带有明显贬义的唯一例证是邵志洪（1997: 128）收录的短语 Chinese fire drill。笔者所查到的唯一收录这一短语的词典是《牛津美国大学词典》（*The Oxford American College Dictionary*，简称 *Oxford American*，Lindberg 2002），其释义为"（非正式，常带有冒犯意味）乱作一团"。Chinese fire drill 的贬义明显是 Chinese 带来的，去掉 Chinese，fire drill 没有任何贬义；把 Chinese 换成 English，也显不出任何贬义。

为了确定 Chinese 是否还有其他带贬义的用法，笔者查了 *OED*、*Collins*、*Webster's Third*、*Merriam Webster*、*American Heritage*、*World Book* 和 *Oxford American*、*Fowler's Usage*、*Cambridge Guide*，还查了在线词典 The Phrase Finder、Webster Online。结果是：除了上面提到的例证外，再没有找到其他 Chinese 带有贬义的用法。*Fowler's Usage* 在 Chinese, Chinaman 条下明确指出："Chinese 无论作为名词还是形容词都是标准词，表示与中国有关的人和事。" *Cambridge Guide* 在 racist language 条下认为：

> 大家都意识到族裔差异，但这些差异在许多场合毫不相关，把注意力吸引到这些差异上只会起到制造隔阂的作用。在需要指出这些差异时，要选用合适的族裔或民族名称，如 *Aboriginal, American, Chinese, English, French, Greek, Indian, Italian, Korean, Malayan, Nigerian, Pakistani, Polish, Vietnamese* 等。这样的称呼提供的描写既更精确，又在联想意义上更中立。

由此可见，Chinese 是个完完全全的中性词，除了 Chinese fire drill 这种极个别的用法外，不带任何贬义。

四、China dream 和 Chinese dream 的异同

脱离具体语境，把"中国梦"译成 China dream 或 Chinese dream 都不算错。为了考察这两种译法的异同，笔者对美国、英国主流平面媒体的代表《纽约时报》（*New York Times*，含其子报《国际先驱论坛报》*International Herald Tribune*）和《泰晤士报》（*The Times*，含《星期日泰晤士报》*The Sunday Times*）的电子档案进行了检索。《纽约时报》的文本从其创刊号（1851 年 9 月 18 日）开始，《泰晤士报》的文本从 2004 年 1 月 1 日开始，二者都检索到 2014 年 4 月 3 日本文写作之日为止。

4.1 China dream 是什么梦

检索《纽约时报》的结果是，含有 China dream 的报道或文章共 29 篇，内含 42 例 China dream，其分布情况见表一。《泰晤士报》里 China dream 的分布情况见表二。

表一　《纽约时报》里的 China dream

年份	1957	1993	2002	2004	2006	2008	2010	2011	2012	2013	2014	总计
篇数	1	1	1	1	1	2	2	1	3	12	4	29
例数	1	1	1	1	1	3	2	**7**	4	17	4	42

表二　《泰晤士报》里的 China dream

年份	2004	2005	2007	2011	2013	共计
篇数	1	1	3	2	3	10
例数	1	1	6	2	3	13

下面两例分别是《纽约时报》和《泰晤士报》里 China dream(s) 的最早用法。（7a）中那位名叫柯瑞顿（Creighton）的人二战期间曾在中国服役，当时他突发奇想，要研制一种柔性可粘钢，这一奇想成了他的"中国梦"。（7b）里的 China Dream 是一本书的书名，书里讲的

是美国商人进军中国市场的"中国梦"。

（7）a. Creighton resumed work on his old China dream of pliable adhesive steel. (Clarence E. Lovejoy, 'Plastic Steel' Makes Boat Task Easy, *New York Times*, 30 June, 1957)

柯瑞顿又开始了他原有的研制柔软胶钢的中国梦。

b. He sounds like an echo of the economic commentator Joe Studwell, author of *The China Dream*, who says China will be the place where corporate America meets its Vietnam. (Michael Sheridan, China bubble heads for bursting point, *The Sunday Times*, 7 March, 2004)

他听起来好像在重复经济评论人、《中国梦》的作者乔伊·斯达威尔说过的话，他曾说过，中国将成为美国公司陷入泥潭的地方。

表一里，1993 年的 China Dream 是一条豪华游轮的名字；2002 年的 *The China Dream* 指（9b）里说的同一本书；2004 年的 the China Dream 指一个海外周姓女商人做的与马可波罗的"中国梦"相似的梦，2014 年 4 例 China dream 中的 1 例也是一名海外陈姓华侨想在广东台山家乡修铁路的梦；2012 年 4 例 China dream 中的 1 例和 2013 年 17 例 China dream 中的 1 例说的都是英国商人做的在中国发财的梦。

表二里，2005 年的 Goodwin's China dream 指时任英国皇家苏格兰银行首席执行官古德温做的在中国发展业务的梦；2007 年的 6 例 China Dreams 中，5 例是一篇短篇小说的标题，1 例指故事主人翁汤姆做的 China dreams，汤姆是一个在中国餐馆打工的英国小伙子；2013 年 3 例 China dream 中的 1 例也是指一家英国服装公司想在中国开分店的梦。

由此可见，China dream 通常指外国人做的与中国有关的梦。直到 2010 和 2011 年，这两家报纸才首次报道中国人的 China dream，但说的都是 the new China dream（新中国梦）：

（8）a. All are charging ahead to the beat of the development drum, also hoping to one day attain the new China dream. (Manuela Zoninsein, The Sayings of Chairman Zhang, a Clean-Tech Entrepreneur's Life in China, *New York Times*, 12 July, 2010)

大家都在跟随着发展的战鼓节奏向前冲，并希望有一天实现新的"中国梦"。

b. The men left long ago as economic migrants to the big industrial cities in Guangdong and are now living the new China dream: robbing, conning or serving time. (Leo Lewis, China's economic migrants turn to crime, *The Times*, 23 September, 2011)

这些人很久以前就移入广东的大工业城市，成为经济移民，如今他们践行着新的"中国梦"：抢劫、欺骗、随波逐流。

尽管没有加引号，（8a）里的 new China dream 实际是在引述某位张姓董事长的话；（10b）中《泰晤士报》报道的解读完全是负面的。由此可见，这个 new China dream 与传统的 China dream 所指大不相同。

表一里 2011 年的 7 例 China Dream 以及 2012 年 4 例中的 2 例[3]，都是对"中国梦奖"（又译成"China DreamAward"）的报道，引述不同获奖者对"中国梦"的理解。值得注意的是，表一里 2013 年的 17 例 China dream 中，有 2 例不带引号，都出自一位中国作家所写文章的英文译文；其他 15 例要么带引号，要么出现在直接引语中，如（9a）。表二里 2013 年的 3 例 China dream，不带引号的 1 例前面说过，是一家英国服装公司的梦；2 例带引号，如（9b）。

（9）a. "Our leaders are the ones who came up with the 'China Dream' slogan, vowing to rule by law and to fight corruption," said Mr. Ma. (David Barboza, A Western ad blitz for Beijing Olympics, *New York Times*, 20 July, 2008)

"我们的领导人提出了'中国梦'的口号，承诺依法治国，惩治腐败。"马先生说。

b. Editors pledged at an event last week to put "positive energy" into realising Xi's "new China dream", according to state television. (Michael Sheridan, Secret Beijing memo reveals hardline grip of Xi the smiler, *The Sunday Times*, 19 May, 2013)

据国家电视台报道，在上周的一个活动现场，编辑们宣誓为实现习近平提出的"新中国梦"注入正能量。

由此看来，外国主流媒体遇到表述中国人说的自己的"中国梦"时，译文如果是 China dream，一般带有引号，表示该说法引自他处，作者自己不用这种说法。

4.2 Chinese dream 是什么梦

检索《纽约时报》的结果是，含有 Chinese dream 的报道或文章共51篇，内含95例 Chinese dream，其分布情况见表三。Chinese dream 最早的语例出现在一篇质疑 American dream（美国梦）的文章里，详见（10a）。

（10）a. This is curious, for other nations do not identify themselves in terms of dreams. The British never mention a "great British dream", nor the Turks a "great Turkish dream", nor the Chinese a "great Chinese dream". (Russell Baker, Observer: Dreamed in the U.S.A., *New York Times,* 15 February, 1986)

这一点令人好奇，因为没有别的国家通过梦想获得认同。英国人从来不提"伟大的英国梦"，土耳其人也从来不提"伟大的土耳其梦"，中国人也从来不提"伟大的中国梦"。

b. But for just that reason, their very Chinese dream of security in old age, built on the next generation's obligation to them, has badly foundered. (Howard W. French, Rush for Wealth in China's Cities Shatters the Ancient Assurance of Care in Old Age, *New York Times,* 3 November, 2006)

但正因如此，建立在下一代义务基础上老有所养的"中国梦"已经破灭。

表三显示，2012 年之前 Chinese dream 出现的频率不高，而且没有明显的升降。在这 26 年的 13 篇文章中，6 篇是为了对比 American dream 而提出或探讨 Chinese dream；7 篇介绍中国人的生活状况和他们的梦想，如（10b）。

表三 《纽约时报》里的 Chinese dream

年份	1986	1990	1991	1993	1999	2004	2006	2007	2010	2011	2012	2013	2014	总计
篇数	1	1	1	1	1	1	3	1	2	1	7	22	9	51
合计	13（25%）										38（75%）			
例数	1	1	1	1	1	1	3	1	3	2	11	42	27	95
合计	15（16%）										80（84%）			

表三还显示，Chinese dream 的频率在 2012 至 2014 年间暴涨，篇数占总数的 75%，例数占总数的 84%。这些 Chinese dream 说的几乎全是中国媒体热议的"中国梦"，例如：

（11）Just after becoming party chief in late 2012, Xi announced what would become the hallmark of his administration. "The Chinese Dream," he said, is "the great rejuvenation of the Chinese nation." (Robert Lawrence Kuhn, Xi Jinping's Chinese Dream, *New York Times*, 4 June, 2013)

就在 2012 年底当选总书记之后，习近平宣布了即将成为其执政标志的理念。他指出："中国梦就是中华民族的伟大复兴。"

《泰晤士报》里 Chinese dream 的分布情况见表四。Chinese dream 的使用频率在 2013 年之前并不高，且无明显的增减；2013 年 Chinese dream 出现的篇数占总篇数的一半以上，例数占 75%。

年份	2004	2005	2008	2010	2011	2012	2013	共计
篇数	1	2	1	2	3	2	13	25
例数	1	2	1	2	3	2	32	43

在《泰晤士报》2013 年之前的 11 例 Chinese dream 中，5 例说的是中国人的梦，例如 Taiwan buries the warlords' Chinese dream（台湾埋葬了军阀们的中国梦），说的是蒋介石集团的"反攻大陆梦"（its dream of retaking the mainland, *The Sunday Times*, 26 September, 2004）；其他说的是普通老百姓的梦，例如：

（12）Consumerism carries little guilt and buying fakes is seen as an inevitable part of the Chinese dream — entry-level baby steps for the luxury consumers of tomorrow. (Lisa Armstrong, Prada heads for the great catwalk of China, *Times,* 26 January, 2011)

消费主义几乎没有罪责，购买假冒产品不可避免地成为中国人的梦想的一部分——未来奢侈品消费者的初级婴儿学步车。

2013 年例文中，有 5 篇是为对比 American dream 而提及 Chinese dream，其余均谈及普通中国人的梦想。由此可见，Chinese dream 主要指"中国人的梦想"。

4.3 中国外宣媒体对"中国梦"的英译

如例（1）所示，新华网英文版一开始把"中国梦"译成 China dream；人民网英文版译成 Chinese dream。不过后者在 2013 年 3 月 5 日介绍国内学者对"中国梦"的解读时，标题却是 Realizing the "China Dream"，文中的"中国梦"全都译作 China dream。

新华网中文版 3 月 14 日介绍了港报《南华早报》3 月 9 日对"中国梦"的解读，该报谈到"中国梦"时在其后配有英文：

（13）习近平所谈的"中国梦（China Dream）"，体现的是整个中华民族整体利益的梦想，而不是从"美国梦"追求美好生活角度出发的"中国人的梦想（Chinese dream）"。（http://news.xinhuanet.com/cankao/2013-03/14/c_132233731.htm）

随后，介绍"中国梦"的英文版书籍也将其译成 China dream。例如 4 月 15 日英国伦敦国际书展开幕日，新经典出版社在伯爵宫会展中心发布了《中国梦》等 4 部新书的英文版，其中《中国梦》英文版标题为 China Dream。

然而，习近平 5 月 2 日在给北京大学考古文博学院 2009 级本科团支部全体同学的回信中写道："中国梦是国家的梦、民族的梦，也是包括广大青年在内的每个中国人的梦。"这句话等于否定了港报文章的阐释，宣布"中国梦"既是中国和中华民族的梦，也是"每个中国人的梦"。

进入 2013 年下半年，"中国梦"的译法出现了变化。8 月 30 日、9 月 25 日人民网英文版先后发表了两篇文章，介绍新世界出版社出版的新书《中国梦：谁的梦？》。该书的英文版书名是 The Chinese Dream: What It Means for China and the Rest of the World（《中国梦：它对中国和世界意味着什么》）。接着，新华网 2013 年 9 月 29 日英文版报道中也使用 Chinese dream。央视网有关"中国梦"的两档英文节目分别题为 Chinese Dream: Beautiful China（"中国梦"：美丽的中国）和 Chinese Dream: Share Your Chinese Dream With Us（"中国梦"：和我们分享你的"中国梦"）。从笔者收集的语料来看，新华网、人民网、央视网的英文版既有 China dream 也有 Chinese dream，但是从 2013 年下半年起，Chinese dream 明显居多。

五、China dream 和 China English

中国的译者和媒体之所以把"中国梦"译成 China dream，可能跟两个因素有关。首先，China dream 的出现并不是一个孤立现象。近些年来国内频频出现以 China 打头的专有名词，例如央视网英文版的电视节目 China Financial Report（中国财经报道）和 China Business Guide（中国投资指南）。央视其他海外节目名称的英译，也以 China 对应中国，例如"中国新闻"译成 China News、"中国报道"译成"China Report"。在此基础上，增加一个 China dream 也在情理之中。

其次，过去人们把新加坡人说的那种带新加坡特色的英语称为 Singaporean English（新加坡式英语），简称 Singlish；把中国人说的带中文句式、搭配或发音特点的英语称为 Chinese English（中式英语），简称 Chinglish。随着英语作为国际通用语（lingua franca）的广泛使用，非英语本族语者的人数已远远超过本族语者（Crystal 1995:1；Graddol 1999: 57），这时，英语的使用呈现出非本族化（nonnativisation）趋势（Graddol 2006: 1）。正如冉永平（2013: 670-671）指出的那样，人们不再从单模态视角看待日渐成为国际通用语的英语，他们认识到，具有不同语言背景的交际者之间需要相互容忍、相互顺应，交流才能成功。在"世界诸英语（World Englishes）"的观念越来越深入人心这一大背景下，Chinese English 和 Singaporean English 的说法也开始不受人待见，取而代之的是 Singapore English（新加坡英语）、India English（印度英语）。中国外语界也推出了 China English（中国英语）的说法（葛传椝 1980: 1），这可能是套用了 Singapore English 的格式。

面对传统的 Chinese English 和新兴的 China English，李文中（1993: 19）试图对两者进行区分。他把 Chinese English（中国式英语）界定为中国的英语学习和使用者由于受母语干扰和影响，硬套汉语规则和习惯，在英语交际中出现的不合规范英语或不合英语文化习惯的畸形英语；把 China English（中国英语）界定为以规范英语为核心，表达中国社会文化诸领域特有事物，不受母语干扰，通过音译、译借及语义再生诸手段进入英语交际，具有中国特点的词汇、句式和语篇。

根据语言本身的特点对 Chinese English 进行界定，基本没有问题；以同样方式对 China English 进行界定，有一个问题，即"硬套汉语规则和习惯"的英语与"具有中国特点的词汇、句式"有什么不同？就拿 China English 本身来说，说它是"硬套汉语规则和习惯"的 Chinese

English 也可以，说它是"具有中国特点的词汇、句式"的 China English 也可以。其实，Singaporean English、Chinese English 和 Singapore English、China English 没有本质上的区别，完全是个视角问题。一个人昨天可以从英语母语者的传统视角出发，把这些英语变体称为 Singaporean English、Chinese English；今天可以从世界英语使用者的视角出发，把同样这些变体称为 Singapore English、China English。

　　名词做修饰语，可以表达与中心语的多种语义关系（详见 Quirk et al. 1985: 1330-1335）。但是表示国家或民族的名词和其派生的形容词，如 China 和 Chinese，在做另一个名词的修饰语时有什么区别，现有的语法书（如 Quirk et al. 1985 和 Huddleston & Pullum 2002）却没有讨论；英语词典，包括英语学习词典，一般也不说明。不过我们可以对比词典对这两个词的释义，揣摩和分析其差异。*Webster's Third* 对于 China 和 Chinese 的形容词用法解释得最完备、精确。参考其 China 条下 *adj* 和 Chinese 条下 *adj*，我们发现 China 与其修饰的中心语之间的核心语义关系是 of（出自；生自；产自）、from（源自）和 native to（原生于）；Chinese 与其修饰的中心语之间的核心语义关系是 of（生自；出自；产自）、relating to（关涉）和 characteristic of（有……特点）这三种关系。由于二者都可以表示"出自；生自；产自"，所以 China-grass（苎麻）和 Chinese-grass、China-wax（中国蜡）和 Chinese wax 等意思相同，可以互换。

　　然而在 *Webster's Third* 里没有看到而从我们收集的语料中发现，China 做修饰语时，也可表示"关涉；有关"的意义，所以才有 China trade（对华贸易）、China merchant（华贸商人）、China policy（中国政策）、China plan（中国计划）之类搭配，以便与 Chinese 所表达的"中国人的"或"有中国特点的；中式"意思区别开来。换句话说，做修饰语的 China 和 Chinese 之间的唯一区别是，China 一般不表示"中国人的"[4]，而 Chinese 可以表示。再看 China 做修饰语的 China Business Guide（中国投资指南）、China News（中国新闻）、China Report（中国报道）。这些短语里的 China 都既可以表示"出自中国（新闻机构）的"，也可以表示"关涉中国的"，只是不能表示"有中国特点的"。如果把这几个短语里的 China 换成 Chinese，就会产生更多歧义。

至于 China dream 和 Chinese dream，这里的 China 可以表示"属于/出自中国的（梦想）"，即"中国国家的（梦想）"，也可以表示"关涉中国的（梦想）"，即"（外国人做的）与中国有关的（梦）"；而这里的 Chinese 则可以表示"带中国特点的（梦想）"，即"只有在中国才能实现的（梦想）"，也可表示"中国人的（梦想）"，即"中国人关于自己美好前途的'梦'"。相比之下，还是 Chinese dream 更准确地传达了"中国梦"的意思，因为合在一起，就是"国家的梦、民族的梦"。

六、结论

由于汉语的"中国"不像英语的 China 那样可以派生出一个特殊形式的形容词，而 China 和 Chinese 又都可以做名词的修饰语，当需要把"中国海、中国新闻、中国政策、中国计划、中国英语、中国梦"译成中文时，"中国"译成 China 还是 Chinese 就成为一个问题。本文发现，China 和 Chinese 过去都有组成贬义词语的个别现象，但这无法改变两个词本身都是中性词这一事实，因此把"中国梦"译成 Chinese dream 没有任何不妥。China 在做修饰语时，其核心语义是"中国的；来自中国的"和"有关中国的"；而 Chinese 做修饰语时，其核心语义是"中国的；中国人/华人的；中文/汉语的""来自中国的；中国原生的"和"有中国/中国人/华人/中文/汉语特点的；中式"。根据这种分析，China dream 的意思是"中国的梦"或"有关中国的梦"；Chinese dream 的意思是"具有中国特点（或只能在中国实现）的梦"或"中国人的梦"。

（本文原载于《外语教学与研究》2015 年第 6 期，909-922 页。收录于本文集时略有改动。）

注释：

1. 15 世纪的英文文献表明，当时的英国人知道亚洲东部有个民族叫 Ser(r)es，其所在国家出产丝绸（见 *OED*：Seres 条下）。

2. 邵志洪引用古德曼（Warren H. Goodman）的话说，美国人普遍认为，倘若在地上挖一个洞，笔直挖下去，可以到达中国。

3. 其余 2 例，1 例前面已说过，指一个英国商人的梦，另 1 例指刘明富的《中国梦》（中国友谊出版社，2013）。

4. Chinatown（唐人街；中国城）的意思是'华人聚居的城镇或街区'。

参引文献

Allen, R. 2004. *Oxford Pocket Fowler's Modern English Usage* [M]. Oxford: Oxford University Press.

Barnhart, C. & Barnhart, R. 1981. *The World Book Dictionary* [Z]. Chicago: World Book-Childcraft International.

Crystal, D. 1995. *The Cambridge Encyclopedia of the English Language* [M]. Cambridge: Cambridge University Press.

Gove, P. (Editor in Chief). 1961. *Webster's Third New International Dictionary of the English Language Unabridged* [Z]. Springfield, Mass.: Merriam-Webster.

Graddol, D. 1999. The decline of the native speaker [J]. *AILA Reviews* 13: 57-68.

Graddol, D. 2006. *English Next* [M]. London: The British Council.

Huddleston, R. & Pullum, G. K. 2002. *The Cambridge Grammar of the English Language* [M]. Cambridge: Cambridge University Press.

Lindberg, C. (Managing Editor). 2002. *The Oxford American College Dictionary* [Z]. Oxford: Oxford University Press.

Makins, M. (Managing Editor). 1994. *Collins English Dictionary* (3rd edition updated)

[Z]. Glasgow: Harper Collins Publishers.

Mish, F. (Editor in Chief). 1995. *Merriam Webster's Collegiate Dictionary* (10th edition) [Z]. Springfield, Mass.: Merriam-Webster.

Peters, P. 2004. *The Cambridge Guide to English Usage* [M]. Cambridge: Cambridge University Press.

Quirk, R., Greenbaum, S., Leech, G. & Svartvik, J. 1985. *A Comprehensive Grammar of the English Language* [M]. London: Longman.

Soukhanov, A. (Executive Editor). 1996. *The American Heritage Dictionary of the English Language* (3rd edition) [Z]. Boston: Houghton Mifflin Company.

Xi, J. 2014. *The Chinese Dream of the Great Rejuvenation of the Chinese Nation* [M]. Beijing: Foreign Language Press.

高克毅、高克永. 2006. 最新通俗美语词典[Z]. 北京: 北京大学出版社.

葛传椝. 1980. 漫谈由汉译英问题[J]. 翻译通讯, 2: 1-8.

金其斌. 2013. 中国梦: China dream 还是 Chinese dream[J]. 英语世界, 3: 103-105.

李文中. 1993. 中国英语与中国式英语[J]. 外语教学与研究, 4: 18-24.

邵志洪. 1997. 英汉语研究与对比[M]. 上海: 华东理工大学出版社.

冉永平. 2013. 多元语境下英语研究的语用关注[J]. 外语教学与研究, 5: 669-680.

"中国梦"英译辨析

杨全红

（温州商学院）

摘　要：关于"中国梦"的英语译文或表达，平日所见不下七八种，但实际使用较多同时受到关注亦较多者主要有三，即 China's Dream，China Dream 和 Chinese Dream。经过一段时间的混用与思量，人们越来越倾向于使用 Chinese Dream。Chinese Dream 之胜出当事出有因：一是能避免 China Dream 的歧义和可能的负面联想及 China's Dream 之顾此失彼；二是在形式上能与"美国梦""欧洲梦""英国梦"等相对应；最为要者，它能同时涵盖"中国的梦"和"中国人的梦"双重含义。

关键词：中国梦；China's Dream；China Dream；Chinese Dream；辨析

一、引言

2012 年 11 月 29 日，第十八届中央新一届政治局常委集体参观《复兴之路》展览，在此过程中，习近平发表了重要讲话，他指出："实现中华民族伟大复兴，就是中华民族近代以来最伟大的梦想。这个梦想，凝聚了几代中国人的夙愿，体现了中华民族和中国人民的整体利益，

218

是每一个中华儿女的共同期盼。"（谷玥 2013）2013 年 3 月 17 日，在十二届全国人大一次会议闭幕式上，习近平对"中国梦"的内涵等进行了系统的阐释，指出"实现中华民族伟大复兴的中国梦，就是要实现国家富强、民族振兴、人民幸福"，"实现中国梦必须走中国道路"，"实现中国梦必须弘扬中国精神"，"实现中国梦必须凝聚中国力量"（谷玥 2013）。2013 年 6 月 7 日，习近平在美国加利福尼亚州安纳伯格庄园同奥巴马举行了中美元首会晤，在之后举行的两国元首记者会上，习近平对"中国梦"也进行了解读，他说："我明确告诉奥巴马总统，中国将努力实现中华民族伟大复兴的中国梦。中国梦要实现国家富强、民族复兴、人民幸福，是和平、发展、合作、共赢的梦，与包括美国梦在内的世界各国人民的美好梦想相通。"（新华网[1] 2013-06-08）此外，在出访俄罗斯、非洲国家和出席亚洲博鳌论坛等活动中，习近平对"中国梦"也曾进行论述。"中国梦"由中国新一届领导人提出并不时跟进以来迅速成为热门话题。在相关议论中，"中国梦"一词的英译也是论题之一。就我们所见，在习近平总书记提出"中国梦"前后各一段时间里，"中国梦"的英语表达或翻译颇有几分混乱：一是译文较多，主要包括 The Dream，China Dream，China's Dream，Dream of China，Chinese Dream，Chunghwa Dream，China's "American Dream"，[2] 等等；二是实际应用中各自为译，不仅如此，即便同一媒体，朝译夕改也还有之。前述译文中，The Dream 是一书名，因没有"中国"字样，其使用自然受限，也就是仅在语境明确无误时方可考虑；Chunghwa Dream 见于一学术文章，意思不言自明，但实际使用寥寥；China's "American Dream" 见于 BBC News（英国广播公司新闻），看上去似有新意，但显然不能动辄"拿来"。关于"中国梦"的英语表达，人们平日议及或使用更多的还是 China's Dream，China Dream 和 Chinese Dream。下面就此 3 种译文或表达分别谈谈所见所想。

二、关于 China's Dream

有论者曾撰《外界对"中国梦"的十大误解》一文，其"误解一"如下："'中国梦'就是中国的梦。受西方思潮影响，一些人有意无意地把人民与国家对立起来，认为'中国梦'就是中国的梦。一些外媒更是将'中国梦'翻译为 China's Dream（中国的梦），而非 Chinese Dream（中国人的梦），甚至认为'中国梦'的实现是以牺牲民众利益为代价的。其实，这就是对梦的狭隘理解，也是对中国的狭隘解释。"（王义桅 2013-04-16）如此看来，将"中国梦"译作 China's Dream 难免导致"中国的梦"与"中国人的梦"相互对立。与上述意见相反，我国某些学术团体和学人却倾向于以 China's Dream 传译"中国梦"。《中国翻译》2013 年第 3 期"词语选译"栏给"中国梦"的参考英译有二：China's dream；the Chinese dream（《中国翻译》编辑部 2013：126）。外交部外语专家陈明明 2013 年 6 月 7 日在苏州大学外国语学院举办讲座时也曾表示："'中国人的梦'可以是 Chinese Dream，中国这个国家和民族的梦是'China's Dream'！"（杜争鸣 2013-06-08）

从字面看，China's Dream（或 the Dream of China）即"中国的梦"。就我们所见，不论是国外还是国内，使用 China's Dream 表示或移译"中国梦"者并不多，甚至难得一见。香港某媒体一报道中曾有之，题目为 "Control, on the shores of China's dream"（Bandurski 2013-05-22）；乐黛云某论文之英文摘要中亦曾有见，有关文字如下："J. Rifkin explained the different thinking style and living means using the two ideas of 'The Dream of USA' and 'The Dream of Europe', and he thinks the formating of China's Dream will produce a deep influence for the whole human beings.（J. 里夫金用"美国梦"和"欧洲梦"两个概念来说明在不同时空中的不同的思维方式与生存方式，并认为正在形成的"中国梦"必将对整个人类的未来产生深远影响。）"（乐黛云 2007：165）在国内，虽然相关专业学术团体及学者将 China's Dream 列为"中国

梦"的（首要）参考译文，实际应用却少之又少。需要提醒的是，某些时候，China's Dream 的含义须根据具体语境而确定，请看下例：

原文：中国经济实力已居世界第二位，这将给中国处理同外部世界的关系带来什么变化？您最近阐述了实现中华民族伟大复兴的"中国梦"，中国的"世界梦"是什么？（《北京周报》编辑部 2013-04-04）

译文：China is now the world's second largest economy. What change will this bring to the way China handles its relations with the rest of the world? You recently talked about achieving the Chinese Dream of the great renewal of the Chinese nation. What is China's dream for the world?

值得补充的是，在 China's 和 dream 之间加一名词或形容词而表示中国的某（类）梦想者倒是时而有见，如 China's urban dream，China's space dream 等。

三、关于 China Dream

从上文可见，对于将"中国梦"译作 China's Dream，反对者有之，认同及至首肯者亦有之。对于将"中国梦"译作 China Dream，学界的反应亦类似：既有说是者，也有不以为然者。2013 年 3 月 23 日晚，南京大学研究生英语俱乐部主办了一场沙龙，其主题为"我眼中的'中国梦'"。参加本次活动的同学来自中国、澳大利亚等多个国家。活动伊始，同学们讨论了"中国梦"的英语表达。大家各抒己见，讨论的结果是：Chinese Dream 不合时宜而 China Dream 成为"众望所归的译法"（郭晓、吴天楚 2013）。至于结果何以如此，相关报道不曾涉及。事有凑巧，《英语世界》某文亦曾指出："在对外报道中，'中国梦'一致英译为 China dream，而不是 Chinese dream。"（金其斌 2013：103）

有关"对外报道"既将"中国梦""一致英译为 China dream",实际译例谅不在少数。遗憾的是,上文中竟不曾"以例服人"。据观察,我国对外报道中以 China Dream 表示或翻译"中国梦"者有之,但终究为数并不多,兹转引一例如下:

原文:履新后,他在和其他中共中央政治局常委一起参观《复兴之路》展览时说:"现在,大家都在讨论中国梦,我以为,实现中华民族伟大复兴,就是中华民族近代以来最伟大的梦想。"(《北京周报》编辑部 2013-01-31)

译文:Shortly after taking office, Xi and the other six members of the Standing Committee of the Political Bureau of the CPC Central Committee visited the exhibition *The Road Toward Renewal* at the National Museum of China. The comprehensive display illustrates the huge challenges China has surmounted on the road to national revival since 1840. "Nowadays, everyone is talking about the China Dream," he said. "In my view, realizing the great renewal of the Chinese nation is the Chinese nation's greatest dream in modern history."

我们发现,《北京周报》内有关双语材料中曾多次出现"中国梦",但使用 China Dream 做其对应英文表达者仅此一例,其他地方皆使用了 Chinese Dream。从时间来看,China Dream 出现较早。确切地讲,该表达主要见于习近平总书记第一次(即 2012 年 11 月 29 日)发表相关讲话之后一小段时间里。分析起来,这跟人们对总书记该次讲话精神的理解也许有关,因为其中有这么一说:"这个梦想,凝聚了几代中国人的夙愿,体现了中华民族和中国人民的整体利益,是每一个中华儿女的共同期盼。"(谷玥 2013)"中华民族和中国人民的整体利益"云云,这无疑容易让人认为此类梦当即是 China Dream(或 China's Dream)。不妨来看这么一则报道:"据香港《南华早报》3 月 9 日报道,自那之后,评论员一直在试图解读习近平的梦想,有的评论认为这不过是解决中国问题的普通要求，有的则认为，这构思出了一个堪与中国古代辉煌或欧洲启蒙运动时代媲美的伟大复兴。不管怎么说，习近平所谈的'中国梦（China Dream）'，体现的是整个中华民族整体利益的梦想，而不是从'美国梦'追求美好生活角度出发的'中国人的梦想（Chinese dream）'。"（新华网 2013-03-14）值得注意的是，所谓"在对外报道中，"中国梦"一致英译为 China Dream"并不属实。事实上，即便是在习近平总书记提出"中国梦"之初，我国媒体中也有用 Chinese Dream 表示"中国梦"者，请看下面一句报道文字："The 'Chinese dream' has become a hot topic among the mainland media recently, after a speech by General Secretary of the Central Committee of the Communist Party of China (CPC), Xi Jinping, when visiting the Road toward Rejuvenation exhibition at the National Museum in Beijing on Dec 29 last year.（自中共中央总书记习近平于去年 12 月 29 日在北京国家博物馆参观"复兴之路"展览的讲话后，"中国梦"最近已经成为中国大陆媒体中的热门话题。）"（Hao 2013-01-16）关于"中国梦"的英文表达，西方媒体也有使用 China Dream 者，我们即曾读到以下文章标题："Is the China Dream the next American Dream?（"中国梦"是否是下一个"美国梦"？）"（Thai 2013-06-04）"What does Xi Jinping's China Dream mean? （习近平的"中国梦"指的是什么？）"（Patience 2013-06-05）"'China Dream' Keeps Luring Private Equity-Backed UK Retailers（"中国梦"持续吸引私募股权支持的英国零售商）"（Cheung 2013-05-15）。

用 China Dream 传译"中国梦"是否妥当呢？从《北京周报》内相关双语文件最初使用 China Dream 而后改用 Chinese Dream 之事实来看，前者至少有待商榷。比如，它可能导致民族梦与国民梦的对立；又比如，它可能被别有用心的西方人士误读为"强国梦"甚至"强军梦"，进而为"中国威胁"再添口实；此外，在有关论者看来，China Dream 还可引起歧义。陈明明在苏州大学的讲座中曾明示道："'中国梦'不是 China Dream！因为这主要是很多外国人当今做的在中国发展、发财的梦！"（杜争鸣 2013-06-08）据我们所见，China Dream 确可表示外国人在中国发展、发财之梦。市面上有一图书，中文名《她们的中国梦》，英语名 *The China Dream*。该书的副标题（即"12 位西方职业女性在中国不凡的成功故事"）很好地揭示了书名里的"中国梦"究为何物。不妨再来看两则报道："Pablo Pasapera vividly remembers the China dream that brought him to Beijing eight years ago.（帕布罗·帕萨佩拉生动地回忆起八年前"中国梦"把他带到了北京）"（Peters 2013-06-06）"For Charlotte Macinnis, also known as Ai Hua when she is hosting the China Central Television (CCTV) program *Growing up with Chinese*, the 'China dream' started as a child when her family moved to the city of Nanjing to follow her father's career in publishing.（对于夏洛特·麦金尼斯来说（她在主持中央电视台《成长汉语》节目时又名穆爱华），"中国梦"始于她的童年时代，那时为了追随父亲的出版事业举家迁往了南京市。）"（Balazovic 2011-04-04）从相关语境来看，上述二报道中的 China Dream 也是外国人来中国发展、发财之梦。

四、关于 Chinese Dream

从上文来看，用 China's Dream 或 China Dream 表示"中国梦"皆存在一些问题。我们以为，要表示习近平总书记所提"中国梦"，Chinese Dream 如果不是最佳选择，至少也更胜一筹。《英语世界》某文曾指出："历史上 Chinese 构成的短语多含贬义"，故今人对 Chinese Dream 应敬而远之（金其斌 2013：103）。对于此一观点，其他学人多不苟同，赵彦春在其博文中更有驳斥意见 3 点：首先，如果 Chinese 因有贬义而不能用，那么，"中国人"用英语该怎么说；其次，要说贬义，China 一词同样不能幸免，该词有时甚至音译作"支那"，其殖民色彩显而易见；再次，如果以词彩论取舍，French 早该遁形才是，因为 Frenchify 是"口交"，French leave 是"不辞而别"，French letter 是"避孕套"，等等。（赵彦春 2013-03-28）

从语言生成规律来看，"中国梦"也应译作 Chinese Dream 才好，恰如他人所言："语言的生成是系统的、有规律的，'American Dream'

在先，且不说它造词的合理性，就是根据先入现象，（'中国梦'）也应是 'Chinese Dream'。"（赵彦春 2013-03-28）环顾世界，不独我们今天有"中国梦"，"此前也有'英国梦''俄国梦''日本梦'"（朱继东 2013：28）。此外，美国早有"美国梦"，一些人做"欧洲梦"也已有年。就我们所知，"美国梦"的英文表达是 American Dream，"英国梦"的英文表达是 British Dream，"欧洲梦"的英文表达是 European Dream。不难看出，上述各 Dream 前的国别名称皆用形容词形式，"中国梦"之英译如果非要与众不同（即写作 China Dream），十有八九会落得个格格不入。推测起来，一些人主张将"中国梦"译作 China Dream 或 China's Dream 而非 Chinese Dream，极可能是为了要与"美国梦"（American Dream）划清界限。其实，这大可不必。"美国梦"在今天虽已不再那么"美"，但其影响犹在。我们甚至觉得，美国当年如果不曾提出"美国梦"，中国今天是否会诞生"中国梦"，亦未可知。BBC News 曾使用 China's "American Dream" 表示"中国梦"，而我国前不久上映的电影《中国合伙人》也译作 American Dreams in China。且不论有关表述或译文是否精准，但它们至少说明，即便是在今天，"美国梦"依然是一些人津津乐道甚至孜孜以求之"美梦"。

不知怎的，我国部分学人在讨论 China's Dream 和 Chinese Dream 二表述时，几乎无一例外地强调道：前者乃"中国的梦"，后者乃"中国人的梦"（吴旭 2013：10；王义桅 2013-04-16）。其实，英语学习者都应该清楚，Chinese Dream 可同时兼顾"中国的梦"和"中国人的梦"，因为 Chinese 一词本身就可表示"中国的"和"中国人的"等多层含义。从内涵上讲，以 Chinese Dream 移译"中国梦"再恰切不过。会通一下习近平总书记在不同场合对"中国梦"的阐释，"中国梦"正包含了"中国这个国家和民族的梦"与"中国人的梦"，不妨重温一下他的某些讲话："中国梦是民族的梦，也是每个中国人的梦"；"中国梦是国家的梦、民族的梦，也是包括广大青年在内的每个中国人的梦"；"中国梦首先是 13 亿中国人民的共同梦想"；"中国梦归根到底是人民的梦，必须紧紧依靠人民来实现，必须不断为人民造福"。（谷玥 2013）在"中国梦"与"中国人的梦"二者之间，一般受众也许更看重前者，毕竟如习近平总书记所说：自近代以来，"中华民族蒙受了百年的外族入侵和内部战争，中国人民遭遇了极大的灾难和痛苦，真正是苦难深重、命运多舛"（《北京周报》编辑部 2013-04-04）。或许正因为此，在相关译文或报道中，Chinese Dream 之后基本能见到 of the great renewal（revival, rejuventaion）of the Chinese nation 之类。

从以上分析可见，不论从哪方面来讲，用 Chinese Dream 移译或表示"中国梦"皆切中肯綮。事实上，中外媒体也越来越多地使用此一表达，其使用甚至有压倒之势。我们发现，西方媒体在报道"中国梦"时，不论使用 China Dream 还是 Chinese Dream，其标题多用问句形式。前文已有使用 China Dream 之实例，不妨再来看几则使用 Chinese Dream 的报道："Is Xi Jinping's 'Chinese Dream' a fantasy?"（Stout 2013-5-26）"Will Xi Jinping's 'Chinese Dream' include the rule of law?"（Hiatt 2013-06-03）"Is Xi's Chinese Dream Compatible with Latin America's?"（Sarmiento-Saher 2013-06-07）问句形式的使用，说明西方人士对"中国梦"可能还有着不解、好奇甚或偏见。国内有关媒体中，China Daily（中国日报）从一开始便基本使用 Chinese Dream，虽也曾使用 China Dream，但那分明指外国人在中国发展、发财之梦。前文中曾提及《北京周报》也多用 Chinese Dream 表示"中国梦"，不妨转引一例如下并以此结束全文。

原文：13 亿多中国人民正致力于实现中华民族伟大复兴的中国梦，10 亿多非洲人民正致力于实现联合自强、发展振兴的非洲梦。中非人民要加强团结合作、加强相互支持和帮助，努力实现各自的梦想。我们还要同国际社会一道，推动实现持久和平、共同繁荣的世界梦，为人类和平与发展的崇高事业做出新的更大的贡献！（《北京周报》编辑部，2013-03-25）

译文：The over 1.3 billion Chinese people are working hard to realize the Chinese dream of great national renewal, and the over one billion African people are committed to the African dream of gaining strength from unity and achieving development and rejuvenation. The

Chinese and African people should enhance unity, cooperation, mutual support and assistance so as to make our dreams come true. We should also work with the rest of the world to realize the dream of the world for enduring peace and common prosperity, and make new and even greater contribution to the noble cause of peace and development of mankind!

（本文原载于《中国翻译》2013 年第 5 期，90-93 页。收录于本文集时略有改动。）

注释：

1. 本文部分参考文献查不出具体作者，特以相关载体代之。
2. 在上述表达中，Dream 之首字母有时也用小写形式。

参考文献

《北京周报》编辑部. 2013. 习近平：人民群众是我们力量的源泉[N]. 北京周报（英文版中所夹双语 DOCUMENTS/文件），2013-01-31.

《北京周报》编辑部. 2013. 习近平接受金砖国家媒体联合采访[N]. 北京周报（英文版中所夹双语 DOCUMENTS/文件），2013-04-04.

《北京周报》编辑部. 2013. 习近平：永远做可靠朋友和真诚伙伴——在坦桑尼亚尼雷尔国际会议中心的演讲[N]. 北京周报（英文版中所夹双语 DOCUMENTS/文件），2013-03-25.

杜争鸣. 2013. "中国梦"是什么？[EB/OL]（2013-06-08）[2013-06-20]. weibo.com/u/1322456617.

谷玥. 2013. 习近平总书记阐释"中国梦"[EB/OL]（2013-05-08）[2013-06-20]. http://news.xinhuanet.com/ziliao/2013-05/08/c_124669102.htm.

郭晓、吴天楚. 2013. 中外学子共话"中国梦"[EB/OL]（2013-03-25）[2013-06-20]. http://news.nju.edu.cn/show.php?id=30284.

金其斌. 2013. 中国梦：China dream 还是 Chinese Dream? ——基于中西文化交流史的考察[J]. 英语世界，3: 103-105.

刘清沅. 2010. "美国梦"与"中国梦"的翻译[EB/OL]（2013-04-27）[2013-06-20]. http://www.yygrammar.com/Article/201304/3203.html.

钱新容. 2010. 她们的中国梦——12 位西方职业女性在中国不凡的成功故事[M]. 杭州：浙江人民出版社.

王义桅. 2013. 外界对"中国梦"的十大误解[N]. 环球时报，2013-04-16.

吴旭. 2013. 西方眼中的"中国梦"[J]. 社会观察，5: 10-13.

新华网. 2013. "中国梦"打动全中国人的心[EB/OL]（2013-03-14）[2013-06-20]. http://news.xinhuanet.com/cankao/2013-03/14/c_132233731.htm.

新华网. 2013. 习近平同美国总统奥巴马共同会见记者[EB/OL]（2013-06-08）[2013-06-20]. http://news.xinhuanet.com/2013-06/08/c_116092643.htm.

乐黛云. 2007. 美国梦 欧洲梦 中国梦[J]. 社会科学，9: 159-165.

赵彦春. 2013.坚决反对"China Dream"[EB/OL]（2013-02-28）[2013-06-20]. http://blog.sina.com.cn/s/blog_698085bf0102ebmk.html.

朱继东. 2013. "中国梦"和"美国梦"的差异在哪里[J]. 党建，2: 28-30.

《中国翻译》编辑部. 2013. 词语选译——中国译协对外传播翻译委员会暨外事翻译委员会第 25 届中译英研讨会研讨词汇选登[Z]. 中国翻译，3: 126-127.

Balazovic, Todd. 2011. Chinese Dream [N]. *China Daily*, 2011-04-04.

Bandurski, David. 2013. Control, on the shores of China's dream [Z]. *China Media Project*，2013-05-22.

Cheung, Sonja. 2013. "China Dream" keeps luring private equity-backed UK retailers [N]. *Wall Street Journal*（blog），2013-05-15.

Hiatt, Fred. 2013. Will Xi Jinping's "Chinese dream" include the rule of law? [N]. *The Washington Post*, 2013-06-02.

Patience, Martin. 2013. What does Xi Jinping's China Dream Mean? *BBC*. 2013-06-05.

Peters, Mike. 2013. Turning a dream of China into a tale of tortillas [N]. *China Daily*,

2013-06-06.

Sarmiento-Saher, Sebastian. 2013. Is Xi's Chinese Dream compatible with Latin Ameirca's? [Z]. *The Diplomat* (Blogs), 2013-06-07.

Stout, Ktistie Lu. 2013. Is Xi Jinping's "Chinese Dream" a fantasy? [Z]. *CNN*, 2013-05-26.

Thai, Anh. 2013. Is the Chinese Dream the next American Dream [N]. *Daily Californian*, 2013-06-04.

Tiechuan, Hao. 2013. Xi Jinping's explanation of the Chinese people's dream [N]. *China Daily* (HK Edition), 2013-01-16.

Xinhua. 2013. Xi Jinping advocates reform, China Dream [N]. *China Daily*, 2012-12-23.

基于语料库的"中国梦"翻译实证研究

邵斌　陈晶晶

（浙江财经大学外国语学院）

　　摘　要：自习近平总书记提出"中国梦"的构想以来，"中国梦"一直是国内外媒体关注的焦点。然而，"中国梦"一词一直未有官方定译，如何对其准确传译就成为译界争论的焦点。此前对"中国梦"术语的英译探讨大多基于作者的内省式分析，尚未有学者对此进行实证性研究。本文拟以"LexisNexis 新闻数据库"为数据来源，自建英文的"中国梦语料库"，对 China's dream、China dream 和 Chinese dream 3 种译法进行实证分析，通过索引行和例句呈现，考察 3 种译法在频率、语义和用法上的差异，探讨其最合适的对应词。研究发现，无论是在频率、语义还是用法上，Chinese dream 都更适合作为"中国梦"的英译词。

　　关键词："中国梦"；翻译；语料库；实证研究

一、引言

　　2012 年 11 月 29 日，中共中央总书记习近平同志在国家博物馆参观《复兴之路》展览时，提出了实现中华民族伟大复兴的"中国梦"。之后，在 2013 年 3 月的十二届全国人大一次会议上，习近平总书记系统阐发了"中国梦"的内涵，他强调："实现中华民族伟大复兴的中国梦，就是要实现国家富强、民族振兴、人民幸福。……中国梦归根到底是人民的梦，必须紧紧依靠人民来实现，必须不断为人民造福。"（习近平 2013:4）

作为中国新一届政府的重要指导思想和执政理念，"中国梦"迅速成为国内外的热门话题。与此同时，为了让西方人更好地理解"中国梦"，如何传译"中国梦"一词及其内涵也成为译界关注的焦点。《中国翻译》"词语选译"栏目（2013:126-127）曾给出"中国梦"的参考英译为：China's dream 和 the Chinese dream。此外常见的英译词还有 China dream，三者并存，让人混淆，显然不利于西方人正确地解读"中国梦"。就"中国梦"的英译，此前已有学者撰文讨论，如金其斌（2013）和杨全红（2013）等。但先前的探讨多局限于分析"中国梦"及其英译词的语义对等，而未能借助真实语料数据，以实证手段考察中西方媒体对"中国梦"一词的实际使用。鉴于此，本文拟在"LexisNexis 新闻数据库"中提取数据，自建英文的"中国梦"语料库，在此基础上使用语料库手段分析 3 种译法的频率、语义和用法，以此考察"中国梦"的准确英译。本文旨在通过定量和定性分析，探讨"中国梦"的合适英译，从而有利于正确传递"中国梦"的内涵，更好地树立大国形象。

二、文献概述和研究方法介绍

"中国梦"一词究竟该作何译，众说纷纭，至今仍无定论，此前的研究大致可分为两种观点。

一部分学者认为"中国梦"应译作 China dream。金其斌（2013:103-105）指出中西方文化的差异导致 Chinese 构成的短语多半含有贬义，故"中国梦"不宜译作 Chinese dream。例如，二战期间，可能是由于英国士兵不了解中国，不理解中国人的语言和行为方式，导致 Chinese 带上"混乱""可笑的失败"等消极含义。英国军队里出现一些表达方法："a Chinese attack"（中国式进攻）是"喧嚣、混乱的进攻"；"a Chinese landing"（中国式降落）是"飞机坠毁"。20 世纪 60 年代，受冷战政治因素的影响，新西兰向美国出售猕猴桃时，特意将其英文由"Chinese gooseberry"改为"Kiwi fruit"。同一时期，美国人将在唐人街的中餐馆用餐之后，因味精过敏引发的呕吐、头晕等症状称为"Chinese restaurant syndrome"（中国餐馆综合征）。政治、历史和社会等诸多因素导致 Chinese 一词构成的短语含有贬义，故应把"中国梦"译成 China dream，而不是 Chinese dream。赵玉宏（2014: 72-74）赞同金其斌的观点，他认为将"中国梦"译作 China dream 可以突出国家形象，加强外宣感染力，更能避免 Chinese 一词所带来的贬义和西方对"中国梦"的误读。

也有学者认为 Chinese dream 更契合"中国梦"的内涵。针对金其斌提出的 China dream 的选择，赵彦春（2013）持反对观点，他认为 China 一词曾音译作"支那"，带有殖民色彩，历史上也曾有过贬义。杜争鸣（2013）对"中国梦"的 3 种英译进行了辨析，指出：China dream 主要指"外国人在中国的发展梦、发财梦"；Chinese dream 是"中国人的梦"；China's dream 是"中国这个国家和民族的梦"，所以"中国梦"译作 China dream 并不确切。徐克谦（2013）指出，按照中国传统哲学的辩证逻辑来说，"中国梦"是民族的梦，也是每个中国人的梦，民族的梦和每个中国人的梦是辩证统一的。所以从逻辑上来看，"中国梦"宜译为 Chinese dream。石毓智（2013）认为，China 是国家概念，Chinese 是民族概念，只有 Chinese dream 才能表达出"中国梦"的核心意义。杨全红（2013: 90-93）对"中国梦"英译做了全面的分析。他认为，将"中国梦"译作 China's dream 会导致"国家的梦"和"人民的梦"相互对立；译作 China dream 会被别有用心的西方人士误读为"强军梦"和"强国梦"，更容易与外国人士在中国的发展梦、发财梦相混淆。唯有 Chinese dream，在意义上包含了"中国的梦"和"中国人的梦"等多层含义，可以弥补 China's dream 和 China dream 的不足；在构词法和语言生成规律上，能够使形式和意义完美结合，故是最佳的译法。

鉴于以往的"中国梦"翻译研究大多都基于作者的内省式探索，一般仅考虑语义对等，有些论断不免带有主观性。譬如，由 Chinese 构成的某些短语在历史上或许具有贬义性，但在当代英语中是否仍有贬义？China dream 的确可用于表达"西方人在中国寻求的发展梦"，但是否绝对不可用于表达"中国人的中国梦"？China dream 和 Chinese dream 是否各司其职，前者表"国家梦"，后者表"人民梦"？上述问题，较难依靠非本族语者的内省和直觉做出判断，在大数据时代，我们有必要借助语料库手段，从实证角度来考察 3 个英译词的使用频率及语境，分析其频率和语义，并从中选择"中国梦"的合适英译词。

本文使用的数据库是"LexisNexis 新闻数据库"，其内容涵盖报纸、期刊、电视、无线广播、新闻专线和博客等，全文收录世界各地 2500 余种报纸和刊物，如 *The New York Times*（《纽约时报》）、*The Times*（《泰晤士报》）、*Nikkei Weekly*（《日经新闻周刊》）、*Forbes*（《福布斯》）、*The Economist*（《经济学人》）等，此外还包括国内出版的重要的英文新闻报纸，如 *China Daily*（《中国日报》英文版）和 *Global Times*（《环球时报》英文版），以及 *Xinhua News Service*（"新华社报道"英文版）等。数据库中的报道做到即日更新，内容涵盖近 25 年的新闻文本。

本文采集的文本为 2010 年至 2013 年的英语新闻报道。借助该新闻数据库，以 China's dream、China dream 和 Chinese dream 作为检索词，剔除无效文本后，共获得 4567 篇报道，建成英文的"'中国梦'语料库"，其形符（token）数为 4,913,921 词。之后，本文再借助 Antconc 3.3.5w 软件对语料库数据进行分析，分别统计 China's dream、China dream 和 Chinese dream 3 词在 2010 年至 2013 年间出现的频数，以及各个月份的频数变化，并通过对上述 3 词的搭配和语境分析，总结出 3 种译法在使用时的语用习惯和语义倾向，最后寻找到"中国梦"的最佳译法。

三、3 种译法的频率、语义和用法考察

3.1 China's dream、China dream 和 Chinese dream 的频数变化

《中国翻译》"词语选译"栏目（2013）曾给出"中国梦"的参考英译为：China's dream；the Chinese dream。这说明，China's dream 可能是"中国梦"对应的英译术语之一。然而，从本文语料库中所获得的数据来看，用 China's dream 作为"中国梦"英译词的相关报道在数量上非常之少。由下图一可知，China's dream 的频数在过去 4 年里，只出现 107 次，即便在"中国梦"成为热门话题的 2013 年，也仅出现 62 次，这一数值与 China dream 的 847 次、Chinese dream 的 3224 次相比，相距甚远。这反映出全球媒体在报道中鲜少使用 China's dream 作为"中国梦"的英译词。

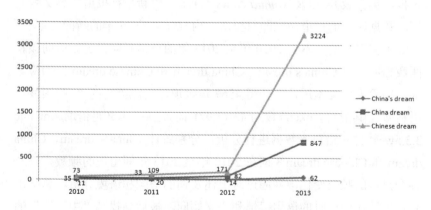

图一 China's dream、China dream 和 Chinese dream
三词在语料库中的频数变化（2010—2013）

再仔细比较 China dream 和 Chinese dream 的频数可知：从 2010 年至 2012 年的三年里，China dream 出现的频数分别为 35、33 和 82，而 Chinese dream 的频数分别为 73、109 和 171。显然，两者的使用频

数在该时段内并不高。需指出的是，此时出现的 China dream 或 Chinese dream 与习近平总书记所指的"中国梦"基本无关。China dream 多指中国人民解放军国防大学的刘明福教授于 2010 年出版的《中国梦》一书；Chinese dream 多指美国华裔作家王海伦（Helen H. Wang）于 2010 年出版的著作《中国梦——全球最大的中产阶级的崛起及其影响》（*The Chinese Dream: The Rise of the World's Largest Middle Class and What It Means to You*）。2013 年，China dream 和 Chinese dream 的使用频数急剧增长，分别达到 847 和 3224 次，而此时的频数变化与习近平总书记的讲话息息相关。由于"中国梦"一直没有定译，因此，在各类报道中 China dream 和 Chinese dream 都占有一定的数量。为了进一步观察该两种译法的频数变化，我们对它们在 2012 年 1 月至 2013 年 12 月两年里的频数按月份做了细致考察，如下图二所示：

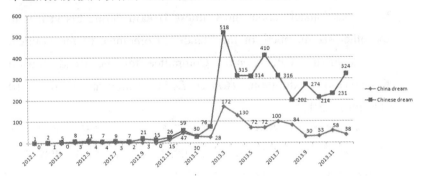

图二　2012—2013 年 China dream 和 Chinese dream 的月出现频数

由图二可见，在"中国梦"提出之初，即 2012 年 12 月和 2013 年 1 月的报道中，China dream 和 Chinese dream 两种译法的数量基本持平，分别为 47、30 和 59、30 次，这说明当时媒体在选择"中国梦"的英译时并没有表现出明显的偏好，而这可能跟人们对总书记讲话精神的理解有关。总书记在讲话中强调，"实现中华民族伟大复兴，就是中华民族近代以来最伟大的梦想。……这个梦想，凝聚了几代中国人的夙愿，体现了中华民族和中国人民的整体利益，是每一个中华儿女的共同期盼"。由此可知，"中国梦"兼具"民族梦"和"人民梦"两层含义，人们在翻译时便根据需要做出选择。正因当时大家对"中国梦"的理解还不够一致，在翻译时存在分歧，意见无法统一，才致使2012 年 12 月新华社和《中国日报》在报道"中国梦"时出现了"各译各"的现象，如例 1 和例 2 所示：

（1）The new helmsman of the Communist Party of China (CPC) Xi Jinping has been acclaimed as a leader advocating reform and the **China Dream** and bringing a fresh breeze into China's political life. (*Xinhua General News Service*, 23 December, 2012)

作为中国共产党新掌舵人，习近平被赞提倡改革及"中国梦"，为中国的政治带来一阵清风。

（2）Xi Jinping, general secretary of the Central Committee of the Communist Party of China, struck a chord with the nation when he talked passionately about the **Chinese Dream** during his visit with the other six members of the Standing Committee of the Political Bureau of the CPC Central Committee to The Road Toward Rejuvenation exhibition. (*China Daily*, European Edition, 10 December, 2012)

中国共产党中央委员会总书记习近平，在与其他六名中共中央政治局常委参观"复兴之路"展览时充满激情地畅谈"中国梦"，此举在全国上下引起强烈反响。

再者，即便是同一家媒体，其英译也偶有变化。如上文提及新华社的英译词为 China dream，但在 2013 年 2 月 28 日的报道中则改用Chinese dream，如例 3 所示：

（3）The **Chinese dream** features not only individual hopes, but also collective ones, such as the protection of social justice and people's rights, and national ones, like the safeguarding of the country's sovereignty and territorial integrity. (*Xinhua General News Service*, 28 February, 2013)

"中国梦"不仅仅是个人的梦想，更是集体的梦想。它包含了社会公平、人民权益以及国家利益，如捍卫国家主权和领土完整。

2013 年 3 月，习近平总书记对"中国梦"进行了进一步阐述，突出了人民才是"中国梦"的创造者，人民的利益才是"中国梦"最后的落脚点。这个梦想，包含了国家、民族以及人民三重含义，实现"中国梦"，需要团结整个民族的力量。此次讲话对"中国梦"的英译选择产生巨大影响，如上图二所示，2013 年 3 月成为两种译法变动趋势的分水岭。Chinese dream 的当月频数急剧攀升至 518 次，达到历史制高点，约为 China dream 频数（172 次）的 3 倍。此后的月份里（即 2013 年 4 月至 2013 年 12 月），Chinese dream 已经呈现出明显的优势，使用总频数达到 2600 次，是 China dream（617 次）的 4 倍多。因此，从使用数量来看，Chinese dream 的频数较高，说明其在言语社群中接受程度较高，形式和语义配对的认知固化程度较高，故更适合用于传译"中国梦"。

3.2 China's dream、China dream 和 Chinese dream 语义和用法差异分析

语料库语言学认为词汇的语义需借助语境来实现，词汇语义部分体现于它和毗邻词语的搭配上，弗斯（Firth 1957: 11）曾做出著名论断："由词之结伴可知其义。"语料库方法能直观呈现词语的搭配，有助于观察词语的共现与共选，进而分析其语义。因此，本文除分析 China's dream、China dream 和 Chinese dream 3 者的频数差异之外，还以语料库方法来观察 3 种译法在语义和用法上的差异。

本语料库中 China's dream 的频数仅为 107 条，这其中"China's dream of"结构有 31 条，占 29 %，其索引行如下图三所示：

1	politics nullifies the objectivity of	China's dream of	harmonious world through its
2	Conflict with Japan twice shattered	China's dream of	modernization. Today, history
3	We are playing a crucial role in	China's dream of	building a well-off society
4	is likely to fan broader fears that	China's dream of	opening 200 new museums

5	less traveled for big gains in China	China's dream of	universal healthcare by 2020
6	ion," Rifkin said.　He added that	China's dream of	an enhanced quality of life
7	Development".Xi emphasized that	China's dream of	a "grand renaissance" can only
8	Kiniko Date Krumm on Sunday	China's dream of	winning the Asiad tennis singles
9	on'buzzer-beater finally destroyed	China's dream of	defending their title." We unders
10	has drawn new coordinates for	China's dream of	building a space station." (Yu Ji

图三　"China's dream of" 索引行

从索引行中可以发现，"China's dream of …" 的结构通常含义为
"中国的……梦" 或 "中国梦想着成为……"，比如第 2 行中的 "China's
dream of modernization" 义为 "中国的现代化之梦"。这说明，China's
dream 一般不作为一个独立的语义单位来使用，而更像是句中的一个
所有格短语。换句话说，虽然 China's dream 在语义上看似与 "中国梦"
对等，但在实际使用中，它一般是一个所有格短语，而尚未固化为词，
即其词汇化程度并不高。有些所有格结构的语义较为透明，如 John's
life （约翰的生活），一般可视作短语，而有些所有格结构的语义具有
特异性（idiosyncrasy），则可视作词，如 Achilles'heel （唯一致命的弱
点）。从语义和用法来看，China's dream 一般作为所有格短语使用，
和汉语的 "中国梦" 术语并不对等。因此从这一角度而言，该词也不
适合作为 "中国梦" 的对等英译词。

此外，王义桅（2013）指出，用 China's dream（中国的梦）传译
"中国梦"，会将人民与国家对立起来。杨全红（2013: 90-93）也持相
同观点。譬如 2013 年网络博客 Shanghaiist 上有一篇题为 "Whose
Chinese dream are we dreaming of when we dream China's Dream?（"中
国梦" 究竟是谁的梦？）" 的文章，文中作者对 China's dream 发表了
自己的看法：

> China's dream is the upwards rise of a great nation; Chinese
> dreams on the other hand consist of happiness and health, living in a
> secure house and being content in one's job. (Shanghaiist 27 May,

2013）

　　China's dream（中国梦）是一个伟大民族的向上崛起，而另一方面，Chinese dreams（中国梦）包含人民的幸福和健康，住有所居，工作满意。

　　从中可以看出，如果使用 China's dream，实现"中国梦"的主体就被解读成一个国家，即"国家梦"，而人民群众似被排除在外，这使得国家和人民出现了对立。因此无论是从语义还是从用法来看，China's dream 均不宜作为"中国梦"的英译词。

　　China dream 一词在刘明福的同名书籍出版之后一直被西方媒体关注。外媒热炒《中国梦》一书中"想要'和平崛起'，必须'军事崛起'"这一观点，刻意将该论述与"中国威胁论"挂钩，将刘明福所倡导的"中国梦"解读成"强军梦"。如例4和例5所示：

　　（4）Nationalist writers like Liu Mingfu, author of *China Dream*, urge China to **switch from "peaceful development" to "military rise"** and look forward to the "duel of the century" with the United States.（*Newsweek*, U.S. Edition, 30 May, 2011）

　　那些民族主义作家，如《中国梦》一书的作者刘明福等，呼吁中国从"和平发展"转向"军事崛起"，并期盼着和美国"世纪对决"时刻的到来。

　　（5）It calls for China to replace the U.S. as the leading **military power**. Released earlier this year by a major Chinese commercial publisher, the book argues that the U.S. will resist China's rise and that an inevitable contest for global leadership promises to be the battle of the century.（*States News Service*, 8 April, 2010）

　　它呼吁中国替代美国成为全球领头的军事力量。今年早先由中国某重要商业出版社出版的一书中提及，美国将会抵制中国崛起，这场对全球领导地位的角逐，必然是本世纪一场没有硝烟的战争。

2013 年 12 月 8 日，习近平总书记在广州军区考察工作时发表重要讲话，在这之后，国外媒体更是将"强军梦"含义歪曲性地附加到习近平总书记所提出的"中国梦"之上。比如，新加坡的《海峡时报》中有一段报道："Also, the phrase 'China Dream' evokes memories of a 2010 book by a People's Liberation Army officer, which advocated a speedy strengthening of China's military might or risk being sidelined by the US.（此外，"中国梦"（China Dream）一词让人们想起 2010 年一名人民解放军军官所撰写的书籍，书中提倡中国快速增强军事力量，以防被美国边缘化。）"（*The Straits Times*, 14 December, 2012）随后的段落中更表示对这一带有强军色彩的"中国梦"的担忧，甚至将其和"中国威胁论"相联系："If Mr. Xi was indirectly backing Col Liu's beliefs, it could hint at more aggressive moves by Beijing in dealing with foreign countries in future.（如果习没有直接否定刘上校的观点，这可能暗示着他们在未来的外交上会采取更有攻击性的举措。）"在语料库中，也可以发现西方媒体报道中常有 China dream 和 military 共现的现象，如下图四所示：

1	**China dream**? Urges for a Chinese	military	build up in preparation for a
2	12 Saturday Xi stresses a stronger	military	as vital to **'China dream'** BYLIN
3	trong of **'China dream'** and a strong	military	does not help build a good ima
4	**China Dream** have a definite	military	overtone, even though he profes
5	rm. Xi's **China Dream** also has a	military	dimension, although he did not s
6	**China Dream** of national and	military	rejuvenation. China is in little do
7	For Xi, a **'China Dream'** of	military	Power. "In the article written by
8	emphasize importance of a strong	military	to fulfill Xi's **China Dream** goals

图四　"military"和"China dream"共现的索引行

在部分西方媒体看来，"中国梦"包含中国军事力量的发展，是"强军梦"的代名词。甚至有媒体歪曲事实，声称中国在重走法西斯道路，梦想以军事称霸，如例 6 所示：

（6）To reject the constitutional future of China can only end in fascism; without constitutionalism, the China dream can only be a **fascist dream**. (*Federal Government Documents and Publications*, 18 July, 2013)

拒绝宪政只会使其走向法西斯道路；没有宪政，"中国梦"仅仅是一个法西斯梦。

China dream 除了在西方人眼中暗含"强军梦"之义，它还有"外国人在中国寻找机会实现梦想"的含义。事实上，英语中以 China 构成的结构在语义上多以中国作为行为的对象，而非行为的主体，比如 China trade 指的是"对华贸易"，China policy 是"对华政策"，China representative 是"驻华代表"。以此类推，若"中国梦"翻译为 China dream，则容易被误解为西方人在中国所追求的梦想，如淘金梦、发财梦等，此时的行为主体已非中国人，更不是习近平总书记所倡导的"中国梦"。随着中国经济的增长和发展，越来越多的企业和个人都开始瞄准中国这个拥有巨大潜力的市场，纷纷转投中国市场，可以想见，China dream 作为"外国人在中国淘金、谋求发展的梦想"含义的使用仍将增加。下例 7 和 8 中的 China dream 都指向该含义：

（7）The **China Dream**. For centuries, foreigners have pondered how to make money from China's vast population. (*Phil's Stock World*, 30 March, 2010)

"中国梦"。几个世纪以来，外国人一直在想如何从中国庞大的人口中赚钱。

（8）Even technology giant Apple has been forced to scale back its **China dream**. In 2010, the company forecast it would have 25 stores there by this year. (*Australian Financial Review*, 21 July, 2012)

即使是技术巨头苹果公司也不得不削弱其"中国梦"布局。据其 2010 年的预测，截至今年（2012 年）他们在中国市场仅有 25 家零售店。

因此，综合考察 China dream 一词的语境可知，China dream 在语义上具有双重含义。一方面，它容易被解读成"强国梦"和"强军梦"，将"中国梦"译作 China dream 或许会给"中国威胁论"平添纷争；另一方面，它可用以表示外国人在中国的"发财梦"和"发展梦"，这和习近平总书记所倡导的"中国梦"显然不同。China dream 的上述两层语义容易导致西方人在理解"中国梦"的内涵时出现偏差。因此，China dream 因其多义性，可能会在对外宣传中引发歧义和误解，作为"中国梦"的英译词似乎也不尽理想。

Chinese dream 则不同。在习近平总书记提出"中国梦"之前，Chinese dream 也时常见诸报端，西方媒体也曾用 Chinese dream 表达中国人民报效祖国、努力实现国家复兴等意义。兹引一例如下：

（9）Li said those who return to China to start businesses have a **"Chinese dream" of rejuvenating the nation**, adding that "today's China" offers them opportunities to realize their goals.(*BBC Monitoring Asia Pacific-Political*, 18 May, 2012)

李指出回到中国创业的人心中有一个"民族复兴的中国梦"。他补充说，"今天的中国"能够提供他们实现梦想的机会。

进一步考察语料库中 2012 年 11 月之前的 Chinese dream 例子，其索引行如下图五所示：

1	**Shanghai Expo** was a 100-year	Chinese dream	which came true, as the wish to hold
2	across the country to chase the	Chinese dream	and come to win **a good-paying job**
3	those determined to pursue the	Chinese dream	of owning their **own residences** are
4	For many in this country, the	Chinese dream	stands more for **the nation** as a game
5	tunity to present a sample of the	'Chinese dream'	to the world. We hope the **leaders** of
6	hich **ordinary people** realize the	Chinese dream	have become increasingly common.
7	headlined its story, "70-year	Chinese dream	for **aircraft carrier** to come true wit
8	d poor. Indeed, Juccce translates	Chinese dream	as **Harmonious and Happy Dream**

图五　2012 年 11 月之前的"**Chinese dream**"索引行

显然，索引行中 Chinese dream 可以指国家和人民的世博梦（Shanghai Expo）和航天梦（aircraft carrier），也可以指普通老百姓（ordinary people）对美好前程（people's expectations）的期盼、对住有所居（own residences）的期待、对一份好工作（a good-paying job）的渴望等，是一个和谐美好的梦（Harmonious and Happy Dream）。由此可见，用 Chinese dream 兼指国家和人民两者的梦想，该语义由来已久，也符合习近平总书记对"中国梦"内涵的阐释。自 2013 年以来，Chinese dream 在使用数量上超越 China dream 并急速猛增，也印证了用 Chinese dream 传译"中国梦"更为恰当。

此外，从构词规则来看，Chinese dream 也比 China's dream 和 China dream 更为合适。在实际使用中，西方人常将"中国梦"和"美国梦""英国梦""欧洲梦"以及"非洲梦"相互对照。而它们所对应的英语术语分别为 American dream、British dream、European dream 和 African dream，其国别或地区名称皆用形容词形式，将"中国梦"翻译成 Chinese dream 则与之有对应关系，有利于西方人正确理解"中国梦"的内涵。

综上所述，Chinese dream 同时兼顾"中国的梦"和"中国人的梦"等多层含义，又和"American dream"等同类事物形成结构上的平行对应，因此无论在意义和用法上都更适合用来传译"中国梦"。

四、结语

本文以"LexisNexis 新闻数据库"为数据来源，自建英文的"'中国梦'语料库"，利用语料库手段，从实证角度考察 China's dream、China dream 和 Chinese dream 3 种译法的频率、语义和用法。本文发现：其一，从使用频数上看，全球的新闻媒体在报道"中国梦"，鲜少使用 China's dream，在其提出之初，China dream 和 Chinese dream 都曾使用，数量上不分上下，但在 2013 年之后 Chinese dream 的使用有了爆炸性增长，呈现出明显优势；其二，从意义和用法上看，China's dream 因使用结构的限制，一般不作为独立的专有名词来传译"中国梦"。China dream 在语义上具有双重含义，容易与中国的"强军梦"和外国人在华的"发财梦"相联系，可能会导致文化交流过程中的歧义和误解。而 Chinese dream 一贯可用于描述民族及人民的美好憧憬，反映中国人奋发向上的精神，也符合"中国梦"的内涵。在构词规律上也和 American dream、African dream 等同类事物保持一致，更契合英语的构词规则。

纵观 3 种英译，无论是在频率、语义还是用法上，Chinese dream 都优于其他两种英译。在频率上，Chinese dream 的使用具有明显优势，广为大众所接受；在语义和用法上，Chinese dream 能够满足"中国梦"这一概念的多重含义而不致产生歧义，且与 American dream 等交相呼应，能够引起读者的共鸣，从而准确地传达"中国梦"的内涵。因此，我们认为，用 Chinese dream 传译"中国梦"是较为理想的选择。

（本文为浙江省社科规划之江青年课题"基于语料库的中国文化关键词的译介及文化影响力研究"（16ZJQN028YB）的阶段性成果。本文曾在 2014 年 8 月清华大学召开的中国英汉语比较研究会第 11 次全国研讨会暨 2014 汉英对比与翻译国际研讨会上宣读。）

参考文献

Firth, J. R. 1957. A Synopsis of Linguistic Theory 1930-1955 [A]. In Firth, J. R. (ed.). *Studies in Linguistic Analysis* [C]. Oxford: Philological Society.

Wang, Helen H. 2010. *The Chinese Dream: The rise of the world's largest middle class and what it means to you* [M]. CreateSpace Independent Publishing Platform.

杜争鸣. 2013. "中国梦"是什么？[EB/OL].（2013-06-08）[2014-03-15]. http://weibo.com/u/1322456617.

金其斌. 2013. 中国梦：China dream 还是 Chinese dream？——基于中西文化交流史的考察[J].英语世界，3: 103-105.

刘明福. 2010. 中国梦[M]. 北京：中国友谊出版社，

石毓智. 2013. "中国梦"的正确英文翻译[EB/OL].（2013-08-22）[2014-03-15].

http://blog.sina. com.cn/s/blog_63af05000101qmjq.html.

王义桅. 2013. 外界对"中国梦"的十大误解[N]. 环球时报, 2013-04-16.

习近平. 2013. 实现中国梦必须走中国道路[J]. 党建, 4: 4-5.

徐克谦. 2013. "中国梦"的翻译: "Chinese dream" or "China dream"?[EB/OL].
（2013-06-20）[2014-03-15]. http: //blog.sina.com.cn/s/blog_60f2b4400101cm5w.
html.

杨全红. 2013. "中国梦"英译辨析[J]. 中国翻译, 5: 90-93.

赵彦春. 2013. 坚决反对"China dream"[EB/OL].（2013-02-28）[2014-03-15].http:
//blog.sina. com.cn/s/blog_698085bf0102ebmk.html.

赵玉宏. 2013. 论中国特色词汇的外宣翻译策略[J]. 新闻世界, 12: 72-74.

《中国翻译》编辑部. 2013. 词语选译——中国译协对外传播翻译委员会暨外事翻
译委员会第25届中译英研讨会研讨词汇选登[J]. 中国翻译, 3: 126-127.

附录：英文摘要

Part I. Discursive Construction of the Chinese Dream

Discourse of the Future: Discursive Construction of the Chinese Dream

MIAO Xingwei

Abstract: Drawing on discursive constructionism and working within the systemic-functional framework, this study attempts at a discourse analysis of President Xi's speech at the closing meeting of the first session of the 12th National People's Congress (NPC). The aim of the analysis is to understand how the Chinese dream is discursively constructed. In this speech, President Xi elaborated a Chinese dream that combines individual success with the great rejuvenation of the Chinese nation. The Chinese dream as a future discourse inspires the Chinese people to strive for the beautiful future. Such an analysis at the ideational, interpersonal and textual levels of language not only contributes to the understanding of the nature of the Chinese dream, but also provides implications for the construction of Chinese discourse and the promotion of China's discourse power.

Key words: the Chinese dream; discursive construction; discourse of the future; systemic functional linguistics

On the Discursive Constructions around *Chinese Dream* in British and American Mainstream Newspapers

QIAN Yufang   HUANG Xiaoqin

Abstract: The western hegemonic discourse system has long shaped the image of China, while China has always been in the state of "the silent other". The western discursive framework has become the barrier of understanding China. This study merges corpus method and critical discourse analysis to observe the discursive constructions around *Chinese Dream* in British and American mainstream newspapers. Based on the analysis of social context, this study identifies and explains the discourse representation and its ideological characteristics around *Chinese Dream*, and finally puts forward some suggestions for further research on the discourse system constructions for *Chinese Dream.*

Key words: *Chinese Dream*, British and American mainstream newspapers, discursive construction, corpus-based, critical discourse analysis

A Corpus-Based Critical Discourse Analysis of "Chinese Dream" in Western Media

SHAO Bin   HUI Zhiming

Abstract: "Zhongguo Meng" (hereinafter referred to as "Chinese dream"), since its raise by Chinese new president Xi Jinping in 2012, has become a hot talking point home and abroad. However, what's the image of "Chinese dream" in the eyes of western media? So far little empirical studies have been done. Therefore, by extracting English news texts concerning "Chinese dream" from the LexisNexis news database and constructing the "Corpus of 'Chinese dream'", using corpus linguistic techniques such as Concordance and Collocational Network, this paper attempts to reveal the understanding, evaluation and discursive construction of the "Chinese dream" by western media. The finding is that most of the western media hold positive attitudes toward "Chinese dream", linking it to "national revival" and "world peace", while a few others show biases and prejudices, associating it with "military expansion". What's more, "Chinese dream" is usually talked about together and compared with "American dream", "European dream" and "African dream" , so that the connections between "Chinese dream" and its counterparts are revealed.

Key words: "Chinese dream"; Critical Discourse Analysis; Corpus; Media Discourse

Construction of National Identity in Chinese Dream Discourse

ZHANG Lei

Abstract: National identity could be constructed, reproduced, transformed and dismantled by discourse. As Chinese leader, Xi Jinping's discourse on Chinese Dream has become the authority to build the identity of China in many important contexts. Such discourse features the nature and content of Chinese Dream, the way to realize this dream and its contribution to the development of international world, highlighting the linguistic construction of a common political present and future. The combination of discursive strategies of dissimilation and assimilation construct and justify the positive image of China. The application of pre-modifiers, identifying and attributive relational processes, material processes, polarity, imperative clauses, modal adverbs, paralleling structures, various reference terms in accordance with varying contexts throw light on both Chinese Dream's uniqueness as well as its common points with other countries' goal. They emphasize China's unique political virtues, basic principles of diplomatic policies and its unity with the international world, negate negative conception of the rising China, constructing a clear national identity that promotes peace, facilitates development and brings benefits to its people and the whole world.

Key words: Chinese Dream, identity construction, national identity, relational clause, imperative clause

The Chinese Dream in Microblogging Discourse: A Systemic Functional Perspective

YU Yang

Abstract: Based on the notion of affiliation in systemic functional linguistics, this article studies the Chinese dream in microblogging discourse with a corpus-based approach. The article analyzes the meaning of the Chinese dream and the functions of the Chinese dream discourse, and focuses on the construal of communities and the negotiation of identities in the discourse. The present study develops the framework of affiliation in systemic functional linguistics, gives new ideas to the study of community and identity, and provides a linguistic perspective for the study of the Chinese dream and microblogging discourse.

Key words: systemic functional linguistics; affiliation; the Chinese dream; microblogging; community; identity

A Study of the Transitive Construction of Chinese Dream

BU Zhanting

Abstract: The concept of Chinese Dream is discursively constructed through the transitivity system in the ideational dimension. The transitivity construction of this concept is investigated in the present study with reference to the series of speech of Chinese Dream by General Secretary Xi. The investigation reveals that: Firstly, the nominal group "Chinese Dream" can function independently as a participant, and it can also constitute a participant or a circumstance. Secondly, the group "Chinese Dream" serves as a goal in collocation with the verb "realize" in material processes, whereas it mainly functions as a carrier or constitute the identified in relational processes in collocation with the verb "be". Thirdly, there exists a systematic correlation between the discursive construction of Chinese Dream and the transitive process types. The theoretical construction of Chinese Dream is realized by relational processes and Chinese Dream is constructed as an entity unifying the characteristics of collectivism, individualism, temporality, and essentialism. The practical construction of Chinese Dream is realized by material processes and Chinese Dream is constructed as a process unifying the characteristics of creativity, intentionality, and abstraction.

Key words: Chinese Dream; ideational meaning; transitivity; discursive construction

News Discourse of "Chinese Dream": An Attitudinal Perspective of Appraisal Theory

CHEN Lingjun   ZHAO Chuang

Abstract: Taking appraisal theory (Martin & White, 2005) as the theoretical framework for discourse analysis, the study adopts qualitative and quantitative methodologies to analyze the implicit and explicit attitudinal resources in "Chinese Dream" news discourses chosen from the Chinese authoritative platforms of *China Daily* and *Xinhua News Agency*. It has been found that most of the attitudinal resources are Appreciation and Judgement, which are mainly realized through means such as lexical, syntactical and rhetorical strategies implicitly or explicitly. All these positive evaluations help to construct a discourse mode for interpreting the connotation of "Chinese dream" in terms of a strong, civilized, harmonious and beautiful nation centering on collectivism ideology. Meanwhile, the social values and meanings of "Chinese dream" are also well presented in the study.

Key words: "Chinese Dream" news discourses; appraisal theory; discourse analysis

Part II. Discursive Communication of the Chinese Dream

Corpus-based Discourse Analysis of *Chinese Dream* in Sina Microblogs

QIAN Yufang   HUANG Xiaoqin   LI Mao

Abstract: Drawing on corpus methods in the analysis of *Chinese dream* in Sina microblogs, this paper sets out to investigate characteristics of the Chinese dream discourse with a view to understanding how *Chinese dream* is propagated at the level of the populace. The Chinese dream discourse in Sina microblogs is found to be divergent, deconstructive, and reconstructive. It is hoped that the research findings could provide implications for the discursive communication the Chinese dream and thus enhance the power of the Chinese dream discourse.

Key words: *Chinese dream*; Sina microblogs; discursive characteristics

Discursive Construction of the Chinese Dream and Mass Communication: Affinity and Incongruence between Grand Narrative and Civilian Narrative

ZHOU Zhongyuan   ZHAO Guanghuai

Abstract: During the process of constructing discourse on Chinese ideology such as politics, philosophy and culture, *Chinese Dream*, the special cultural sign, conveys, in the grand narrative, the strategic meaning of national prosperity and rejuvenation. It also reflects people's pursuit of being happy and realizing dreams in the civilian narrative. These two different approaches of narrating *Chinese Dream* demonstrate, on the one hand, the positive spirit of affinity as a whole and the negative effect of incongruence in parts, on the other hand. Therefore, the grand narrative and the civilian narrative should be transformed and linked properly in the mass communication of the Chinese dream.

Key words: *Chinese Dream*; grand narrative; civilian narrative

Chinese Dream and Construction of Discourse Power: A Case Study of Xinhua News Agency's Reporting of Chinese Dream from a Corpus-based Discourse Approach

LIU Lihua   MA Junjie

Abstract: Discourse power is manifested as the power to control or manipulate the public opinion in the process of discourse practice. The practitioners of discourse power thus intend to dominate the meaning in the process of negotiation or interaction. This study, with the news reporting of Chinese dream as the data, aims to find out the discourse strategies used by Xinhua News Agency from the discourse perspective based on a self-built corpus. Furthermore, this study discusses the communication of Chinese dream from the perspective of discourse power.

It is found that the discourse strategies employed by Xinhua News Agency are usually positive self presentation with official characteristics and thus not suitable for a better communication of this topic to the world. It is confirmed in this study that the communication of discourse power depends largely on how to package the discourse topic and a discourse model accommodating both Chinese and western characteristics might greatly promote the communication of discourse power.

Key words: discourse power; discourse practice; Chinese dream

A Memetic Account of "Chinese Dream" Discourse

CHEN Meisong   CHEN Xinren

Abstract: Language and social development interact with each other. The concept of "Chinese Dream" has been substantially represented in Chinese discourse, which in turn serves as an important impetus for the development of the country. The analysis of "Chinese Dream" discourse reveals its typical memetic features in terms of varied replicability, salient subjectivity and powerful societal-pragmatic effects. The memetic perspective attempted in this study yields a comprehensive understanding of China's governing ideology and its social development planning.

Key words: "Chinese Dream"; discourse; memetics

International Discursive Construction and Communication of the Chinese Dream

MA Wenxia

Abstract: Discursive construction of the Chinese dream operates on three levels: discourse of the sovereign state, national cultural discourse and social individual discourse. Each of them embodies different ways of discursive construction and relevant strategies of communication.

Discourse on Chinese dream has two dimensions: the grand narrative and the civilian narrative, both of which are characterized by their emphases in communication. Compared with the gradually perfect domestic communication, more efforts should be made for the international discursive construction of the Chinese dream. During the process of international communication, discourse on the Chinese dream should not only adapt to the international context, but also maintain its Chinese characteristics and the "power" for the promotion of Chinese international discursive construction and the ability of international communication.

Key words: Chinese dream; narrative; discourse; international communication

Analysis of Domestic and International Communication of the Chinese Dream Discourse

CHEN Limei

Abstract: The concise expression of *Chinese Dream* facilitates its concreteness and enrichment in domestic communication. Meanwhile, the semantic content of *Chinese Dream* arouses millions of Chinese people's consciousness of pursuing national prosperity and happy life, which makes it possible to the widespread domestic communication. The high appraisal on *Chinese Dream* given by the international society is closely related to its plain expression and the essential spirit of seeking world peace and development, sharing and mutual benefit. Besides, the international communication of *Chinese Dream* also faces several problems, which should be solved to promote its long-term development.

Key words: *Chinese dream*; domestic communication; international communication

Part III: Translatological Approaches to the Chinese Dream

Is *Zhongguo Meng* "China Dream" or "Chinese Dream"?: A Study of *China* and *Chinese* Used as Nominal Modifiers

CHEN Guohua   CHEN Lixia

Abstract: After Xi Jinping made his remarks about *Zhongguo meng*, most Chinese media initially translated it into "China dream". One explanation is that "Chinese dream" was avoided because phrases containing the word *Chinese* are often derogatory. By searching historical and contemporary English corpora, the authors of this paper have found that *China* and *Chinese* are both neutral words. As a nominal modifier, *China* mainly means "of, from, native to, or relating to China", while *Chinese* mainly means not only "of, relating to, or characteristic of China" but also "of, relating to, or characteristic of the Chinese or the Chinese language". Whereas *China dream* refers mainly to "foreigners' dream of China" or their "dream relating to China", only *Chinese dream* propely refers to "the dream of the Chinese people".

Key words: *Zhongguo meng*; modifier; English translation

What's the Right English Version for *Zhongguo Meng*?

YANG Quanhong

Abstract: *Zhongguo meng* has become a buzzword ever since it was put forward by China's new leader Xi Jinping. To the surprise of the author, there are at least seven or eight suggested English versions for the mentioned Chinese term, of which three are most-widely used or discussed, namely, China's Dream, China Dream and Chinese Dream.

After a study of their meanings and other things related, this paper holds that Chinese Dream is the proper version for *Zhongguo meng*.

Key words: *Zhongguo meng*; China's Dream; China Dream; Chinese Dream; a critical study

A Corpus-Based Study of the Translation of "Zhongguo Meng"

SHAO Bin   CHEN Jingjing

Abstract: Since its raise by Chinese new president Xi Jinping, "Zhongguo Meng" has been a hot talking point at home and abroad. However, opinions vary as to the translation of this term into English. The previous studies often rely on their authors' introspection, rather than on authentic data and empirical analysis. This paper takes the *LexisNexis* news database as data source to build up a corpus about "Zhongguo Meng" and then, by using corpus techniques concordance together with illustrative examples, and attempts to analyze the frequency, semantic and usage differences among the three possible translations of "Zhongguo Meng", namely, *China's dream*, *China dream* and *Chinese dream*. The research finds out that *Chinese dream* is the best choice as an equivalent term for "Zhongguo Meng" whether in terms of its frequency, its meaning or its usage.

Keywords: "Zhongguo Meng"; translation; corpus; empirical study